中華文明地圖

元、明、清

華林甫 主編

胡恆 副主編

3

商務印書館

本書由中國地圖出版社授予商務印書館（香港）有限公司出版繁體中文版（紙本書）

策　劃：卜慶華　王秀秀

中華文明地圖 第三卷

主　　編	華林甫
副主編	胡　恆
編　　委	趙逸才（先秦、三國兩晉南北朝）　郭照啓（秦漢）　尹文瑜（隋唐五代） 楊東峰（遼宋西夏金）　郭宇昕（元）　孫慧羽（明）　李　誠（清）
責任編輯	徐昕宇
裝幀設計	張　毅
排　　版	周　榮
出　　版	商務印書館（香港）有限公司 香港筲箕灣耀興道 3 號東滙廣場 8 樓 http://www.commercialpress.com.hk
發　　行	香港聯合書刊物流有限公司 香港新界大埔汀麗路 36 號中華商務印刷大廈 3 字樓
印　　刷	美雅印刷製本有限公司 九龍觀塘榮業街 6 號海濱工業大廈 4 樓 A 室
版　　次	2020 年 7 月第 1 版第 1 次印刷 © 2020 商務印書館（香港）有限公司 ISBN 978 962 07 5814 0 Printed in Hong Kong

目錄

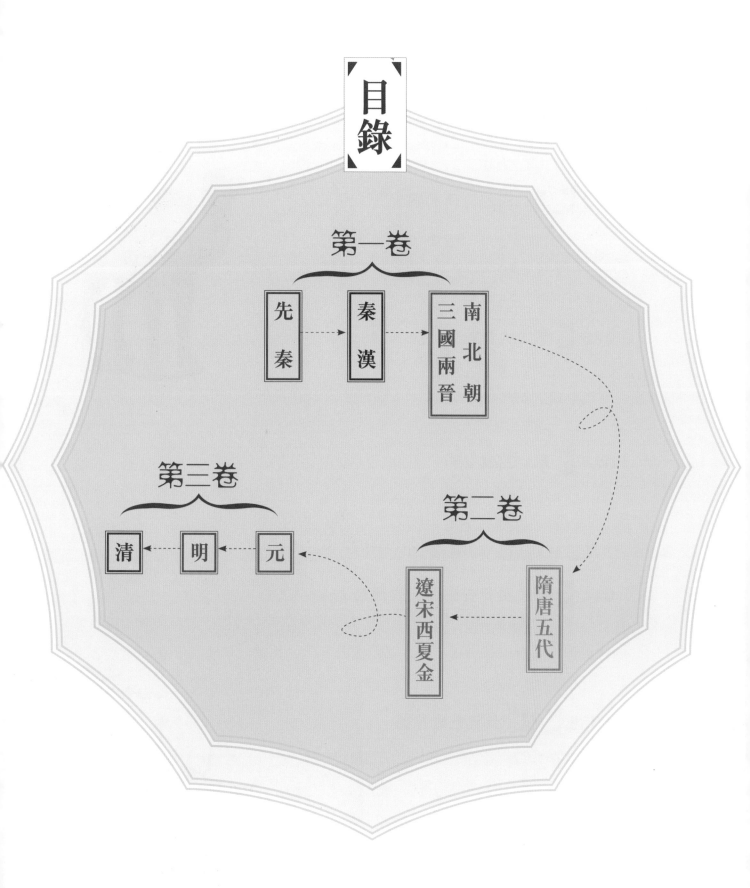

明　商業勃興
　　　海洋世界

第3卷

清　疆土不基
　　　西學東漸

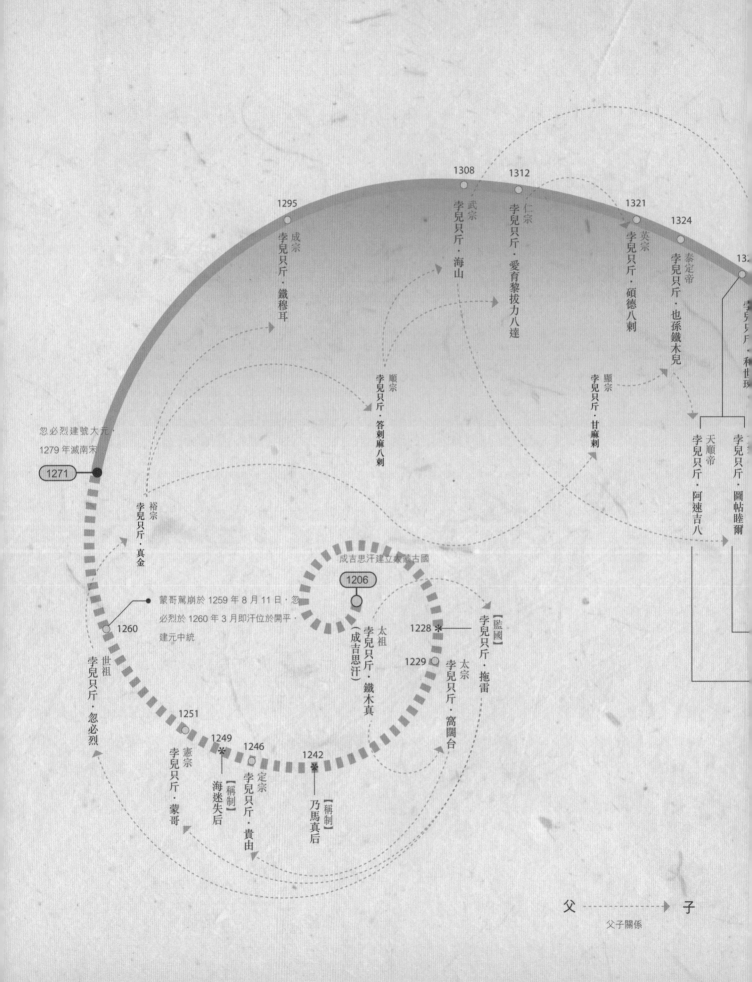

父 - - - - ▶ 子

父子關係

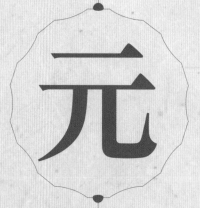

13 世紀初，孛兒只斤·鐵木真統一蒙古諸部，稱成吉思汗，建立大蒙古國。1271 年，大蒙古國第五任大汗忽必烈建號大元。1279 年，元滅南宋，統一全國。1368 年，明朝北伐軍將元廷趕出大都，元朝作為中國大一統王朝宣告結束。元朝的歷史，如果包括大蒙古國，從太祖成吉思汗 1206 年建國起至元廷離開大都，共 163 年，歷 15 帝／大汗。

元朝結束了中國自五代以來三個多世紀的大分裂狀態，從多方面推動了統一多民族國家的發展。同時元朝是中國歷史上第一個由少數民族建立的全國性政權，因而具有多種制度與文明鑲嵌復合的特色。

縱觀整個元代中國，最大的特點便是文明的多元交融，在元朝治下的遼闊疆域內，不同地域、不同民族的人們在交流中融合、共同發展，極大地豐富了中華文明的內涵。

多元一統
鑲嵌複合

【稱制】

32
1333

寧宗

順帝
孛兒只斤·妥懽帖睦爾

● 在位僅 53 天即病逝

● 即位不足一年即暴亡，
  文宗復位

● 第一次即位，
  後讓予明宗和世㻋

● 在位 27 天被殺

1368

1368 年元廷退回草原，北元開始；
順帝於 1370 年駕崩

元時期形勢圖
1285 年

益蘭州等部
斷事官轄地

陽翟王部

窩闊台汗國

塔剌思 ◎

也迷里

不花剌

察赤

阿力麻里

亦剌八里

別失八里

那黑沙不

撒馬爾罕

托克摩克

忽氈

察合台汗國

鄞八里

哈剌火州

哈密力

苦叉

沙州路

西夏中

可失哈耳

肅州路

幹端

甘州路

納里速古魯孫元帥駐地

市讓

總制院轄地

烏思藏軍民萬戶

搭里八萬戶

思答籠剌萬戶

麗江路

會川

大理路 雲南行

騰衝府 永昌府

平緬路

柔遠路 威楚路

柔遠路 鎮康路

中

◎大都路	都城
四川行省	行省
○中慶路	行省治所
•南陽府	府、路等及其治所
⌇⌇⌇⌇	運河

至元二十二年（1285年）

不里牙惕

豁里禿麻

北山兀者

骨
嵬

八
剌
忽
部

搠只哈撒兒
後王封地

別里古台後王封地

鐵木哥斡赤斤後王封地

和林宣慰司

哈赤溫後王封地

兀良合

胡里改萬戶府

中

遼東路

咸平路

應昌府

廣寧府路

潘州

上都路

北京路

東京路

書

集寧路

隆興路

合蘭府

省

西京路

宣德府

永平路

大都路

東寧路

保定路

中山府

河間路

元

省

真定路

中興府

冀寧路

濟南路 淄萊路

寧海州

陝

延安路

順德路

廣平路

東昌路

益都路

西

慶陽府

彰德路

大名路

濟寧路

臨洮府

平涼府

行

晉寧路

衛輝路

東平路

鞏昌路

河中路

鐵孟路

耽羅軍民總管府

鳳翔府

奉元路

省

河南府路

南京路

海寧州

四

廣元路

興元路

南陽府

歸德府

淮安路

潼川府 順慶府

襄陽府

汝寧府

安豐路

揚州路

通州路

川

夔州路

安陸府

德安府

廬州路

臨濠府

建康路

松江府

遂寧路

茂州路

峽州路

江

安慶路

太平路

常州路

平江路

嘉興路

西南番總管府

重慶路

施州

漢陽府

蘄州路

黃州路

淮

鄂州路

湖州路

慶元路

行

紹慶府

荊南路

西陽路

江州路

徽州路

建康路

紹興路

行

常德路

岳州路

省

饒州路

德興路

衢州路

台州路

八番宣撫司

辰州路

天臨路

瑞州路

龍興路

信州路

撫州路

婺州路

處州路

普安路

湖

寶慶路

臨江路

溫州路

省

沅州路

衡州路

吉州路

建昌路

邵武路

建寧路

武岡路

廣

永州路

郴州路

南安路

贛州路

延平路

融州路

靜江路

道州路

汀州路

福州路

田州路

柳州路

全州路

郴州路

南雄路

梅州路

興化路

平樂府

英德路

潮州路

泉州路

賓州路

漳州路

梧州路

肇慶路

衢州路

行

漳州路

行

南寧路

鬱林州

德慶路

廣州路

惠州路

欽州路

高州路

南恩路

省

省

康州路

化州路

雷州路

瓊州路

琉球

琉球

湖 江西行省 琉球
廣 行
省

萬

里

石

塘

南海

元時期形勢圖
1330 年

帖良古惕

吉利吉思

別吉大營盤轄地

益蘭州

陽翟王部

外

兀提剌耳

察赤

托克摩克

也迷里

阿力麻里

亦剌八里

別失八里

哈剌火州

哈密力

稱海司

撒馬爾罕

不花剌

忽氈

俺的干

龍踏邦

阿忒八失

那黑沙不

麻耳亦囊

倭赤

朵力失

亦集

可失哈耳

阿速

苦叉

沙州路

甘

蒲壓隆竇

鴉兒看

察合台汗國

肅州路

斡端

甘

高里亦蒙古軍元帥府轄地

宣政院轄地

烏思藏軍民萬戶

八柑路

雲

瀾江路

大理路

富善府

蒙光路

威楚府

南

行

麓川路

太公路

大邑路

軍里府

蒙慶府

⊙大都路　都城

四川行省　行省

○中慶路　行省治所

●南陽府　府、路及治所

〰〰〰　運河

至順元年 (1330年)

1屬湖廣行省

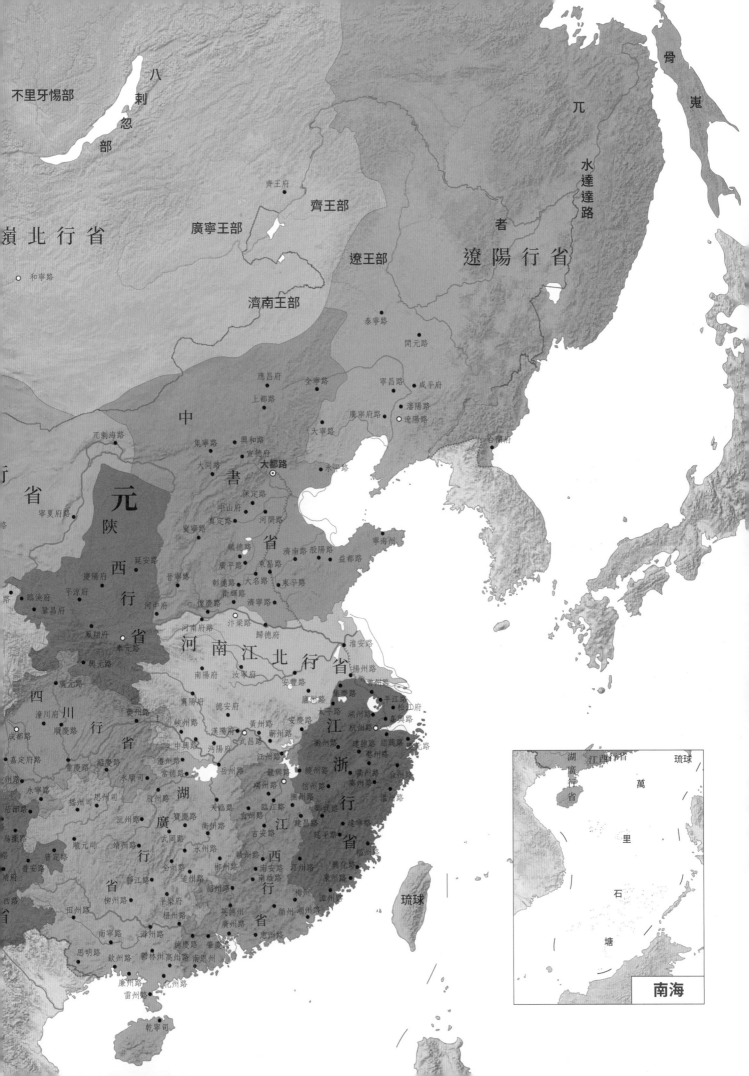

不里牙惕部

八剌忽部

嶺北行省

　和寧路

齊王府

廣寧王部

齊王部

遼王部

濟南王部

兀

水達達路

者

遼陽行省

骨嵬

泰寧路

開元路

寧昌路　咸平府

應昌府　全寧路

上都路

中

書

省

兀剌海路

集寧路　興和路

宣德府

大同路　大都路

廣寧府路　瀋陽路

大寧路

永平路

省

寧夏府路

元

陝

西

行

省

延安路

慶陽府

平涼府

臨洮府

鞏昌府

鳳翔府

奉元路

興元路

保定路

中山府

真定路

冀寧路

河間路

順德路

廣平路　大名路

彰德路　東平路

衛輝路

懷慶路　濟寧路

濟南路　般陽路

東昌路　益都路

寧海州

河南府路

汴梁路

歸德府

南陽府

汝寧路

淮安路

揚州路

四

川

行

省

達川府路

成都路

嘉定府路

永寧路

重慶路

順慶路

播州司

思州司

順元司

靖州路

敘州路

中興路

峽州路

襄陽府

德安府

漢陽府

武昌路

江州路

龍興路

瑞州路

黃州路

蘄州路

安慶路

廬州路

安豐路

太平路

池州路

饒州路

信州路

撫州路

建德路

杭州路

湖州路

平江路

松江府

紹興路

慶元路

台州路

婺州路

衢州路

處州路

溫州路

江

浙

行

省

建昌路

延平路

福州路

興化路

泉州路

漳州路

湖

廣

行

省

常德路

辰州路

沅州路

寶慶路

武岡路

永順司

天臨路

衡州路

全州路

道州路

永州路

靖州路

郴州路

贛州路

吉安路

臨江路

袁州路

南安路

南雄路

韶州路

汀州路

江

西

行

省

梅州

惠州路

廣州路

英德州

德慶路

肇慶

靜江路

柳州路

平樂路

梧州路

鬱林州

高州路

南恩州

循州

湖州路

思明路

南寧路

欽州路

廉州路

北州路

雷州路

乾寧司

琉球

琉球

萬

里

石

塘

江西行省

湖廣行省

南海

壹 握乾符而起朔土

◎ 蒙古的源流和 12 世紀的蒙古高原　　◎ 大蒙古國的征伐
◎ 草原制度的草創

蒙古的源流和 12 世紀的蒙古高原

　　縱覽中國的史書，對於成吉思汗以前的蒙古歷史基本上語焉不詳，就連當時出使蒙古的南宋使者趙珙也只能說"族出於沙陀別種，故於歷代無聞焉"。早期蒙古人沒有文字，只有口耳相傳的故事，按照他們自己的祖先傳說，他們是由西方來的蒼狼與東方來的白鹿在斡難河（今鄂倫河）源頭的不兒罕山（今蒙古國境內肯特山脈的最高峰）結合所生。後人考證，傳說描繪的其實是以鹿為圖騰的森林狩獵部落和以狼為圖騰的遊牧部落的結合。

　　實際上，蒙古並非是"空降"於中國歷史的舞台上，他們的先祖一直在中國北方生活着。三代時期，活躍在中國北方的葷粥與獫狁便是蒙古的直系祖先。《舊唐書·北狄傳》提到"蒙兀室韋"（《新唐書·北狄傳》稱之為蒙瓦）居住在望建河（今額爾古納河）一帶，當時的中原人還將他們稱為"達旦"或"韃靼"，突厥、回鶻則將其稱為"塔塔兒"，這就是蒙古的先祖。後來突厥和回鶻退出蒙古高原，蒙古族先祖填補了這一空間，向斡難

{成吉思汗像}

河和克魯倫河一帶遷徙，並逐漸形成一個一個的部落。這些部落大多數臣服於當時中國北方的王朝如遼朝、金朝。在《契丹國志》等史書中開始有了"蒙古里國"、"萌古國"的說法，表明此時的蒙古已經出現了部族政權。

　　到了 12 世紀時，蒙古高原進入各部族並立的時代，各部衝突不斷，因草場、奴隸、牲畜甚至女人而互相征伐，世代結仇。同時，由於無暇統治這片區域，為了消除草原部落的威脅，金王朝也有意利用各部的矛盾進行挑撥，甚至經常來草原屠殺，凡高過馬鞭的男人格殺勿論，稱為"減丁"。

　　部族之間的殺戮、金王朝的欺凌給草原人民帶來了無盡的痛苦，他們迫切希望能夠擺脫這種悲慘的境地。此時，蒙古乞顏部的孛兒只斤·鐵木真應運而生。

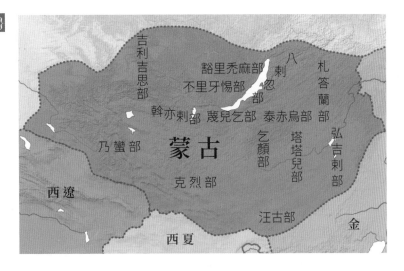

吉利吉思部

八剌忽部

豁里禿麻部

不里牙惕部

斡亦剌部

蔑兒乞部

泰赤烏部

札答蘭部

弘吉剌部

乃蠻部

蒙古

乞顏部

克烈部

塔塔兒部

汪古部

西遼

西夏

金

乞顏部

即鐵木真所在部落，世居於斡難河、克魯倫河與不兒罕山一帶

克烈部

遼、金時期蒙古高原上最強大的一部，社會發展水平較高，在遼時已形成部落聯盟，首領稱汗。11 世紀初全部信奉基督教聶斯托利派；克烈部與塔塔兒部、乃蠻部和蔑兒乞部攻伐不止

斡亦剌部

屬蒙古語族，有四個分支部落，大多數居住在森林地區，社會發展水平較低，部族首領同時也是薩滿巫師

蔑兒乞部

有三個分支部落，故稱"三姓蔑兒乞"。蔑兒乞人與乞顏部同屬蒙古語族，非常驍勇善戰，與相鄰的乞顏部和克烈部經常相互爭戰

林中百姓

包括了八剌忽、豁里禿麻、不里牙惕等部，因居住在森林中，故統稱為"林中百姓"

乃蠻部

屬突厥語部落，社會發展水平在蒙古高原各部最高，較早建立國家機構，並使用回紇文字。後因內訌，一分為二，實力受到削弱

塔塔兒部

共分為六個部落、七萬家，因實力強大，故 Tatar 被用以概稱各部。各部之間亦征伐不休，對外作戰時才暫時聯合。臣服於遼、金，被遼、金利用以攻打各部，殺害了鐵木真的父親也速該

汪古部

全部共有四千車帳，以遊牧為主，略有農業；其民族成分複雜，包括了突厥、回紇甚至党項人，以突厥人為主；臣服於遼、金，負責為中原王朝守衛邊牆；因為接近中原地區，故社會發展水平也較高

吉利吉思部

又稱吉爾吉斯、乞兒吉思等，歷史悠久，古稱"堅昆"、"點戞斯"，屬突厥語族。盧帳而居，隨水草遊牧，知田作，過着亦牧、亦農、亦獵的生活

泰赤烏部

又稱泰亦赤兀惕兀，與孛兒只斤氏同宗，一度與乞顏部聯合，後與札答蘭部聯合對抗鐵木真

札答蘭部

又稱茶赤剌，為鐵木真十世祖孛端察兒後裔，實力雄厚，其首領札木合一度與鐵木真合作，後成為仇敵

弘吉剌部

又稱翁吉剌，漢文史料稱其為"白韃靼"。生產方式以遊牧為主，兼有農業，發展水平較高，與乞顏部世代通婚

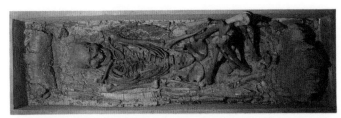

{蒙兀室韋武士獨木棺及復原圖}

棺木出土於內蒙古呼倫湖東北、額爾古納河以南地區，時代約為公元 680 年前後。死者是一位蒙兀室韋的武士，陪葬有弓、馬鞍等物

BC 2100
BC 1900
BC 1700
BC 1500
BC 1300
BC 1100
BC 900
BC 700
BC 500
BC 300
BC 100
0
100
300
500
700
900
1100
1271—1368
1300
1500
1700
1900

{成吉思汗對外征伐示意圖}

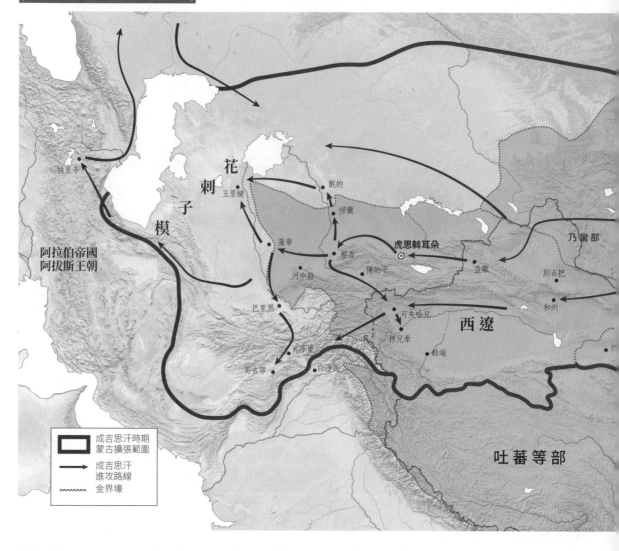

地圖標注：桃里寺、花刺子模、阿拉伯帝國 阿拔斯王朝、玉里犍、甑的、掃蘭、蒲華、察赤、虎思斡耳朵、乃蠻部、別石把、和州、河中府、俺的干、益離、西遼、巴里黑、可失哈兒、押兒奉、斡端、可不里、白沙瓦、哥古寧、吐蕃等部

圖例：
- ▭ 成吉思汗時期蒙古擴張範圍
- → 成吉思汗進攻路線
- ～～ 金界壕

鐵木真（1162—1227年），出身蒙古乞顏部可汗所在的"黃金家族"，父親為當時的可汗也速該。後來，也速該被塔塔兒部毒死，其部民遂流散。鐵木真屢遭仇敵追殺，歷經磨難，九死一生，終於重新收聚族人，並經過長期戰爭基本統一了蒙古草原。1206年，蒙古各部在斡難河源舉行忽里台大會，共同推舉鐵木真為全蒙古的大汗，尊號"成吉思汗"，意謂"擁有海洋四方"，並建號"大蒙古國"，宣告了蒙古草原統一政權的形成，"蒙古"成為蒙古草原各部的共同名稱。

大蒙古國的征伐

成吉思汗統一蒙古各部後，隨即將兵鋒指向周邊的政權，開始四處征伐。1206年忽里台大會後，他向西吞併了乃蠻部；次年，葉尼塞河上游的斡亦剌部、"林中百姓"等歸降，鄰近金朝的汪古部也背叛了金朝而倒向了蒙古。在解決了後顧之憂的情況下，蒙古開始向金朝與西夏進軍。

對西夏，蒙古曾於1205年和1207年兩次發動試探性進攻，並於1209年大規模進

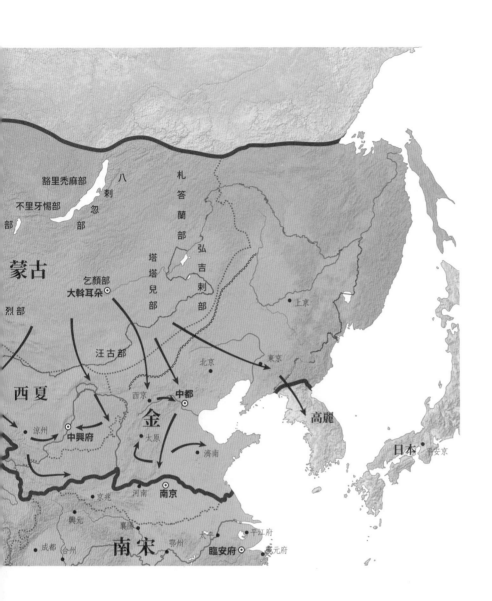

BC 2100

BC 1900

BC 1700

BC 1500

BC 1300

BC 1100

BC 900

BC 700

BC 500

BC 300

BC 100

0

100

300

500

700

900

1100

1300

1271—1368

1500

1700

1900

攻時包圍了西夏國都，西夏被迫於 1210 年向蒙古稱臣。

在進攻西夏的同時，原屬於西遼的畏兀兒人背叛了西遼投向蒙古，其君主於 1211 年親自來到克魯倫河畔朝見成吉思汗；與此同時，位於伊犁河谷海押立城的哈剌魯人的君主也稱臣入覲。二者的降服除了為蒙古提供軍隊外，更重要的是帶來了先進的文明，影響了後來的大蒙古國甚至元朝。

繼西夏之後，蒙古下一個目標是金朝，1211 年初，蒙古大軍兵分三路進攻金朝，金兵皆潰，蒙軍在劫掠一番並獲取足夠的情報之後撤軍。次年，蒙古再度攻金，旋因成吉思汗中箭負傷而撤兵。1213 年，蒙古軍隊第三次攻金，奪取金中都的北部要塞居庸關，並將金中都團團圍住。金朝被迫與蒙古媾和，繳納了大量貢品，蒙古遂於 1214 年解圍回師。中都之圍解除後，金宣宗隨即遷都南京開封府，蒙古人得知這一消息後便於 1215 年攻陷了空虛的中都城。與此同時，遼河兩岸的金朝領土基本被蒙古佔領。此後，成吉思汗將注意力轉移到西域，開始了蒙古的第一次西征，滅亡了花刺子模。在此期間，成吉思汗確定第三子窩闊台作為大汗的繼任者，並決定將大蒙古國分封給自己的兒子及兄弟們，長子朮赤、次子察合台和未來的大汗窩闊台在大蒙古國已有的土地上各分得一塊，稱為"西道諸王"，幼子拖雷則按照蒙古舊俗，繼承了蒙古本部和成吉思汗的財產，稱為"守灶"。成吉思汗的兄弟哈薩爾、合赤溫、斡赤斤在蒙古草原以東亦獲得了各自的領土，稱為"東道諸王"。

由於西征時西夏背叛，成吉思汗將下一個征服的目標定為西夏。1227 年蒙古滅亡了西夏，而成吉思汗亦在對西夏的戰爭中病逝。1229 年蒙古忽里台大會召開，窩闊台被正式推舉為大汗。

窩闊台繼任大汗後，實際上大蒙古國已經被分為若干兀魯思（意即諸王的分地），但仍在統一的大蒙古國旗號下繼續成吉思汗時代的攻勢。在東方，窩闊台於 1231 年進攻高麗，迫使高麗投降並設置了達魯花赤；1230 年起，窩闊台將矛頭對準金朝，最終在 1234 年徹底滅亡了金朝。

1241 年，窩闊台因酗酒而去世，經過孛兒只斤家族內部的角力，1246 年，窩闊台的長子貴由繼承了汗位，但此時的大蒙古國已經面臨分裂的危機，其擴張勢頭也不如以往有力。貴由於 1248 年去世，同樣經過一番角力，窩闊台系失勢了，汗位轉移到了拖雷系，由拖雷長子蒙哥繼承。拖雷第四子忽必烈負責總領漠南漢地事務，第六子旭烈兀領軍西征，第七子阿里不哥則駐守草原。推舉大汗的忽里台大會還決定繼續四處征討。1252 年，蒙古再度向高麗用兵，迫使一度反叛的高麗承認蒙古的宗主地位。在中國南部，忽必烈率領蒙古大軍南下，於 1246 年招降吐蕃各部，1253 年征服大理，完成了對南宋王朝的包抄。蒙哥遂於 1258 年揮師南下，由四川進攻南宋。1259 年蒙哥死於合州釣魚城下，蒙古的攻勢因而暫緩，南宋王朝暫時得以喘息。

{太宗窩闊台}

{定宗貴由}

{憲宗蒙哥}

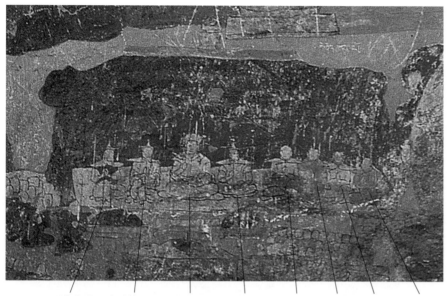

呼倫皇后　也速該皇后　成吉思汗　孛兒皇后　朮赤　察合台　窩闊台　拖雷

{ 成吉思汗年表 }

1162 年	出生於乞顏部
1189 年	被推舉為蒙古乞顏部可汗
1206 年	統一蒙古高原，號成吉思汗
1207 年	第一次征西夏
1209 年	再征西夏，西夏納女請和
1211 年	發兵攻金，殲金軍於澮河堡
1215 年	攻佔金中都
1219 年	西征中亞花剌子模
1227 年	死於征西夏途中

{ "監國公主" 銅印及印文 }

印文為 "監國公主行宣差河北都總管之印"。監國公主是成吉思汗三女兒阿拉海別乞，受成吉思汗之命，嫁給汪古部首領。這方印說明，她不僅管轄汪古部，還監管着黃河以北廣大地區

{ 蒙古騎兵押送戰俘圖 }

這幅具有西域特色的古畫，表現的是蒙古軍隊在西征中，用木枷押送戰俘的場面。該畫是波斯史學家拉施特丁《史集》中的插圖，現藏德國柏林

BC 2100
BC 1900
BC 1700
BC 1500
BC 1300
BC 1100
BC 900
BC 700
BC 500
BC 300
BC 100
0
100
300
500
700
900
1100
1300
1271—1368
1500
1700
1900

亞歷山大

開羅

埃及馬穆魯克王朝

耶路撒冷

大馬士革

阿勒頗

埃爾祖魯姆

耶烈萬

桃里寺

報達

哈馬丹

拉夷

伊斯法罕

麻嘉

阿拉伯帝國阿拔斯王朝

花剌子模

氈的

掃蘭

察夯

玉里犍

蒲華

河中府

俺的干

可失哈兒

押兒牽

斡端

巴里黑

可不里

哥吉寧

白沙瓦

天竺

注輦

故臨

錫蘭

□ 大蒙古國疆域

→ 蒙元滅宋路線

→ 蒙古西征路線

→ 蒙元征高麗路線

→ 蒙元征日本路線

→ 蒙元南征安南、占城、爪哇、緬甸路線

〰 金界壕

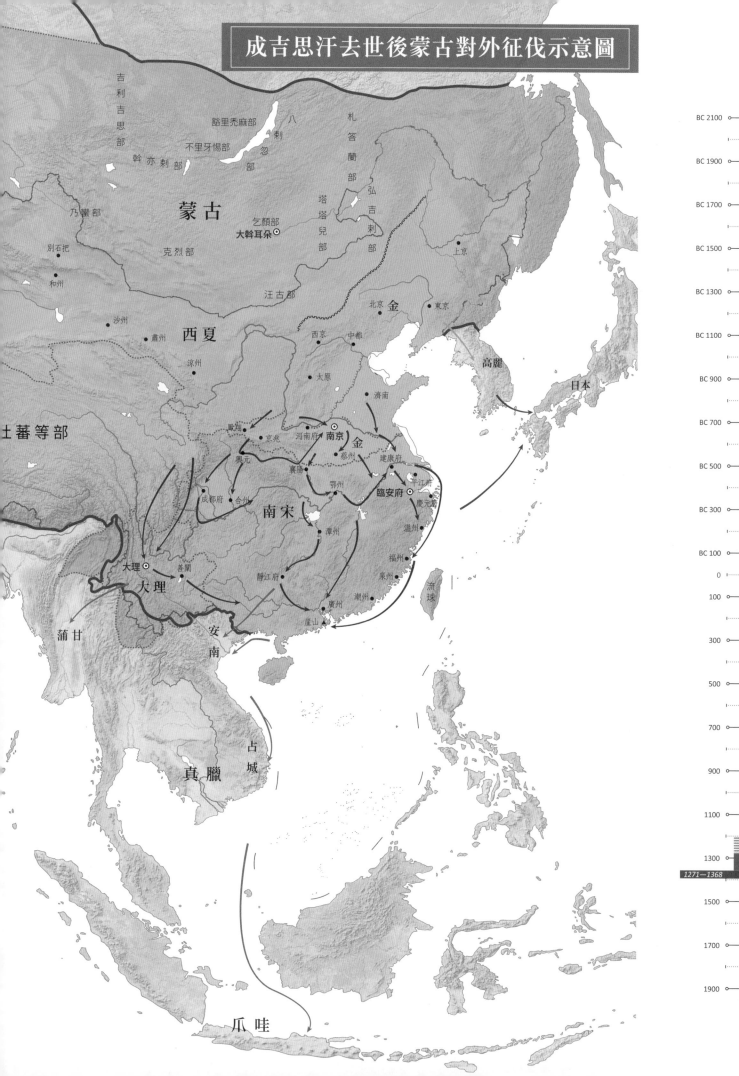

成吉思汗去世後蒙古對外征伐示意圖

吉利吉思部

豁里禿麻部

不里牙惕部

斡亦剌部

乃蠻部

別石把

和州

沙州

肅州

涼州

八剌忽部

札答蘭部

弘吉剌部

塔塔兒部

乞顏部

大斡耳朵 ⊙

克烈部

蒙古

汪古部

上京

東京

北京 金

西京 中都

太原

濟南

土蕃等部

西夏

殷洵

京兆

興元

成都府

合州

河南府

蔡州

襄陽

鄂州

南京 ⊙

金

建康府

平江府

臨安府

慶元府

南宋

潭州

溫州

福州

泉州

潮州

廣州

崖山

靜江府

大理 ⊙

善闡

大理

蒲甘

安南

占城

真臘

流球

高麗

日本

爪哇

BC 2100

BC 1900

BC 1700

BC 1500

BC 1300

BC 1100

BC 900

BC 700

BC 500

BC 300

BC 100

0

100

300

500

700

900

1100

1300

1271–1368

1500

1700

1900

草原制度的草創

從成吉思汗起，大蒙古國已經開始了制度建設的嘗試，這一時期的許多制度甚至影響了後世。

首先是忽里台大會，又譯作"忽鄰勒台"，意為"會議"，草原各部落用於推舉首領、決定征戰等大事，保留了部落貴族共同議政的色彩。鐵木真被尊為"成吉思汗"、窩闊台被推舉為大汗以及後來的蒙古西征都經過了忽里台大會。忽必烈和阿里不哥開創了自行召開忽里台大會的先例後，忽里台的意義便不復以往，僅僅剩下一個推舉皇帝、大汗即位的形式而沒有實權了。雖然如此，但忽里台始終存在於蒙古人的制度中，在元朝新君登基時，也必須由出席忽里台大會的蒙古宗王共同將新皇帝扶上大都正殿的寶座，才被視為繼位。

隨着統轄部眾、人口的增多，出於管理的需要，成吉思汗戰勝王罕後，於1203年召開大會，將以往蒙古部落首領發佈的命令匯總後形成了"大札撒"，"札撒"意為禁令、規則。1218年西征前，成吉思汗又召開忽里台，重新規定了"額延"（意為規章）、"札撒"和"約孫"（指傳統的習慣法）。大札撒的內容涉及當時國家與社會生活的方方面面，保留了許多早期部落生活的特點。另外，大札撒還規定了諸多國家制度，堪稱大蒙古國的"根本大法"。後來雖逐漸有了更完備、成型的法律，但大札撒仍被元朝奉為祖宗大法，每逢新君即位、朝會、軍隊調動等國家大事，均聚眾隆重宣讀，成為一項儀式。

為有效管轄各部眾，成吉思汗於1204

年建立了千戶制，1206年後進一步將其治下全部蒙古部眾劃分為95個千戶，分封給有功之臣，稱為"千戶那顏"。千戶之上設萬

{千戶制示意圖}

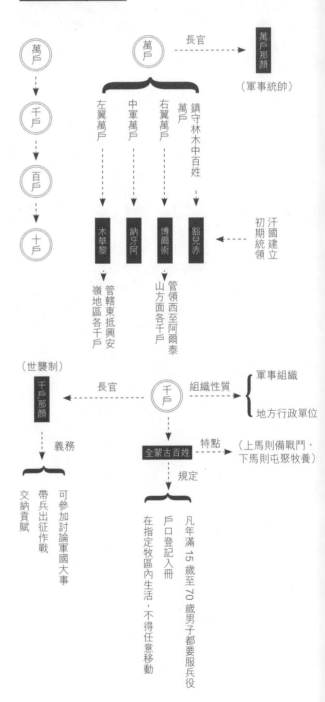

戶，其下則設百戶。千戶既是軍事組織，又是地方行政單位，千戶治下的男子"上馬則備戰鬥，下馬則屯聚牧養"。成吉思汗用千戶制重組了原來各個獨立的部落，實現了對部民的有效控制，並為大蒙古國的擴張提供了源源不斷的兵源。

1214年，成吉思汗在宣平設行尚書省，以統治"山後"降民；佔領金中都後，又設置中都行尚書省，以耶律阿海為"太師、行中都省事"。另外，左翼萬戶長木華黎在征討金朝時，於1217年被封為太師、國王、都行省承制行事。這是有史記載的蒙古最早一批漢式官名和建置，其中"行省"成為後來元朝統治全國的政區制度。

成吉思汗去世後，按照蒙古"不封不樹"的葬禮習俗葬於草原起輦谷，自成吉思汗以下的歷代大汗或皇帝都被秘密埋葬，其確切

{成吉思汗陵}

這座陵墓是後人為紀念成吉思汗所建，位於內蒙古伊金霍洛旗

{成吉思汗靈包、靈柩}

在成吉思汗陵後殿，供奉着象徵性的靈包和靈柩，正中為成吉思汗及三位夫人，左右兩側為成吉思汗的兩位胞弟

{窩闊台汗即位}

{窩闊台汗頒佈《札撒》}

BC 2100

BC 1900

BC 1700

BC 1500

BC 1300

BC 1100

BC 900

BC 700

BC 500

BC 300

BC 100

0

100

300

500

700

900

1100

1300

1271—1368

1500

1700

1900

位置已不可考，今天位於內蒙古自治區伊金霍洛旗草原上的成吉思汗陵實際上並沒有埋葬成吉思汗的遺體，只是其衣冠塚。這座陵寢建築源於蒙古人祭祀成吉思汗的八白宮，即八座白色的氈帳。元世祖忽必烈在大都建太廟，將太廟定為八室，即有沿用八白宮祭祀之意。傳說大汗的遺體被埋葬後，即用萬馬踏平埋葬的地點，地面不留一點痕跡，再找出一對駱駝母子，在埋葬大汗的地點殺掉小駱駝。來年祭祀時牽來母駱駝，母駱駝駐足悲鳴之地便是大汗埋葬的地方。當然這只是個傳說，但卻反映了蒙古人的心理：即使已入主中原，最終還是要回歸草原。

蒙古本無築城的習慣，窩闊台即位後，於 1235 年命漢族工匠於鄂爾渾河岸建築都城，以哈剌和林（簡稱和林）為城名，作為大蒙古國的首都，其中的宮殿名曰萬安宮。哈剌和林兼有中原漢族建築風格和北方遊牧民族草原生活特色，城中宮殿則完全是漢族式樣。

窩闊台在位時，有人進言請求將中原漢地全部改為牧場，中書令耶律楚材反對，並請求窩闊台讓他制定賦役制度，窩闊台准許了。於是耶律楚材設置了燕京等十路徵收課稅使，負責徵收地稅、丁稅和戶稅，並制定了五戶絲制。窩闊台對耶律楚材在中原漢地徵收上來的賦稅非常滿意，中原漢地也因此免於淪為草場。

隨着蒙古與周邊文明的接觸與交流，大蒙古國不可避免地受到了周邊先進文明的影響，加快了文明化的過程。

{蒙古包}

蒙古包實際就是氈帳，拆卸、組裝、運輸都很方便，適於逐水草而居的遊牧民族生活

{彩繪陶騎馬俑／灰陶馬及牽馬俑}

這兩件陶俑，都是蒙古人形象。生動展示了蒙古人作為馬背上的民族，日常對馬匹的依賴

貳 大哉乾元

◎ 從大蒙古國到大元王朝　◎ 漢蒙鑲嵌的元朝制度
◎ 元朝的都城

從大蒙古國到大元王朝

　　蒙哥在位期間，大蒙古國勢力發展到了巔峰。蒙哥親自主持了對南宋的進攻，他一改過往多路進攻的策略，採取了取蜀出峽、南北並進、會師鄂州、南下臨安的戰略，蒙哥命忽必烈經由吐蕃進攻大理國，自己則進攻四川。南宋軍民奮力反抗，將蒙古大軍阻絕在四川數月之久。激戰中，蒙哥死於合州的釣魚城下，成為唯一一名戰死疆場的蒙古大汗。

　　蒙哥駕崩後，蒙古一度面臨着忽必烈與阿里不哥的分裂，阿里不哥留守草原，坐鎮大蒙古國的大本營哈剌和林，而忽必烈則在金蓮川的開平幕府經營漢地。忽必烈獲知蒙哥駕崩的消息時正在鄂州前綫，他迅速與南宋議和，率軍回到開平，於 1260 年自行召開忽里台大會宣佈繼承大汗之位。阿里不哥則於同年在哈剌和林召開了忽里台大會，也宣佈稱汗。雙方的衝突以阿里不哥的失敗告終，1264 年，阿里不哥向忽必烈投降。忽必烈終於成為名義上的全蒙古大汗，但大汗對其他汗國的宗主關係從此破裂，除伊兒汗國外，其他汗國不再承認忽必

{ 元世祖忽必烈 }

{ 八思巴文金字銀牌 }

這是蒙古大汗（元朝皇帝）的聖旨牌，上面刻有八思巴文 "藉助長生天的力量，皇帝的名字是神聖不可侵犯的，不尊敬服從的人會定死罪" 等字樣

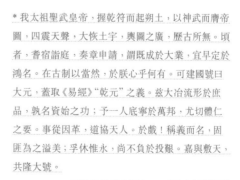

*我太祖聖武皇帝，握乾符而起朔土，以神武而膺帝圖，四震天聲，大恢土宇，輿圖之廣，歷古所無。頃者，耆宿詣庭，奏章申請，謂既成於大業，宜早定於鴻名。在古制以當然，於朕心乎何有。可建國號曰大元，蓋取《易經》"乾元" 之義。茲大冶流形於庶品，孰名資始之功；予一人底寧於萬邦，尤切體仁之要。事從因革，道協天人。於戲！稱義而名，固匪為之溢美；孚休惟永，尚不負於投艱。嘉與敷天，共隆大號。

——元世祖至元八年（1271 年）《建國號詔》

BC 2100
BC 1900
BC 1700
BC 1500
BC 1300
BC 1100
BC 900
BC 700
BC 500
BC 300
BC 100
0
100
300
500
700
900
1100
1300
1271—1368
1500
1700
1900

{察合台汗國銀幣}

察合台汗國是成吉思汗次子察合台的領地。這是汗國發行的銀幣，上面有阿拉伯文和庫法文，意為"安拉是唯一的神"

烈汗的地位，而是各自征伐，對南宋和西亞的用兵也成為大蒙古國最後一次集體軍事行動。

忽必烈在 1260 年宣佈稱汗時，以"即位詔"頒發天下，開始使用"皇帝"尊號，並建元"中統"，次年在開平設立中書省。在與阿里不哥的對抗中，漢地的財賦幾乎成為忽必烈勝出的決定因素。

阿里不哥投降後，忽必烈又改元"至元"，並於至元八年（1271 年），取《易經》"大哉乾元"之意將國號定為"大元"這一漢式國號。這一系列的變化表明大蒙古國由此開始轉型為以漢地為中心的中原王朝。

忽必烈以"中統"年號向天下人表明了他不僅要做蒙古的大汗，也要做中原的皇帝，因而此時漢地僅存的南宋王朝就成為他下一步征服的目標。在平定了山東李璮叛亂以及爭位的阿里不哥後，元軍於 1268 年開始了伐宋之役。南宋雖然素以文弱著稱，卻在蒙古大軍壓境的情況下支撐了比同時期其他政權還要久的時間，直至 1276 年南宋都

城臨安才被元軍佔領。1279 年崖山海戰後，元軍終於消滅了最後一支南宋抵抗勢力。

至此，如《元史‧地理志》所說，元朝"起朔漠，併西域，平西夏，滅女真，臣高麗，定南詔，遂下江南，而天下為一，故其地北逾陰山，西極流沙，東盡遼左，南越海表"，奠定了超邁漢唐的疆土，忽必烈也因此真正成為草原與中原的共主，自唐末以降的大分裂最終在元朝再度實現大一統。元朝奠定的疆域的主體為明清所繼承，直至今日。

然而，忽必烈建國號"大元"並不意味着"大蒙古國"的國號就此消失，事實上，"大元"只是在漢地使用的國號，而在蒙古草原，始終保留了"大蒙古國"的國號，有時也與"大元"的國號連寫，寫作"大元大蒙古國"。而在忽必烈採用"大元"為國號之前，漢地對蒙古的漢文國號稱呼則經歷了一個過程，先後有"大蒙古國"、"大朝"的稱呼，最後定為"大元"、"元朝"。而這一過程只發生在漢地，蒙古草原的國號則保持了一貫性，這反映了蒙古從草原汗國向中原王朝的轉變的同時，草原本質始終存在。

元朝統一中國後實行的制度結合了漢地制度與蒙古舊俗，表現出了較強的鑲嵌複合的特點，即兼有草原風格和漢地影響，但大元王朝仍不可阻擋地走向漢化，其行政機構的設置、制度和法令的應用，都深深打下了中華傳統文化的烙印。

蒙古的漢化其實早已開始，但真正大規模接受漢文化的洗禮則始於忽必烈，他長期經營漢地，其營帳亦設立在聯結蒙古草原與中原漢地的金蓮川地區。忽必烈在未登基時已延請四方文學之士問以治道，《元史》載其

儒生謀士以"典章、禮樂、法度、三綱五常"和"馬上取天下，不可馬上治天下"之說深深影響了忽必烈，甚至促使忽必烈在金蓮川仿照漢式建立了開平城，與哈剌和林城相比，開平的漢化更加深入。

忽必烈即位後，"援唐宋之故典，參遼金之遺制"，"頒章服，舉朝儀，給俸祿，定官制"，在開平設中書省、樞密院、御史台，命令大臣制定新法。隨着大軍進一步南下，漢地的重要性愈發凸顯，綜合考慮後，忽必烈將金中都地區圈定為未來整個大元王朝首都的所在地，在金中都舊城東北營建了燕京新城。1272 年，燕京新城告成，忽必烈遂將首都由草原邊緣的上都開平遷至漢地的燕京，升為大都。至此，大元王朝完成了由草原汗國向中原王朝的重要轉變。

忽必烈之後的歷代君主漢化涵養不斷加深，如元仁宗恢復科舉取士，確定三年一考；元文宗雅好書畫，大興文治，編修了《經世大典》。元末甚至還分別纂修了《宋史》《遼史》《金史》，其體例思想和歷代中原王朝一脈相承，而且"三國各與正統，各系其年號"，實際上就是將元朝置於中原王朝世系之中，暗含元朝承續正統的思想。

但元朝統治階級很快陷入腐朽的享樂生活，內部不斷發生政變，短短不到百年時間，奪位大戰不斷，兄弟、叔侄大打出手，上都、大都兵戎相見，政治十分混亂。同時，由於仍然堅持落後的草原因素，始終未處理好"國俗"與漢化的關係，民族、階級矛盾日益尖銳。元廷屢屢橫徵暴斂、搜刮民財，最終引發了元末大起義，元順帝於 1368 年被明軍趕出大都，退回草原，這一殘存在草原的政權史稱"北元"，元朝作為中國大一統王朝的統治宣告結束。

從成吉思汗 1206 年建號大蒙古國起至元廷離開中原，共 163 年，歷 15 帝 / 大汗。從 1271 年元世祖忽必烈建號大元，到 1368 年元順帝北遁，元朝作為中國的大一統王朝共存在 98 年，傳 11 帝。其後在草原上的北元政權仍存在了 35 年，傳 7 帝。

穿緋羅服的元朝官員形象

{ 涼城元墓壁畫《宴居圖》}

墓葬位於內蒙古地區，壁畫表現的是墓主人日常生活的情景。畫中主人公服飾為蒙古式樣，但多為絲織品，可見當地經濟文化發展之一斑

BC 2100

BC 1900

BC 1700

BC 1500

BC 1300

BC 1100

BC 900

BC 700

BC 500

BC 300

BC 100

0

100

300

500

700

900

1100

1300

1271—1368

1500

1700

1900

漢蒙鑲嵌的元朝制度

雖然忽必烈於開平設幕府時，已開始模仿中原王朝設置官署，其所建立的元朝也延續了中原王朝的基本形態。但實際上，元朝的官僚機構結合了不同的政治與文化元素，在元朝制度中能找到遼、金、宋甚至唐朝的影子，具有非常明顯的漢蒙鑲嵌的特點。

就元朝君主本身來說，便始終擁有皇帝與大汗的雙重身份。元朝的皇帝除了漢式的廟號、諡號外，仍然保留了大蒙古國大汗的汗號。即使元世祖後，其他汗國一度不承認元朝的宗主地位，但元朝卻始終將自己視為成吉思汗的當然繼承者，自然將汗號也一併傳承下去。

在漢人謀士的輔佐下，忽必烈建立了元朝的中央政府，行政、軍事和監察機關並立，其中中書省處理行政事務，下設吏、戶、禮、兵、刑、工六部；樞密院負責軍事事務；御史台則負責監察。相比唐宋制度，元朝制度並不是三省並立而是中書一省獨大，尚書省一度設立但很快取消，只有中書省作為元朝政府的中樞機構。這種結構與宋代繁複的官僚系統明顯不同，顯然延續了金朝的做法，金朝於 1156 年取消了三省中的兩個，僅保留尚書省。除此之外，元朝還有諸多異於前代的機構，係根據其部族情況而設置，如怯薛、宣政院、大宗正府等。

元朝在中央政府衙署設置上模仿了中原王朝，但在朝會制度上又保留了其草原特色。一些學者指出，元代不行常朝，但這並不意味着元代沒有君臣見面的機會，相反，元代的御前奏聞是普遍存在的。窩

闊台汗時期，由大汗主持，若干機要大臣參加的御前奏聞已初現端倪，並逐步取代了忽里台大會的決策地位。御前奏聞內容廣泛，通常以大臣上奏政事為開始，繼而附上所擬處理意見，最後以皇帝聖旨決策為終結。大臣的意見也非常重要，而且往往還伴隨着激烈的爭論。在奏聞過程中，大臣除特許外一律必須下跪，這種草原主奴關係對君臣關係的映射也影響了後來的明清兩朝。

元朝的御前奏聞帶有一定的隨意性，沒有確定的時間，其場所亦不拘於殿堂，甚至有在"火兒赤（意為'帶箭筒者'，指佩帶方筒輪番值宿宮庭的侍衛）房子"等簡陋的地點舉辦的朝會。這種隨意性是蒙古草原"行國"、"行殿"的遺留，而與典制完備的漢地朝會相比顯得很不正式。

在司法制度上，隨着蒙古統治區域的擴大，原先適用於草原地區的《大札撒》不再適用，因而蒙古統治者在中原地區往往沿用過去的法律，如金朝的《泰和律》。忽必烈即位後開始有步驟地禁行《泰和律》，並在至元元年（1264 年）頒行了《至元條格》。此時的"條格"尚且沒有《唐律》那樣的條文，所謂"議事以制，不專刑書"，較為簡略，後世則對其不斷完善。

英宗至治三年（1323 年），元朝完成了"凡二千五百三十九條，內斷例七百一十七，條格千一百五十一，詔赦九十四，令類五百七十七"的《大元通制》並頒行天下，其體例和內容繼承了中國的法制傳統，承襲了唐以

{元朝中央机构情况}

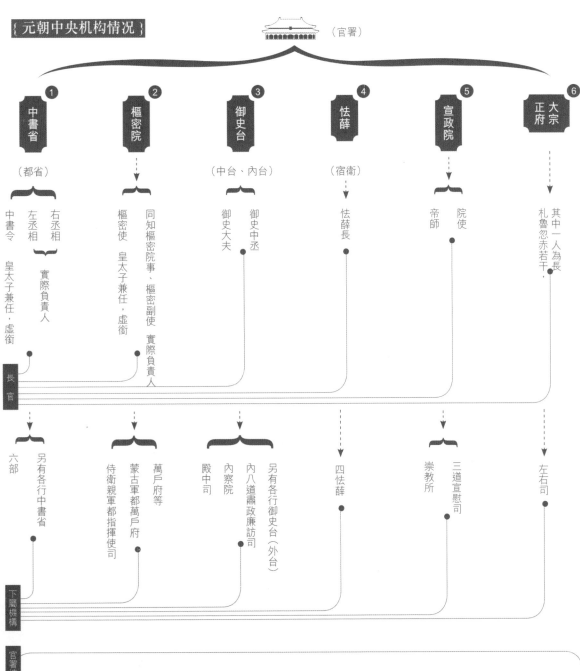

（官署）

① 中書省（都省）
中書令 — 皇太子兼任，虛銜
右丞相 / 左丞相 — 實際負責人
長官
六部 / 另有各行中書省
下屬機構

② 樞密院
同知樞密院事、樞密副使 — 實際負責人
樞密使 — 皇太子兼任，虛銜
侍衛親軍都指揮使司 / 蒙古軍都萬戶府 / 萬戶府等

③ 御史台（中台、內台）
御史中丞
御史大夫
殿中司 / 內察院 / 內八道肅政廉訪司 / 另有各行御史台（外台）

④ 怯薛（宿衛）
怯薛長
四怯薛

⑤ 宣政院
院使 / 帝師
三道宣慰司 / 崇教所

⑥ 大宗正府
其中一人為長，札魯忽赤若干，
左右司

官署情況

① 窩闊台於 1231 年設立，係仿照中原王朝官制。忽必烈時權限明確，是文官系統的中樞

② 元世祖中統四年（1263 年）設，沿用了五代與遼、宋、金的設置，專掌軍務，與怯薛多有重合

③ 元世祖至元五年（1268 年）設，負責糾察百官善惡、指陳政治得失，同時還負責檢括、料理財賦。與宋制不同，中書省、樞密院凡事要與御史台官員同奏

④ "怯薛"意為"番直宿衛"，由成吉思汗創制，作為大汗的禁衛親軍，從萬戶、千戶、百戶那顏子弟及隨從中選拔，因與大汗接近得以干預機務、擔任要職。入元後仍然保留，但已成為高級官僚集團，繼續參與朝政、出任高官，極少直接參戰

⑤ 元世祖至元元年（1264 年）設立，以帝師八思巴統領，時稱"總制院"，至元二十五年（1288 年）改為宣政院，負責管理宗教事務和西藏軍事民政。遇地方有事，則設行宣政院駐當地處理。凡重大軍政事務，均與樞密院共同決定

⑥ 元世祖至元二年（1265）設立，源自大蒙古國時期職掌天下政的"札魯忽赤"（大斷事官）。但與其他朝代以專掌皇族事務為基本職能的宗正機構不同，元大宗正府主要治理諸王、駙馬封地的蒙古、色目人刑名詞訟等事，時而兼理漢人刑名

BC 2100
BC 1900
BC 1700
BC 1500
BC 1300
BC 1100
BC 900
BC 700
BC 500
BC 300
BC 100
0
100
300
500
700
900
1100
1300
1271—1368
1500
1700
1900

來法典的基本精神。如《唐律‧名例》中的五刑、十惡和八議全部被《大元通制》繼承，同時又按照元代社會的實際情況重新擬定了許多條文。在實施過程中則是蒙古"國俗"與"漢法"並存，簡而言之，即以札魯忽赤管理"上都、大都所屬蒙古人並怯薛軍站色目"，以"有司刑部"管理"其餘路府州縣漢人、蒙古、色目詞訟"。

地方制度上，元代對後世影響深遠的便是行省制度了。元代行省設置最早可追溯到成吉思汗時期在宣平設置的行尚書省。忽必烈時在各地設置了十路宣撫司，後改為行中書省，作為中書省派出機構，這些行省亦仿照中央設置丞相等一套官僚機構作為地方一級行政單位，各省長官統領境內一切軍政大事，具有極大實權。行省下設路、府、州、縣。今山東、山西、河北和內蒙古等地被稱為"腹裏"，由中書省直轄。至元十七年（1280 年）元朝完成大一統後，共設有陝西四川行省、湖廣行省、江淮行省、福建行省、江西行省和雲南行省六大行省。後來在這六大行省的基礎上調整與增益，最終形成了十行省：嶺北、遼陽、河南江北、陝西、四川、甘肅、雲南、江浙、江西、湖廣。另外還有征東行省，是元朝設置在朝鮮半島的一個特殊行省（治所在今韓國慶尚南道合浦），帶有羈縻性質。行省之外，又有宣政院統轄吐蕃地區，分置三道宣慰司都元帥府。

行省制的確立是中國行政區劃制度的一大變革，"都省握天下之機，十省分天下之治"的行政區劃格局對後世影響巨大，"省"的稱呼亦沿用至今。

除建立行省外，元朝為控制廣闊的疆域，還採取了宗王出鎮制度。宗王出鎮是元朝皇子、宗王分封的特殊形式，將他們分封至邊疆軍事要地，作為最高軍政首腦，負責該地區的鎮戍征伐、軍政監督。這一制度始於元世祖忽必烈時期，當時為應對西北叛王與南方動亂，忽必烈先後分封皇子為王出鎮西北、西南。成宗後，宗王出鎮進一步推廣，成為元朝地方鎮戍的重要組成部分。

相比於傳統中原王朝的分封制，元朝的宗王出鎮側重於軍事，被認為是"封藩而不治藩"，即其鎮戍區仍由朝廷所有，出鎮的宗王並不形成藩鎮，而是以皇室成員的特殊身份，代表朝廷在地方執行某些軍政權力和任務。有的宗王甚至不能世襲。這種特殊的分封制脫胎於蒙古舊制，同時也吸收了中原王朝的經驗，對元朝有效控制邊疆發揮了重要作用。明太祖朱元璋分封皇子統軍以藩屏內地的做法，就帶有元朝宗王出鎮制度的色彩。

忽必烈定都大都後，即以大都為中心，建立了完備的驛站體系，使得元朝中央政令可以有效傳達到地方。漢語"站"本意為"獨立"或"坐立不動"，而無今天"站點"的含義，元代以"站"作為蒙古語 J̌am（即古代漢

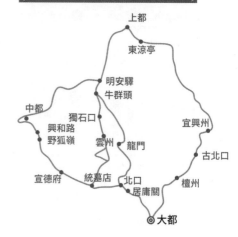

{ 元大都與上都驛路示意圖 }

上都
東涼亭
明安驛
牛群頭
中都
獨石口
興和路
野狐嶺
雲州
龍門
宜興州
宣德府
統臺店
古北口
北口
居庸關
檀州
大都

語中的"驛")的記音，在其後接 -ci、-cin 表示"管理驛站之人"，稱為"站赤"，略稱"站"，並與漢語原有的"驛"合為"驛站"。驛站有水、陸之分，以交通工具的不同分為船站、馬站等，遼陽行省冰凍區還有狗站。據《永樂大典》統計，元代共設驛站 1519 處，站戶上萬戶。

與驛站相應的，元朝還仿照南宋建立了急遞鋪，專門傳遞緊急文書和皇帝詔令。急遞鋪每十里或十五里、二十五里於州縣設一鋪，每鋪置鋪丁五人，一晝夜行四百里。據《元史》統計，元朝共設急遞鋪兩萬處。龐大的驛站——急遞鋪體系，使元朝中央對地方的控制大大加強。

元代的選官制度非常混亂，多途並舉，其中既有蒙古色彩濃厚的"根腳"，即根據出身與推舉；也有模仿漢制進行的科舉選官，此外還有"吏進"即由吏入仕的方式。選官制度的複合多樣反映了元朝內部不同勢力的實力消長，當崇漢派實力較強，如元仁宗時，便有"延祐復科"的措施恢復科舉；當守舊派佔優勢時，科舉便一度停辦。有元一朝，共舉行了 16 次科舉考試，稱"元十六考"，取進士 1139 人。

{ 常樂驛站銅印 }

常樂驛站位於元代木憐道上，是當時北部地區交通綫上的重要中轉站

{ 急遞鋪令牌 }

{ "四等人制" }

1 即蒙古各部，為元朝的"國族"，被稱為"自家骨肉" ---▶ (蒙古人)

2 包括西域以及歐洲之人，"色目"意為各種各類之意，故又稱"種民"，"色目人"亦有"異族不常見之人"的意思 ---▶ (色目人)

3 俗稱"漢兒"，包括金朝統治區的漢人、女真人、契丹人和高麗人，也包括了大理國境內各族和南宋統治區中的四川人 ---▶ (漢人)

4 南宋統治區除四川外的各族人民，俗稱"蠻子""新附人" ---▶ (南人)

{ 《元典章》"內外諸官員數"記載的各族官員人數 }

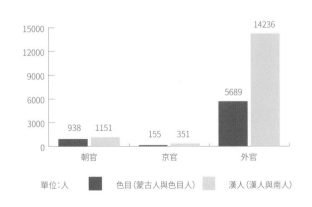

單位:人　■ 色目(蒙古人與色目人)　■ 漢人(漢人與南人)

BC 2100
BC 1900
BC 1700
BC 1500
BC 1300
BC 1100
BC 900
BC 700
BC 500
BC 300
BC 100
0
100
300
500
700
900
1100
1300
1271—1368
1500
1700
1900

蒙古武士　　天王　小鬼　　漢族武士

漢族婦女

{雲台天王像}

在北京居庸關雲台的漢白玉塔基上，有元代雕刻的四大天王像。天王腳踏漢族婦女，身後有漢族和蒙古族武士各一人

{鄭思肖}

1241—1318年，字憶翁，號所南，連江（今屬福建）人，詩人、畫家，南宋遺民，著有《心史》，《心史》寫成後被他用鐵盒密封數層，層間以石灰防腐，投在蘇州某寺的井裏，直到四百年後的明朝末年才被發現，被稱為"奇書"

　　"四等人制"長期被視為元朝法定的民族等級制度，但實際上，這個名詞最早是由清末民初的史學家屠寄（1856—1921年）在《蒙兀兒史記》中提出的，而縱觀元朝的各項法律法規以及《元史》等史料，均無明確指出"四等人制"或宣佈實行"四等人制"的記載。蒙古人、色目人、漢人和南人只是作為特定羣體的稱號，而非社會等級制度的一級，因此劃分標準非常模糊，色目人便經常包括蒙古人，如《元典章》中記載的"內外諸官員數"中，"色目"便包括了蒙古人和色目人，"漢人"則包括了漢人和南人。另外，作為民族分類時也不一定僅限於這四類人，比如在元代地方志中，與"漢人"、"蒙古人"並列的，常常是"畏兀兒"、"回回"等具體民族而非"色目人"。直到元朝中期開科舉，原則上每次錄取進士100人，規定蒙古人、色目人、漢人、南人各佔25人，才是這"四等人"同時出現的用法。因此北京大學張帆教授指出：所謂"四等人制"實際上指的是，

在元朝統治下，不同的民族，在很多場合確實有不同待遇，政策並非對所有人一致。這種差別對待的情況一再出現，就被後人概括成為"四等人制"。

　　從反映元朝社會生活的史料看，元朝法律雖然為蒙古人規定了許多特權，但是真正橫行的也只有貴族（也包括漢人和南人的一部分），蒙古人、色目人中的平民和漢人、南人中的平民一樣受到貴族的壓迫，甚至發生過漢人、南人典買蒙古子女為奴的案例。這種特權壓迫，本質與其他王朝階級之間的壓迫區別不大，只是披上了蒙古草原民族集團的外衣。

　　另外，蒙古人入主中原後，也帶來了職業世襲的"諸色戶計"制度，這從某種意義上來說是一種倒退。南宋遺民鄭思肖在《心史》中提到"一官、二吏、三僧、四道、五醫、六工、七獵、八民、九儒、十丐"就反映了元代的"諸色戶計"，即將民眾按不同職業分為不同戶籍，以承擔專業徭役，如民戶、軍

戶、站戶、礦冶戶、獵戶等，職業一經劃定，即不許更易，世代相承，並承擔相應的賦役。

職業等級的高低反映了蒙古人對社會分工的認知。對於來自草原的蒙古人而言，僧道和技術勞動者的社會價值，自然是要高於農耕的"民"，而未出仕的儒生因為大多不事生產，而且經過考試後即可免去部分賦役義務而享有廩給，故其社會價值在蒙古人看來只略高於無業遊民"丐"，除非儒生通過科舉，便可一舉進入"官"的行列。所以，元代奉行的社會職業等級制度，反映的是蒙古人的社會價值觀。

元朝的都城

1272 年燕京新城告成後，元世祖忽必烈便將首都遷至燕京，升為大都。同時保留了其幕府故地開平的地位，稱為上都，從此確立了元朝的兩都制。元武宗大德十一年（1307 年），元朝在旺兀察都（今河北省張北縣）興建都城，稱"中都"，前後數年，已粗具規模，但由於勞民傷財、民怨沸騰，故武宗駕崩後，即位的仁宗很快下令罷止。

元上都位於今內蒙古正藍旗草原，南臨上都河，北依龍崗山，周圍是廣闊的金蓮川草原。金代此地屬於桓州，因當地盛開的金

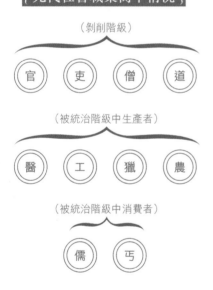

{ 元代社會職業高下情況 }

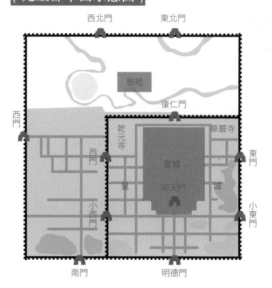

{ 元上都平面示意圖 }

{ 元 趙孟頫《雙松平遠圖》卷 }

元代著名書畫家趙孟頫是南宋宗室，若按所謂"四等人制"，應屬於最低等的"南人"，但他一生備受元朝統治者禮遇，累居高位。其子趙雍亦仕元為官。從趙氏家族境遇亦可看出所謂"四等人制"的本質

BC 2100

BC 1900

BC 1700

BC 1500

BC 1300

BC 1100

BC 900

BC 700

BC 500

BC 300

BC 100

0

100

300

500

700

900

1100

1300

1271—1368

1500

1700

1900

蓮花如金枝玉葉相連,金世宗將此命名為金蓮川。蒙古佔據此地後,將其作為大汗避暑之地,忽必烈開府金蓮川後,令謀士劉秉忠在桓州城東、灤水北岸的龍岡相地建城,命名為開平,並在此繼承汗位,後升其為上都。開平城經過不斷擴建,形成了外城、皇城、宮城三重格局,元朝遷都大都後,此地仍被作為避暑之都。據記載,元上都曾擁有 11 萬人口,城垣周長約 8 千米。城內有官署約 60 座,各種寺廟堂觀 160 餘處,驛道四通八達,為漠北與中原的交通樞紐。

上都宮闕宏偉壯麗,且融合了不同文明的特色,其正殿大安閣是典型的漢式宮殿,忽必烈在此舉行朝會,南宋亡後,宋室君臣便在此朝拜忽必烈。同時,忽必烈又設體現草原風格的失剌斡耳朵(即"黃色宮帳"),並在皇城附近修建了禪宗寺院龍光華嚴寺、藏傳佛教寺院乾元寺、道教正一派的道觀崇真宮、全真教派長春宮等,一時間上都城可謂文明薈萃。

元大都係於金中都舊城東北另築而成,並保留了舊城繼續使用。大都城於至元四年

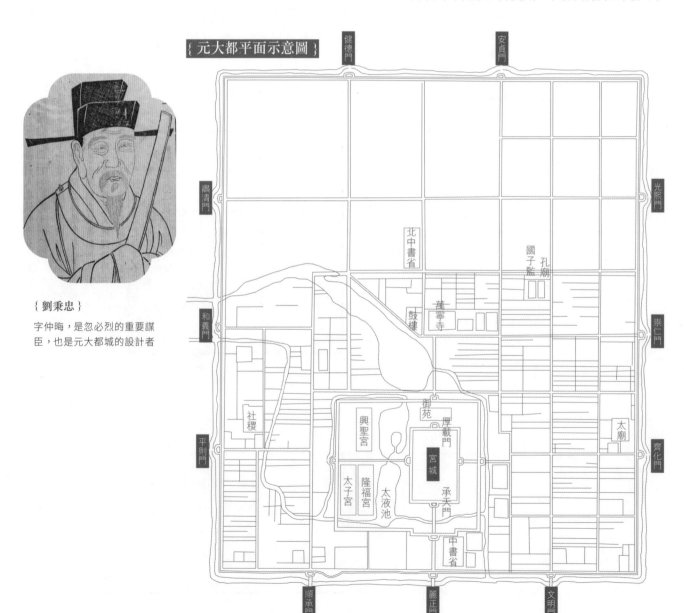

{劉秉忠}

字仲晦,是忽必烈的重要謀臣,也是元大都城的設計者

{元大都平面示意圖}

{盧溝運筏圖}

圖中表現的是元大都盧溝橋一帶的水運場面

{元上都宮殿遺址}

這是元上都大安閣遺址,大安閣是舉行重大典禮的宮殿,其建築材料都是不遠千里從汴梁(今河南開封)運來的

{元上都遺址出土的漢白玉螭首}

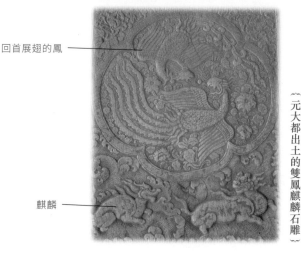

回首展翅的鳳

麒麟

〔元大都出土的雙鳳麒麟石雕〕

(1267 年)開始動工,中書省官員劉秉忠為總負責人,阿拉伯人也黑迭兒負責設計新宮殿,郭守敬則擔任都水監以修治元大都至通州的運河通惠河,並以京郊西北各泉作為通惠河上游水源。大都嚴格按照《周禮・考工記》"前朝後市、左祖右社、九經九緯"的形制進行規劃,闢十一門,各城門的命名都與《周易》卦象相關。大都同樣有三重城垣,皇城內有大內、隆福宮和興聖宮三組宮殿,城南設置中央官署,城北則設集市,全城中心建有鼓樓,名曰"齊政樓",形成了規格完備、氣勢磅礴的都城。

大都同樣是一座體現了元朝文明融合的都城,它保留了蒙古人逐水而居的習慣,以太液池為皇城中心。皇城的正殿大明殿一方面繼承了漢式宮殿的傳統,雕樑畫棟,玉階丹墀,另一方面,其內部又融合了草原君主宮帳的特色,殿上設皇帝、皇后二人並坐之位,其上又覆藏傳佛教的梵文傘蓋,殿下左右分列諸王百官及怯薛的坐牀。除宮殿外,皇城內還有草原氣息濃厚的宮帳。

兩都制度確立後,元朝皇帝每年均往返於兩都間,一般是每年二月或三月從大都北上至上都,八月或九月再回到大都。皇帝巡幸上都期間,主要中央官署的辦事人員都隨行至上都辦事,其副職則留守大都,遇重大事務以急驛奏報上都處理。上都較之大都更具有草原因素,元朝皇帝的"國俗"——祭天、祭祖儀式,召開忽里台大會及大獵等活動都是在上都舉行的。

BC 2100
BC 1900
BC 1700
BC 1500
BC 1300
BC 1100
BC 900
BC 700
BC 500
BC 300
BC 100
0
100
300
500
700
900
1100
1300
1271—1368
1500
1700
1900

跨越文明

◎ 空前的中華民族大融合
◎ 東方的戰爭與和平
◎ 蒙古西征帶來的蒙古和平

空前的中華民族大融合

縱觀元代，蒙漢之間的交流與融合從未停止，元朝這個少數民族政權的漢化非常明顯。因忽必烈推行漢法，西北諸王遣使入朝時甚至質問："本朝舊俗與漢法異，今留漢地，建都邑城郭，儀文制度遵用漢法，其故何如？"足以看出自忽必烈始，蒙古政權的漢化程度之深已經到了令固守蒙古舊俗的西北諸王質疑的地步。

蒙古政權大規模與漢文明互動交流始於忽必烈時期，忽必烈將大蒙古國改造為以中原漢地為中心的大元王朝，建立了漢式的官僚政府，蒙古人也在這一時期隨着蒙古大軍的南下而大量遷移到中原和江南。定居漢地後，由於身處農業地區，生活方式不得不有所改變，在與漢人為鄰的過程中，受到漢文明的薰染是自然而然的事情。

除了環境因素外，雖然元朝政府未明確推行以漢法治國的國策，而是尊崇蒙古、壓抑漢人，但統治者深知"天下可馬上得之，不可自馬上治"的道理，為鞏固統治，必須掌握佔人口優勢的漢人的語言和文化，因而從實用目的出發，也較重視對漢文化的學習。早在 1233 年，窩闊台在位時期，便在燕京創設"國子學"，又稱"四教讀"，令蒙古貴族子弟 18 人學習漢語，漢地官員子弟 22 人學習蒙古語及弓箭等，開啟了蒙漢兩種文明互相學習的先河。而後的忽必烈更加重視學校教育，在未即位前已命貴族子弟跟隨漢儒學習經典，即位後更是令漢儒教授皇子經典，正式設立國子學以使蒙古子弟學習儒家經典。皇太子真金深受漢儒影響，皇帝對漢文化也懷有濃厚興趣，忽必烈雖不甚通漢語，卻經常命令漢儒將漢文經典翻譯成蒙文進獻，自己也有漢詩流傳。後世皇帝則在宮中建立奎章閣、宣文閣，供皇帝鑒賞藝文並供皇子學習。歷代皇帝的漢文化修養不斷提高，不少皇帝有詩畫傳世。

時膺韶景陟蘭峰，不憚躋攀謁粹容。
花色映霞祥彩混，爐煙拂霧瑞光重。
雨霑瓊幹岩邊竹，風襲琴聲嶺際松。
淨刹玉毫瞻禮罷，回程仙駕馭蒼龍。
——元世祖忽必烈《陟玩春山紀興》

同時，蒙古人中漢文修養達到相當程度者也大有人在，甚至有人直接參與科舉考試。

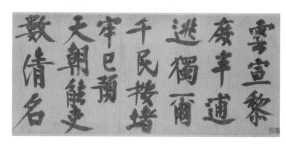

{ 康里巙巙《草書謫龍説》卷 }

康里巙巙（1295－1345）是蒙古族康里部人，自幼受漢文化熏陶，博通群書，是元代著名少數民族書法家。
《謫龍説》是唐代文學家柳宗元的作品

{ 耶律楚材《行書贈別劉滿詩》卷 }

耶律楚才（1190－1244）是契丹族人，大蒙古國早期的政治家，曾輔佐成吉思汗及窩闊台汗三十餘年。他尊崇儒學，漢化程度很深，在大蒙古國政治經濟制度的創設過程中發揮了重要作用

{ 泰不華篆書《陋室銘》卷 }

這是泰不華於至正六年（1346 年）所書作品，內容是唐代文學家劉禹錫的名篇《陋室銘》

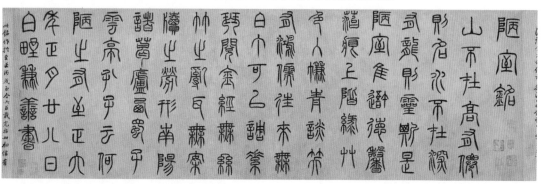

如泰不華（1304—1352 年），字兼善，伯牙吾台氏，幼年隨父定居臨海，受到漢人教養而成才，17 歲時為江浙鄉試第一，英宗至治元年（1321 年）賜進士及第，授集賢殿修撰，累遷至禮部尚書，封魏國公。泰不華書文俱佳，有詩集《顧北集》傳世，收詩 24 首，書法以篆書最佳。

> 海氣昏昏接蜃樓，颶風吹浪蹴天浮。
> 旌旗晝捲蕉花落，弓劍朝懸瘴雨收。
> 曾把烏號悲絕域，卻乘赤撥上神州。
> 男兒墜地四方志，須及生封萬戶侯。
> ——泰不華《送瓊州萬戶入京》

又如薩都剌（約 1272—1355 年），字天錫，號直齋，回族（一說蒙古族），出生於雁門（今山西代縣），泰定四年（1327 年）進士。薩都剌善繪畫，精書法，尤善楷書，其詩詞傳世近八百首，有《雁門集》。此外還有《嚴陵釣台圖》《梅雀》等畫作。

除了這些文人之外，蒙古軍人亦有習漢詩者，如滅亡南宋的統帥伯顏，作有《奉使收江南》等詩，詩中盡顯磅礴氣勢。蒙古人的漢文創作帶來了蒙古人特有的豪邁雄健的氣勢，豐富了中國的詩歌文化。

因蒙古統治者對文化的控制始終較為寬鬆，蒙古族詩人敢於直刺時事，創作出不少反映下層社會生活、揭露朝政黑暗、批判戰爭的優秀篇章。

懶趨青瑣備朝班，焚卻銀魚掛鐵冠。
琪樹有枝空集燕，竹花無實謾棲鸞。
漢廷將相思王允，晉代衣冠托謝安。
聖世只今多雨露，上林芳草似琅玕。
——泰不華《寄姚子中》，該詩寫作於泰不華任
監察御史期間，直接暴露了朝政、官場的黑暗

不過，雖然有元一朝不乏漢文造詣高超的蒙古人，但漢文水平低下的蒙古人同樣充斥着元朝各層級的統治機構，從而誕生了蒙漢語法混雜的"硬譯公文體"。這種文體是由於蒙古人不諳漢語，而負責翻譯的吏員的文學素養又不高，在翻譯時使用當時的漢語白話將蒙古文的公文逐字逐句生硬地翻譯過來，故保留了大量蒙古語語法結構和白話口頭語。《通制條格》《元典章》中隨處可見這樣的公文，最著名的莫過於泰定帝即位詔書了，這是中國歷史上唯一一道"白話文"的皇帝登基詔書：

薛禪皇帝可憐見嫡孫、裕宗皇帝長子、我仁慈甘麻剌爺爺根底，封授晉王，統領成吉思皇帝四個大斡耳朵，及軍馬、達達國土都付來。依着薛禪皇帝聖旨，小心謹慎，但凡軍馬人民的不揀甚麼勾當裏，遵守正道行來的上頭，數年之間，百姓得安業。
——《泰定帝即位詔書》原文（部分）

朕考晉獻武王，色辰皇帝之嫡孫，裕宗皇帝之長子也。聖慈眷愛，封授晉王，統領青吉斯皇帝四大鄂爾多及軍馬、達勒達國土。就國以後，恪遵色辰皇帝聖旨，小心謹慎，凡軍馬人民一切事宜，咸由正道而行。故數年之間，羣臣各敬其事，百姓得安其樂。
——清代《四庫全書》所收《泰定帝即位詔書》修改版
（部分）

{ 賽典赤・贍思丁墓碑石 }
賽典赤・贍思丁（1211—1279 年），原籍中亞不花剌（今烏茲別克斯坦布哈拉城），元初政治家，對雲南的社會、經濟和文化建設作出重大貢獻

除蒙漢民族的交融外，元朝國土上生活的各族人民之間的交流也空前活躍。一大批少數民族知識分子也在這一時期進入元廷擔任高官，如回族人賽典赤・贍思丁、畏兀兒人廉希憲、契丹人耶律阿海、女真人趙良弼、党項人高志耀等，這些人為國家的統一、民族的交流作出了巨大貢獻。

畏兀兒人在西北各族中文明程度較高，由於其較早歸附蒙古，因而得到了蒙古的信任與重用。畏兀兒文明對於蒙古文明影響很大，早在成吉思汗時期，便令畏兀兒人塔塔統阿利用回鶻文（即畏兀兒文）拼寫蒙古語，成為現行蒙古語的前身，並教授蒙古貴族書寫，還有大量畏兀兒人擔任蒙古貴族的教師。據《元史》統計，元朝擔任中央和地方各級官員的畏兀兒人有 60 多人，其中 20 多人擔任過宰相。畏兀兒人的漢文水平也相當高，如被忽必烈所倚重的廉希憲因應對"性善、義利、仁暴之旨"被稱為"廉孟子"，其

言行舉止與漢儒無異。

為鞏固在全國不同地區的統治，蒙古統治者有意識地因地制宜，並吸收各民族的文明成果。如在吐蕃地區，不但設置了 13 個萬戶，還創設了前代所無的宣政院。宣政院在直接統領吐蕃的同時，也管理全國的佛教事務。忽必烈還將吐蕃地區勢力最大的薩迦派法王八思巴尊為帝師，作為宣政院最高長官，從而將西藏地區有效納入到中原王朝的管理體系中。蒙古統治者還推崇藏傳佛教，終元一朝直至後世，藏傳佛教在蒙古族中影響甚大，深刻改變了蒙古人的諸多習俗。

{印文／大元帝師統領諸國僧尼中興釋教之印}
這是元朝帝師的玉印，印文為八思巴文

{位於西藏日喀則的薩迦寺}
元朝第一代帝師八思巴就是在這裏對西藏實行政教合一的統治，並統領全國佛教事務

{八思巴見忽必烈壁畫}
畫面左側是八思巴，右側是忽必烈

BC 2100
BC 1900
BC 1700
BC 1500
BC 1300
BC 1100
BC 900
BC 700
BC 500
BC 300
BC 100
0
100
300
500
700
900
1100
1300
1271—1368
1500
1700
1900

　　元朝民族交流中的另一件大事是回族的逐漸形成。"回回"一詞首見於沈括《夢溪筆談》，最初泛指西北各民族甚至中亞各國人。蒙古大軍數次遠征，將西北以至中亞的大量人口劫掠到了中國，而隨着蒙古勢力的擴大，也有相當一部分人自願東遷。到忽必烈建號大元前，已經有許多"回回"在蒙古政權中擔任各種職務或是充任蒙古政權的"斡脫商人"（即官商戶），如札八兒火者、阿里火者等，成為一個不可忽視的族羣。元朝建立後，由於和蒙古人親近，回族人的政治地位一般都高於漢人，因而在中央、各地任官的回族人很多，如賽典赤‧贍思丁、阿合馬、倒剌沙等，而他們外任官員時往往又有一大批回族百姓跟隨，這些百姓基於共同的宗教信仰、語言文字、風俗習慣，在各地逐漸形成了"大分散、小集中"的聚居。在元朝這樣一個統一的多民族國家中，回族人和其他民族的交往也在不斷密切，逐步產生了共同的利害關係，開始吸收中原漢文化，如薩都剌便是漢文化修養很高的大學者。作為中華民族大家庭一員的回族便在中亞伊斯蘭教文化和中國漢文化的相互交匯中逐步形成了。

{ 陝西西安清真寺 }

位於陝西西安的大清真寺是中國傳統建築藝術與伊斯蘭教建築藝術的結合

東方的戰爭與和平

蒙古與高麗的交往由來已久，但因發生過蒙古兵殺害前往金朝交聘的高麗使團成員的事件，故令高麗長期對蒙古懷有戒心，而蒙古對高麗的態度也很倨傲，導致兩國關係微妙，一度兵戎相見，最終高麗內部發生政變，主動向蒙古示好。忽必烈時，因高麗王在忽必烈即位前擁戴勸進，又在其改元中統後遣使來賀，迎合了忽必烈的心理，故兩國關係得到了改善。元朝將公主嫁與高麗國王，高麗成為元朝的駙馬之國，高麗則接受了元朝的宗主地位。元朝在高麗設置征東行省，行省丞相由高麗國王兼任，准其自辟官屬，財賦不用上繳元朝中央，治理也遵從當地風俗。

這一時期，元朝與高麗關係非常密切，嫁給高麗國王的元朝公主在高麗甚至擁有高於國王的權力，所生之子又被立為世子，自小在大都恩養，後回國成為國王。高麗國王的謚號也從此加上"忠"字以示對元朝忠誠，從高麗中宗忠宣王開始，高麗國王也大多有蒙古名字。

元朝與高麗貢賜往來不絕。高麗向元朝進獻品目繁多的貢物如鶻子、好銅、黃白紙等，還提供數目龐大的軍需用品，元朝東征日本時也由高麗提供軍需，同時，高麗還向元朝提供貢女和宦者。相應地，作為宗主國和岳丈，元朝對高麗回賜大量禮物，如西錦、曆書、駱駝、良馬等，薄來厚往的情況也經常發生。元時木棉由中國傳入高麗，傳為佳話。

從1219年至1368年元帝北遁，大蒙古國——元朝派遣使臣前往高麗多達277次，高麗從1232年至元朝滅亡則共遣使赴元479次，居於各國之首。為方便貢賜往來，元朝在高麗境內建立了20個驛站，密切了朝鮮半島與中原的聯繫。

在雙方的密切交往中，高麗大量吸收了中原漢文化及儒學思想，一大批中國經典書籍傳入高麗，理學也在元朝時傳入高麗。在元帝北遁後的1369年，高麗恭愍王甚至還參照元朝的鄉試、會試、殿試制度對高麗科舉考試制度進行了變革，將考試內容由以詩

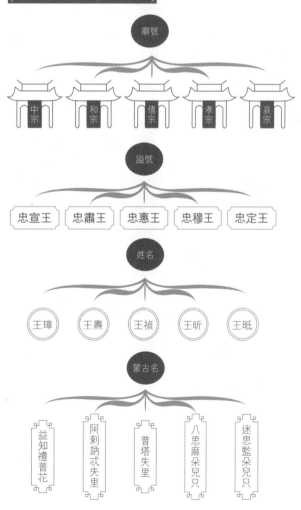

{ 高麗國王的蒙古名字 }

廟號
中宗 · 和宗 · 僖宗 · 孝宗 · 哀宗

謚號
忠宣王 · 忠肅王 · 忠惠王 · 忠穆王 · 忠定王

姓名
王璋 · 王燾 · 王禎 · 王昕 · 王胝

蒙古名
益知禮普花 · 阿剌訥忒失里 · 普塔失里 · 八思麻朵兒只 · 迷思監朵兒只

BC 2100
BC 1900
BC 1700
BC 1500
BC 1300
BC 1100
BC 900
BC 700
BC 500
BC 300
BC 100
0
100
300
500
700
900
1100
1300
1271—1368
1500
1700
1900

賦為主轉為以經義為主。另外，高麗統治集團也頗受蒙古習俗的影響，在服飾、禮儀上均曾主動向蒙古靠攏。

日本歷來與中國交流密切，但在宋室南遷後，出於對北方民族的"華夷之辨"心理，以及掌權的幕府對官方外交的冷淡，中日交往漸漸減少，路線也僅剩橫渡東海直航兩浙與南宋交往一路，而與北方的金朝以及後來興起的蒙古幾乎沒有接觸。忽必烈時元朝曾兩次意欲渡海征服日本，但因遇颱風（日本稱"神風"）而沒有成功。雖然如此，兩國之間的交流始終沒有中斷，從至元二年（1265 年）第一次遣使黑的出使日本開始，

整個元代遣往日本的使臣主要有十次。其中最初的三次均由高麗使臣代轉，其後也多由高麗人為嚮導。

日本幕府也多次派出官方商船前往中國，元朝政府則在中日交通的主要港口慶元港（今浙江寧波）設市舶司以管理對高麗、日本的商船貿易。

除政府之間的往來，中日之間的民間聯繫也十分密切，中國主要輸出瓷器、絲織品和銅錢等，而從日本輸入黃金、刀劍等。往來中日之間的僧侶也極大地推動了兩國經濟與文化的交流，將中國的儒家典籍、士人風氣和生活方式傳入日本，如日

{13 世紀日本繪畫中的元朝士兵}
畫中的元朝士兵身穿豪華的中國式長袍，手持中國式樂器騎在馬上

本的茶道就是由元代傳入的"唐式茶會"發展而來的。

元朝和東南亞國家的接觸開始於 1257 年，是年兀良合台率領蒙古大軍進入雲南，遣使到安南"招諭"。此後，元朝與東南亞的安南、占城、爪哇等國都進行了聯繫。從一開始的衝突到後來的合作，元朝和東南亞國家實現了通使修好的和平關係，保障了海上絲綢之路的暢通，並確立了中央政府對今日南海諸島的有效管轄。

隨着商路的暢通，元朝與東南亞各國的經濟、文化交流更加密切，漢文化也深刻地影響了他們。如安南儒學興盛，開科取士、著書立說均用漢文，科舉考試一如元制。大量中國人往來於東南亞商路，其中不少人在東南亞定居，為當地經濟文化的發展作出了貢獻。元代經過東南亞直通海外的商路較南宋進一步發展，在當時的《大德南海志》《島夷志略》等著作中出現了前代未見記載的國家和地區。

* 元代蔡微編纂了《瓊海方輿志》，其中記載："外匝大海，接烏里、蘇密、吉浪之洲，南則占城，西則真臘、交趾，東則長沙、萬里石塘"。《元史》中的《史弼傳》也記載了元朝將領史弼在至元二十九年（1292年）從泉州出發，"過七洲洋，萬里石塘，歷交趾、占城界"。這裏的"長沙""萬里石塘"指的都是南海諸島。這表明南海諸島確在中國的管轄之下，經過南海諸島才到達東南亞各國的疆土

蒙古西征帶來的蒙古和平

大蒙古國——元朝的擴張過程，既有戰爭，也有和平交往，給亞洲和歐洲都帶來了深遠的影響。蒙古先後向西方發動了三次遠征，分別由成吉思汗本人、成吉思汗長孫拔都以及忽必烈之弟旭烈兀進行，深刻影響了中亞、西亞、北非以及東歐的政治與歷史。

第一次西征由成吉思汗率領。由於友好使團為花剌子模所害，成吉思汗將他的進攻方向轉到西域。1218 年，西遼被蒙古軍隊攻破，保證了進軍的暢通無阻，成吉思汗遂於 1219 年從額爾齊斯河出發，發起對花剌子模的戰爭，到了大約 1223 年時，花剌子模的故地基本被征服（至 1231 年，花剌子模王子札蘭丁敗亡，全境才被完全征服）。這次遠征也是後來蒙古西征的先聲，速不台在這次遠征的基礎上繼續向西，於 1221 年進入今南俄羅斯草原地區，並在 1223 年擊敗了當地諸公國的聯軍，一路向西直至第聶伯河才返回東方。

第二次西征由尤赤之子拔都於 1235 年發起，在攻佔俄羅斯地區後兵分兩路，北路軍進軍東歐草原，拔都本人則率南路軍橫掃匈牙利地區，兩路軍會師後一路西進，兵鋒直指意大利北部，令歐洲人心惶惶。1242 年初，蒙古軍在接到窩闊台去世的消息後撤軍，至俄羅斯境內聞知大汗人選已定，拔都不再東歸，在其父所分封的領地處建立起了欽察汗國。

拖雷第六子旭烈兀在蒙哥汗在位期間發起了第三次西征，目標是波斯和阿拉伯。1258 年初，蒙古軍攻陷報達（今伊拉克巴格

BC 2100
BC 1900
BC 1700
BC 1500
BC 1300
BC 1100
BC 900
BC 700
BC 500
BC 300
BC 100
0
100
300
500
700
900
1100
1300
1271—1368
1500
1700
1900

達），滅亡了阿拉伯帝國阿拔斯王朝，之後又攻入敍利亞。旭烈兀於 1264 年接受元朝的冊封為伊兒汗，建立了伊兒汗國。

一方面來說，蒙古的三次西征給當地人民帶來了巨大的災難，毀滅了許多繁榮的城市。但另一方面，戰爭本身也帶來了文明的交流，如金哀宗曾慨歎，蒙古之所以能所向披靡，是因為"恃北方之馬力，就中國之技巧"，也就是能及時吸收並利用所控制國家和地區的資源與技術。隨着戰爭範圍的擴大，不同國家、不同文明的成果也就隨蒙古大軍的擴張而擴散開來。另外，蒙古將東西方之間原本割裂、獨立的各國家一一消滅，統一在蒙古世界中，使得東西方道路重新暢通，也有利於東西方的文明交流。蒙古西征後帶來的，是東西方之間一個多世紀的和平。

經過半個多世紀的征戰，蒙古統治者用鐵蹄踏出了一個橫跨歐亞、前所未有的國家，以哈剌和林為首都，蒙古草原、中原漢

地和畏兀兒等地由大汗直轄，為大汗汗國；成吉思汗的其他子孫則分別在各自征服的土地和封地的基礎上建立發展了各自的汗國，這些汗國受到各地不同文明的影響而呈現不同的發展道路，帶來了文明的交流。如忽必烈吸收了中原的漢文化，使大蒙古國成為中原王朝序列的一環——大元王朝。又如 13 世紀末，伊兒汗國第七位汗合贊汗率全國改宗伊斯蘭教，大汗改稱蘇丹，伊兒汗國成為一個伊斯蘭國家。

通過戰爭，蒙古人使歐亞大陸的大部分土地籠罩於統一政權之下，使得一度被堵塞的商路再度暢通，陸上絲綢之路與海上絲綢之路暢通無阻。大規模東西文化的交流、人員的往來成為可能，東西方的宗教、文化、科技開始大規模互動。

元代陸上絲綢之路有賴於驛傳體系的完善，繼承了過去早已有之的絲綢之路，並將其予以最大利用：

{ 四大汗國示意圖 }

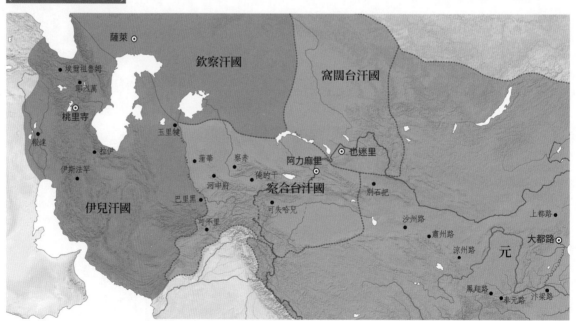

{四大汗國存續}

（始封）

察合台汗國

窩闊台汗國

欽察汗國
（即朮赤汗國，又稱金帳汗國）

伊兒汗國

（存續）

察合台

1222 年建立，1321 分裂為東、西兩國，東察合台汗國國都疏勒。西察合台汗國領有帕米爾高原以西，國都撒馬爾罕，1369 年權臣帖木兒篡位，汗國滅亡，帖木兒帝國建立

窩闊台

1225 年前後建立，1310 年併入察合台汗國、欽察汗國與元朝

朮赤 - 拔都

1243 年建立，後分裂出白帳汗國、藍帳汗國等，14 世紀末遭到帖木兒帝國的進攻而瓦解，1480 年對俄羅斯諸侯的統治被顛覆，1502 年徹底滅亡

旭烈兀

1264 年建立，14 世紀以後分裂，1388 年被帖木兒帝國滅亡

月即伯汗 (1312—1340 年) 時達到極盛，與東羅馬帝國、埃及馬穆魯克王朝通好。國內突厥、斯拉夫、蒙古三系交流密切，對後世俄羅斯國家形成影響深遠

與羅馬教皇、東羅馬帝國通好，與埃及馬穆魯克王朝對立，合贊汗 (1271—1304 年) 時達到極盛，在合贊汗的帶領下全國改宗伊斯蘭教，通用波斯語。在四大汗國中文明最為昌盛

（特色）

通用突厥語，信奉伊斯蘭教，基督教也流行國中，大都市發達，財政豐裕

敵視拖雷系後裔，對元朝持敵視姿態，其汗海都一度反叛元朝，自立為蒙古大汗。海都子察八兒在位期間，其國被察合台汗國、欽察汗國、元朝瓜分

BC 2100
BC 1900
BC 1700
BC 1500
BC 1300
BC 1100
BC 900
BC 700
BC 500
BC 300
BC 100
0
100
300
500
700
900
1100
1300

1271—1368

1500
1700
1900

　　草原之道由黑海東北的亞述海，經過頓河與伏爾加河，過烏拉爾山，從裏海、鹹海北方的吉爾吉斯草原東行，從巴爾喀什湖北穿越阿爾泰山進入蒙古高原，繼續南下進入中原漢地；或通過阿爾泰山之北，直抵葉尼塞河上游。在四大汗國分立後，這條路一般經哈剌和林（大蒙古國汗庭）、也迷里（窩闊台汗國國都）、巴爾喀什湖北岸、鹹海北方、裏海北方抵達撒萊（欽察汗國都城）後，可以通過高加索山脈由亞美尼亞地區經過伊兒汗國國都桃里寺（今伊朗大不里士）抵達報達（巴格達）和敍利亞，也可由撒萊經海路渡過黑海抵達君士坦丁堡，再前往歐洲地中海沿岸各城市。

　　元朝定都大都後，一般從大都沿陰山、長城西行，於寧夏出河西至甘州（今張掖）、肅州（今酒泉）、沙州（今敦煌），由沙州進入今新疆地區後，沿用古已有之的道路分為南北兩路，南路沿崑崙山脈北麓，北路則沿天山南麓，兩路匯合於喀什噶爾（今疏勒），再經帕米爾高原抵達中亞撒馬爾罕。除此之外，還有隋朝開闢的另一條道路，即天山北麓一線，經過哈密、吐魯番、別失八里（在今中國新疆境內）、阿力麻里（察合台汗國國都）、怛邏斯、塔什干等地，通過伊犁河流域到達撒馬爾罕。到達撒馬爾罕後，還可繼續向西渡過阿姆河，從木鹿（在今土庫曼斯坦境內）經過尼沙普然（今伊朗內沙布爾），沿裏海南至桃里寺，再繼續之前的路線。

　　元代海上絲綢之路繁榮的景象甚至要超過陸上絲綢之路。海上絲綢之路繼承了宋代發達的海外貿易體系，中國的船隻可以從泉州、廣州等海港出發，經南海、中南半島、馬六甲海峽過印度洋，循印度東南岸當時的

{ 灰陶駱駝俑 }
橫跨歐亞的大蒙古國，使得東西方道路重新暢通。絲綢之路上，駝隊絡繹不絕

馬八兒地方沿岸向西，在今印度孟買西北的塔納開始橫渡阿拉伯海，向西一直可達今天的霍爾木茲海峽和非洲東海岸各港口，或是在波斯灣登陸後再抵達西歐、地中海。泉州是當時最大的海外貿易中心，被馬可波羅讚為"世界上最大的港口"。為保障海上貿易，元朝還在各港口設置市舶司。

總之，在蒙古世界的廣大領土內，中原、草原、中亞乃至地中海世界實現了直接攜手。

這條道路的建成雖然是以軍事征服開始，但卻促成了經濟與文化的交流。元朝以陸上絲綢之路和海上絲綢之路為紐帶，連接了東西文明，商人和旅行家在商路往來，絡繹不絕，極大地促進了文明交流，締造了所謂的"蒙古和平"。更有人認為，這是第一次將世界置於一個世界體系中，甚至早於新航路開闢後的世界體系。

{ 青花花鳥紋罐 }

元代景德鎮生產的青花瓷，在中亞及歐洲廣受歡迎，是當時海外貿易的暢銷品

{ 白釉黑花嬰戲圖罐 }

從元代沉船上打撈出水的磁州窯瓷罐，這是海外貿易的大宗商品

BC 2100

BC 1900

BC 1700

BC 1500

BC 1300

BC 1100

BC 900

BC 700

BC 500

BC 300

BC 100

0

100

300

500

700

900

1100

1300

1271—1368

1500

1700

1900

羅姆蘇丹國

欽察汗國

○薩萊

特拉布宗

埃爾祖魯姆

耶烈萬

阿勒頗

亞歷山大

阿克

大馬士革

耶路撒冷

開羅

埃及馬穆魯克王朝

桃里寺

◎桃里寺

甗的

掃蘭

玉里犍

蒲華

塔剌思

虎思斡耳朶

報達

哈馬丹

拉伊

伊兒汗國

察

察赤

忽氈

俺的干

撒馬爾罕

那黑沙不

可失哈兒

弼斯羅

伊斯法罕

押兒牽

巴里黑

可不里

斡

斯吉寧

白沙瓦

超兒漫

天房

忽里模子

亞軛

德里蘇丹國

拉里班旦

放拜

東淡邈

俱藍

重要商業
交通路線

高郎步

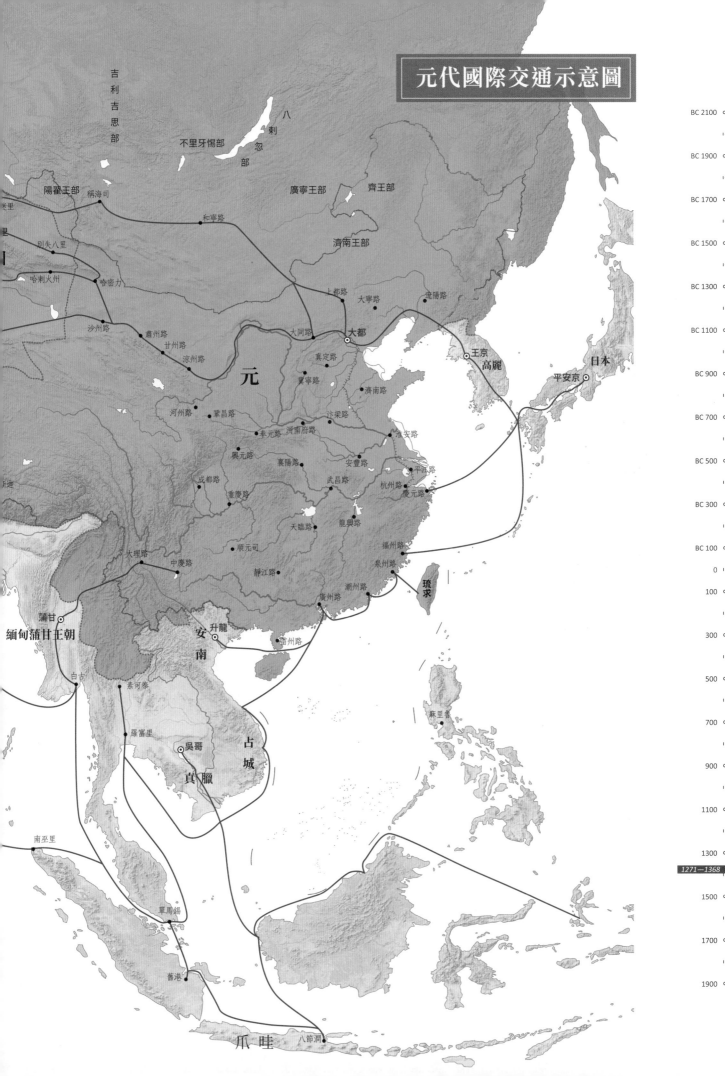

元代國際交通示意圖

吉利吉思部

陽翟王部   稱海司

別失八里

哈剌火州   哈密力

沙州路   肅州路
          甘州路
          涼州路

河州路   鞏昌路

奉元路   河南府路
興元路   襄陽路
成都路
重慶路   武昌路

天臨路   龍興路

大理路   順元司
中慶路
靜江路

八剌忽部

不里牙惕部

廣寧王部   齊王部

濟南王部

和寧路

上都路   大寧路   遼陽路

大同路   大都

真定路
冀寧路   濟南路

汴梁路

淮安路

安豐路

平江路
杭州路
慶元路

福州路
泉州路   琉求
潮州路
廣州路
雷州路

蒲甘   升龍   安
緬甸蒲甘王朝   南

白古

素可泰

羅富里

吳哥

占城

真臘

南巫里

單馬錫

舊港

爪哇   八節澗

王京
高麗

日本
平安京

麻里嚕

BC 2100
BC 1900
BC 1700
BC 1500
BC 1300
BC 1100
BC 900
BC 700
BC 500
BC 300
BC 100
0
100
300
500
700
900
1100
1300
1271—1368
1500
1700
1900

漫步在中西交通道路上

◎ 大元朝廷的使臣　　◎ 走出國門的旅行家　　◎ 東來的外邦人

大元朝廷的使臣

亦黑迷失是元朝傑出的航海家，於 1265 年開始擔任忽必烈的宿衛。忽必烈建號大元後，開始遣使各國，亦黑迷失即被派遣出洋訪問，前後六次下西洋，規模宏大，而其時間遠早於鄭和下西洋，宣告中國大航海時代的開始。

列班‧掃馬，全名列班‧巴‧掃馬（Rabban Bar Sauma），信奉基督教聶斯托

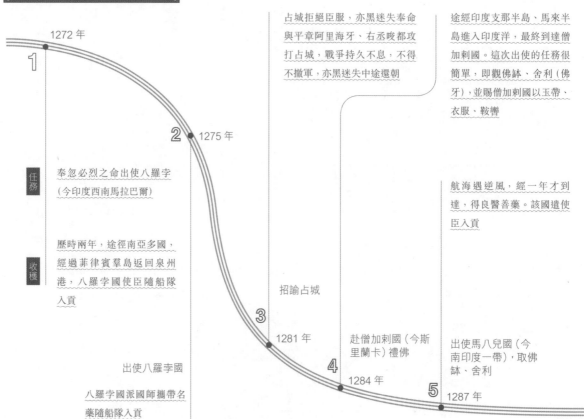

{亦黑迷失六次下西洋情況}

1272 年

1

任務　奉忽必烈之命出使八羅孛（今印度西南馬拉巴爾）

收穫　歷時兩年，途徑南亞多國，經過菲律賓羣島返回泉州港，八羅孛國使臣隨船隊入貢

2 1275 年

出使八羅孛國

八羅孛國派國師攜帶名藥隨船隊入貢

招諭占城

3

1281 年

占城拒絕臣服，亦黑迷失奉命與平章阿里海牙、右丞唆都攻打占城，戰爭持久不息，不得不撤軍，亦黑迷失中途還朝

赴僧加剌國（今斯里蘭卡）禮佛

4

1284 年

途經印度支那半島、馬來半島進入印度洋，最終到達僧加剌國。這次出使的任務很簡單，即觀佛鉢、舍利（佛牙），並賜僧加剌國以玉帶、衣服、鞍轡

出使馬八兒國（今南印度一帶），取佛鉢、舍利

5

1287 年

航海遇逆風，經一年才到達，得良醫善藥。該國遣使臣入貢

利派，出生於大都，被元朝遣往伊兒汗國，後又出使歐洲教廷，是最早訪問歐洲各國的中國旅行家。

列班・掃馬在至元十二年（1275年）左右和馬忽思得到忽必烈的准許，從大都出發，帶着旨意作為密使跟隨商隊西行，途經東勝、寧夏（今寧夏銀川）、斡端（今新疆和田）、可失哈兒（今新疆喀什）、答剌速河、徒思（今伊朗馬什哈德附近）等地，抵伊兒汗國蔑剌哈城（今伊朗阿塞拜疆馬臘格），謁見了聶斯托利派教長馬兒・腆合（Mar Denha）。隨後歷訪波斯西部、亞美尼亞、谷兒只（今格魯吉亞）等地，因戰亂未實現去耶路撒冷朝聖的計劃，受馬兒・腆合召至報達（今伊拉克巴格達）。伊兒汗國阿魯渾汗欲與羅馬教廷和歐洲各國通好，便選擇了身為基督教教士且與蒙古貴族關係密切的列班・掃馬出使歐洲。列班・掃馬使團經君士坦丁堡至羅馬，時教皇虛位，便繼續西行抵達巴黎，謁見了法王腓力四世，又在波爾多城會見英王愛德華一世，代表伊兒汗國與法、英兩王締結聯盟。回國途中教皇尼古拉斯四世已繼位，受贈厚禮而歸。列班・掃馬的出使令歐洲人對蒙古人的惡劣印象有所改變，也

令羅馬教廷相信蒙古統治者篤信基督教，因而派遣傳教士東來，對促進東西文化交流起了一定作用。

列班・掃馬著有旅行記，原稿已佚，1887年發現了作者不明的敍利亞文《教長馬兒・雅八・阿羅訶和巡視總監列班・掃馬傳》，列班・掃馬的事跡才為世人所知。

走出國門的旅行家

丘處機，道號長春真人，是全真教的第五任掌教。因成吉思汗欲得長生之術，故延請丘處機前來。丘處機與十八位弟子於1220年從山東萊州出發，取道燕京、宣德府（今河北宣化），經漠北一路向西，於1222年在大雪山（今阿富汗興都庫什山）見到了成吉思汗。丘處機給成吉思汗的建議是去暴止殺、濟世安民，這一建議一定程度上影響了成吉思汗後期的政策，不再大興屠殺。1227年，丘處機逝世，隨行弟子李志常將西行經過寫成《長春真人西遊記》一書，記述所經山川道里及沿途所見風俗人情，並兼及丘處機生平，是研究13世紀漠北、西域史地及全真教歷史的重要資料。

率軍招降爪哇國，助其攻打葛郎國、殺其國主，結果爪哇復叛，不得不草草班師

⑥ 1292 年

BC 2100

BC 1900

BC 1700

BC 1500

BC 1300

BC 1100

BC 900

BC 700

BC 500

BC 300

BC 100

0

100

300

500

700

900

1100

1300

1271—1368

1500

1700

1900

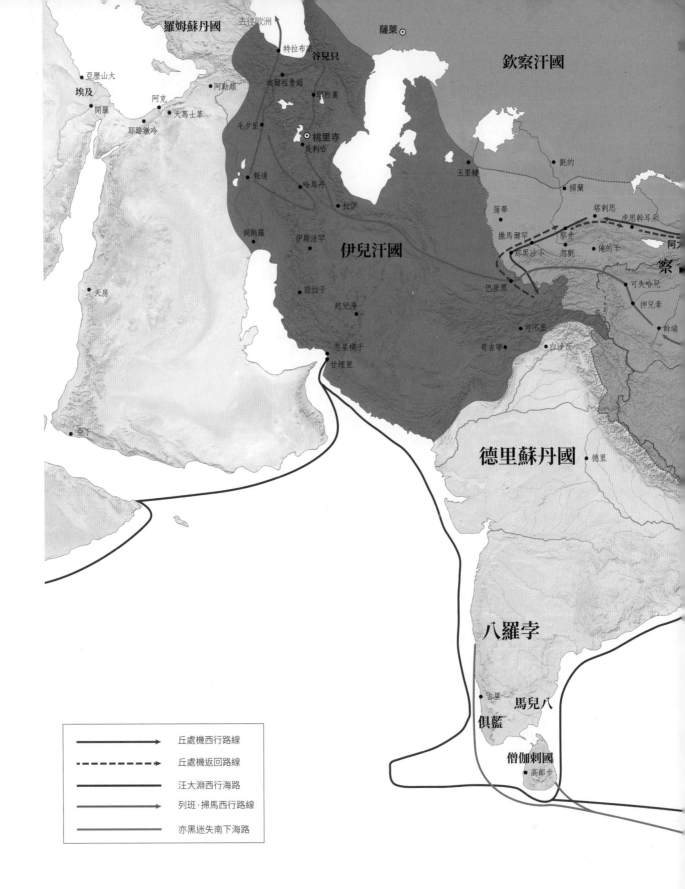

羅姆蘇丹國

欽察汗國

薩萊

特拉布宗

去往歐洲

谷兒只

亞歷山大

埃及

阿克

阿勒頗

埃爾祖魯姆

聖烈萬

開羅

天馬士革

毛夕里

桃里寺

茂剌哈

耶路撒冷

報達

哈馬丹

拉伊

玉里犍

氈的

掃蘭

蒲華

撒馬爾罕

塔剌思

虎思斡耳朵

弗斯羅

伊斯法罕

伊兒汗國

那黑沙不

忽氈

俺的干

察赤

阿

察

可失哈兒

天房

設拉子

巴里黑

押思牽

起兒漫

可不里

哥吉寧

白沙瓦

斡端

忽里樓子

甘埋里

亞丁

德里蘇丹國

德里

八羅孛

古里

馬兒八

俱藍

僧伽剌國

高郎步

→	丘處機西行路線
⇢	丘處機返回路線
—	汪大淵西行海路
→	列班·掃馬西行路線
—	亦黑迷失南下海路

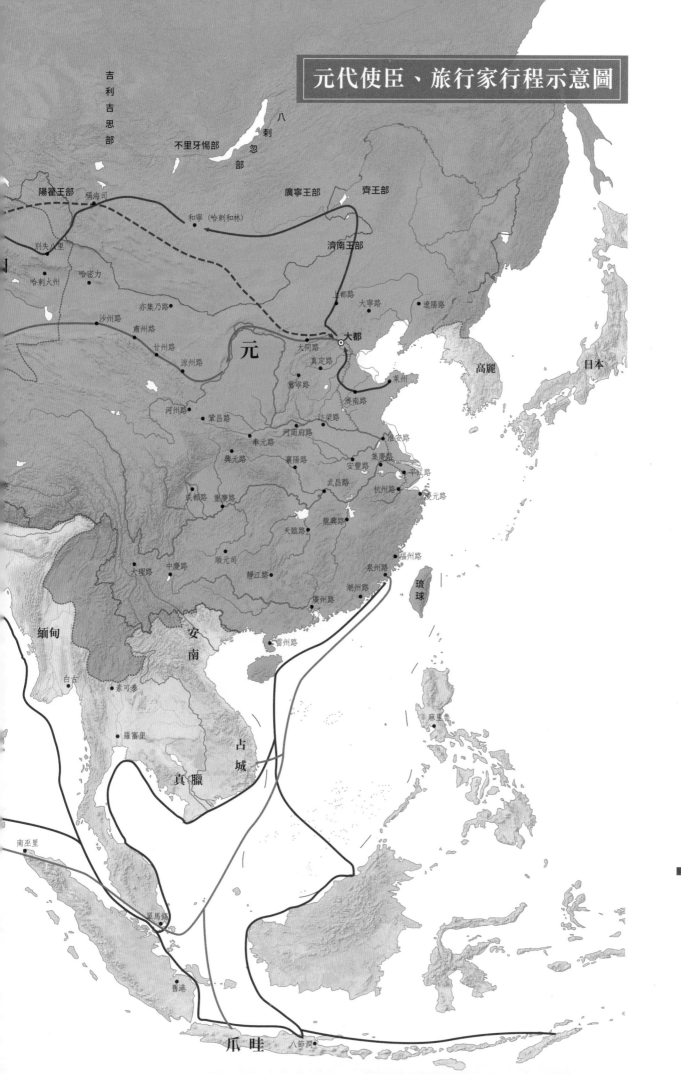

元代使臣、旅行家行程示意圖

吉利吉思部

不里牙惕部

八剌忽部

陽翟王部

廣寧王部

齊王部

濟南王部

稱海司

和寧(哈剌和林)

別失八里

高麗

日本

哈密力

哈剌火州

亦集乃路

沙州路

上都路

大寧路

遼陽路

肅州路

甘州路

涼州路

元

大同路

真定路

萊州路

河州路

鞏昌路

冀寧路

濟南路

河南府路

汴梁路

淮安路

奉元路

襄陽路

安豐路

集慶路

興元路

武昌路

平江路

杭州路

慶元路

成都路

重慶路

龍興路

天臨路

順元司

福州路

緬甸

大理路

中慶路

靜江路

泉州路

琉球

安南

廣州路

潮州路

麻里魯

白古

素可泰

雷州路

占城

羅富里

真臘

南巫里

舊港

羅馬錫

爪哇

八節澗

BC 2100
BC 1900
BC 1700
BC 1500
BC 1300
BC 1100
BC 900
BC 700
BC 500
BC 300
BC 100
0
100
300
500
700
900
1100
1300
1271—1368
1500
1700
1900

汪大淵是元朝的民間航海家，被稱為"東方的馬可・波羅"。他一生兩次出海遠洋，至順元年（1330 年）首次出海，從泉州出發，途經海南島、馬六甲、緬甸、印度、阿拉伯、埃及，又向南出紅海到索馬里，橫渡印度洋回到斯里蘭卡、爪哇、菲律賓，於元順帝至元元年（1335 年）返回泉州。至元三年（1337 年），他再次從泉州出航，歷經南洋羣島，於至元五年（1339 年）返回。其手記整理後形成《島夷志略》一書，涉及國家和地區達 220 餘個。書中還記載了澎湖在當時屬泉州晉江縣。《島夷志略》一書對研究古代中西交通、商業以及所涉及各國的歷史、地理都有重要的價值。

{汪大淵《島夷志略》書影}

島分三十有六，巨細相間，坡壟相望……自泉州順風二書夜可至。……地隸泉州晉江縣。至元間立巡檢司，以周歲額辦鹽課中統錢鈔一十錠二十五兩，別無科差

——汪大淵《島夷志略・彭湖》

{卡爾平尼著作版畫插圖}

圖上描繪了貴由在忽里台大會被推舉為蒙古大汗的場景，舉行儀式的帳篷能容納 2000 人，外面圍繞着柵欄

{ 馬可·波羅 }

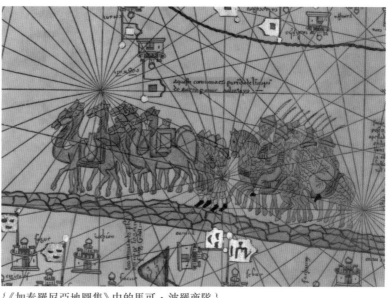

{《加泰羅尼亞地圖集》中的馬可·波羅商隊 }

東來的外邦人

　　蒙古的崛起，對歐洲來說，一方面打開了東西方交流的道路，一大批商人對此非常熱衷；另一方面，蒙古的擴張與征服也給歐洲帶來了震盪，使歐洲人萌生了好奇和衝動，希望用基督精神予以化解。因此這一時期，西方人藉助東西交通道路大量東來，並詳細記錄東方見聞。

　　約翰·普蘭諾·卡爾平尼(John of Plano Carpini) 是在大蒙古國崛起後最早到達哈剌和林的歐洲人。當時，面對蒙古的強大攻勢，歐洲處於惶恐不安之中。羅馬教皇英諾森四世於 1245 年在法國里昂召集宗教大會商討對策，決定派遣正式使節拜訪蒙古大汗，試圖勸導其信仰基督教，並藉機了解蒙古的情況。當年 4 月，卡爾平尼就帶着教皇致蒙古大汗的書信從里昂出發，經過今德國和波蘭地區，於次年抵達欽察汗國首都

薩萊，拔都汗將他轉送至哈剌和林。卡爾平尼到達哈剌和林時，正值忽里台大會推舉貴由為大汗，他參加了貴由的即位典禮並遞交了教皇的書信。貴由拒絕了教皇的要求，用當時中亞到中近東地區的通用語言波斯語寫了回信交由卡爾平尼帶回。卡爾平尼回到歐洲後根據其見聞寫成了《出使蒙古記》（又作《蒙古史》），這是歐洲人根據親身見聞所寫的關於蒙古的第一部詳細的報告。

　　馬可·波羅(Marco Polo) 來華是中西交流史上的重要事件。1271 年，17 歲的馬可·波羅跟着他的父親與叔叔沿陸上絲綢之路來到中國，並在中國遊歷了 17 年，一度擔任過元朝的官員。馬可·波羅回國後，將其經歷和見聞口述，並由作家魯思梯謙寫成《馬可·波羅行紀》一書。後世一度有人認為馬可·波羅並未來華，而學界近年來的研究已

BC 2100
BC 1900
BC 1700
BC 1500
BC 1300
BC 1100
BC 900
BC 700
BC 500
BC 300
BC 100
0
100
300
500
700
900
1100
1300
1271—1368
1500
1700
1900

經證明了馬可・波羅確實到過中國。

《馬可・波羅行紀》中記載了許多寶貴的見聞，如汗八里（元大都）中大汗的宮廷生活，杭州、泉州等城市的富庶與商業的發達，又如蒙古軍隊將投石機應用在戰爭中等。這本書第一次向歐洲人介紹了他們聞所未聞的東方，展現了一個發達、富庶的中國，從而激起了歐洲人對東方的強烈嚮往，對以後新航路的開闢產生了巨大的影響，同時也是研究元朝歷史和地理的重要史籍。

伊本・白圖泰（ibn Baṭūṭah），是元朝時遊歷距離最長的旅行者。他 1304 年生於摩洛哥丹吉爾的一個柏柏爾人家庭，20 歲左右前往麥加朝聖，從此踏上了一條漫長的旅途，穿越了相當於今日 44 個國家的國土，幾乎走遍了當時伊斯蘭世界的每一個國家。他行經北非、西亞、歐洲東南部、中亞、南亞，從海上經由斯里蘭卡島、蘇門答臘島、爪哇島，於元順帝至元六年（1346 年）由中南半島進入中國，遊覽了泉州、廣州、鄱陽、杭州等地，約半年後離開中國。伊本・白圖泰返回摩洛哥後，經歷引起轟動，當時的蘇丹遂命宮廷書記官伊本・朱贊將其見聞記錄成《伊本・白圖泰遊記》一書。

｛馬可・波羅所見的中國｝

 城市與工商業

從此石橋首途，西行二十里，沿途皆見美麗旅舍、美麗葡萄園、美麗園圃、美麗田畝及美麗水泉。行畢然後抵一大而美麗之城，名曰涿州……居民靠工商為業，織造金錦絲絹及最美之羅。

（杭州）城中街道皆以石鋪地，蠻子地域之一切道路皆然，由是通行甚易……此城有大街一百六十條，每街有房屋一萬……每星期有三日為市集之日，有四五萬人挈消費之百貨來此貿易。

海運

（杭州）其地有船舶甚眾，運載種種商貨往來印度及其他外國，因此是城愈增價值。

印度一切船舶運載香料及其他一切貴重貨物咸蒞此港（泉州）。是亦為一切蠻子商人常至之港，由是商貨、寶石、珍珠輸入之多竟不可思議。

燒煤

有一種黑石，採自山中，如同脈絡，燃燒與薪無異。其火候且較薪為優，蓋若夜間燃火，次晨不息。其質優良，致使全境不燃他物。所產木材固多，然不燃燒。蓋石之火力足，而其價亦賤於木也。

 水運

（成都）有一大川，經此大城……川流甚深，廣半里，長延至海洋，其距離有八十日或百日程，其名曰江水。水上船舶甚眾，未聞未見者必不信其有之也。商人運載商貨往來上下游，世界之人無有能想像其盛者。

（長江）經過土地城市甚眾，其運載之船舶貨物財富，雖合基督教民之一切江流海洋運載之數，尚不逮焉……每年溯江而上之船舶，至少有二十萬艘，其循江而下者尚未計焉。可見其重要矣……其船甚大……每船足載一萬一二千名。

 稅收

橋上有大汗徵稅之所，每日稅收不下精金千兩。

 紙幣

每年製造此種可能給付世界一切帑藏之紙幣無數，而不費一錢。

各人皆樂用此幣，蓋大汗國中商人所至之處，用此紙幣以給費用，以購商物，以取其售物之售價，竟與純金無別。

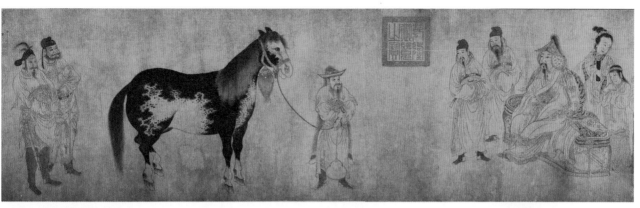

{ 周朗《佛郎國獻馬圖》卷 }

此畫表現的是羅馬教皇派使臣覲見元順帝，遞交教皇信件並
進獻一匹佛郎國寶馬。此事在《元史》中有記載

{ 雙羊提花織錦被面 }

中國傳統織錦，花紋卻是西方神話裏的神獸"格里芬"，可見
當時東西方文化的交流

{ 泉州海外交通史博物館伊本・白圖泰雕像 }

{ 泉州的馬木魯克式清真寺 }

馬木魯克王朝於 1250—1517 年
統治埃及。這座清真寺有典型的
馬木魯克建築風格，應是當時東
來的西亞北非穆斯林所建造

BC 2100

BC 1900

BC 1700

BC 1500

BC 1300

BC 1100

BC 900

BC 700

BC 500

BC 300

BC 100

0

100

300

500

700

900

1100

1300

1271—1368

1500

1700

1900

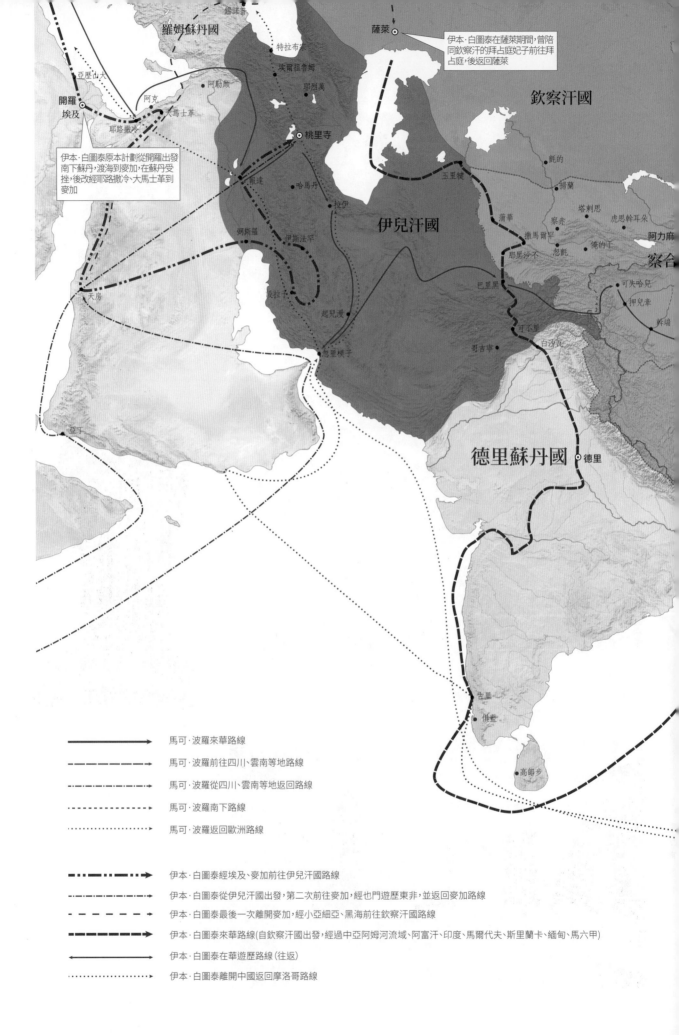

羅姆蘇丹國

錫諾普

薩萊

伊本·白圖泰在薩萊期間，曾陪
同欽察汗的拜占庭妃子前往拜
占庭，後返回薩萊

欽察汗國

特拉布宗

亞歷山大

埃爾祖魯姆

開羅
埃及

阿克

阿勒頗

耶烈萬

耶路撒冷

大馬士革

桃里寺

玉里犍

馱的

撣蘭

伊本·白圖泰原本計劃從開羅出發
南下蘇丹，渡海到麥加，在蘇丹受
挫，後改經耶路撒冷、大馬士革到
麥加

報達

哈馬丹

拉伊

蒲華

塔剌思

察赤

撒馬爾罕

忽氈

俺的干

虎思幹耳朵

阿力麻

伊兒汗國

弼斯羅

伊斯法罕

那黑沙不

察合

巴里黑

可失哈兒

押兒牽

天房

設拉子

起兒漫

哥吉寧

可不里

白沙瓦

莎端

忽里模子

德里蘇丹國

德里

亞丁

古里

俱蘭

高郎步

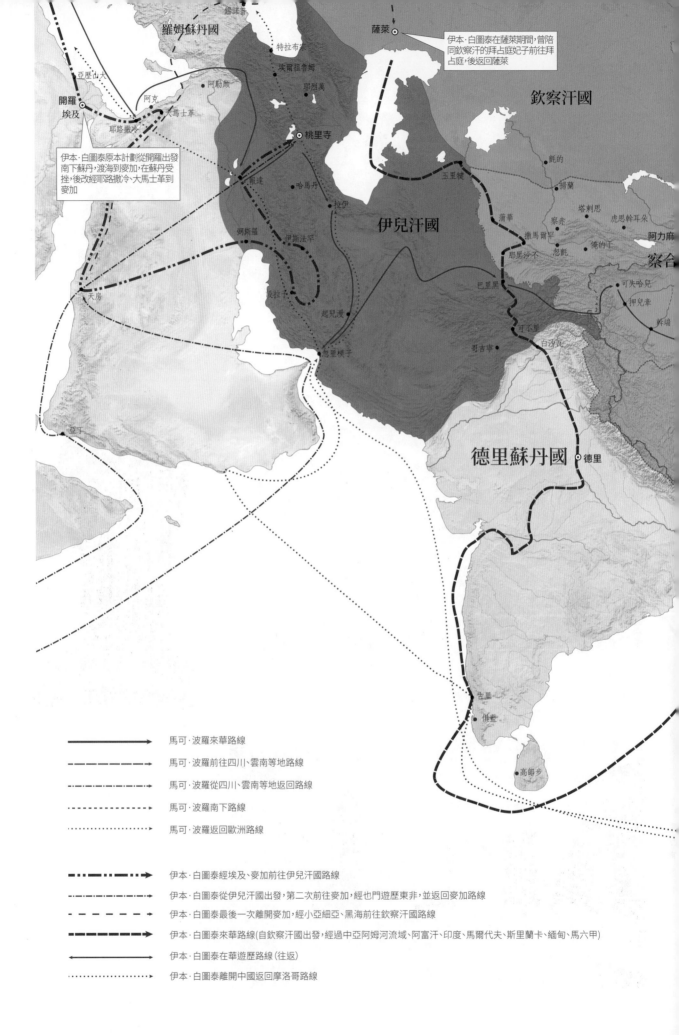

圖例：

馬可·波羅來華路線

馬可·波羅前往四川、雲南等地路線

馬可·波羅從四川、雲南等地返回路線

馬可·波羅南下路線

馬可·波羅返回歐洲路線

伊本·白圖泰經埃及、麥加前往伊兒汗國路線

伊本·白圖泰從伊兒汗國出發，第二次前往麥加，經也門遊歷東非，並返回麥加路線

伊本·白圖泰最後一次離開麥加，經小亞細亞、黑海前往欽察汗國路線

伊本·白圖泰來華路線(自欽察汗國出發，經過中亞阿姆河流域、阿富汗、印度、馬爾代夫、斯里蘭卡、緬甸、馬六甲)

伊本·白圖泰在華遊歷路線(往返)

伊本·白圖泰離開中國返回摩洛哥路線

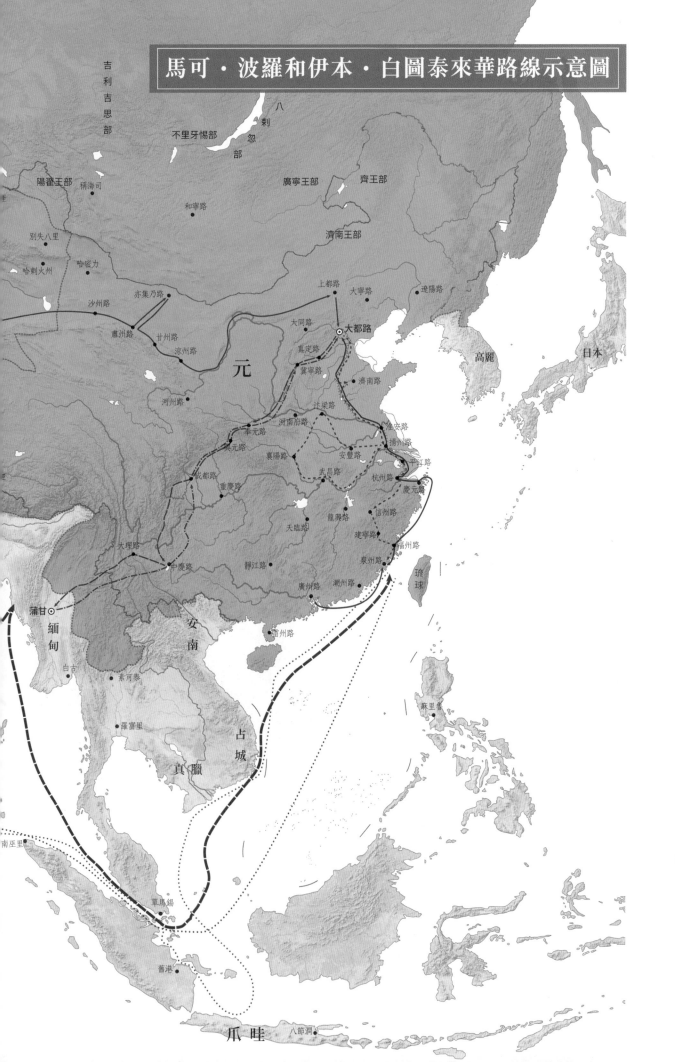

馬可·波羅和伊本·白圖泰來華路線示意圖

吉利吉思部

不里牙惕部

八剌忽部

陽翟王部

廣寧王部

齊王部

濟南王部

桶海司

和寧路

別失八里

哈剌火州

哈密力

沙州路

亦集乃路

上都路

大寧路

遼陽路

高麗

日本

肅州路

甘州路

涼州路

大同路

大都路

元

真定路

冀寧路

濟南路

河州路

汴梁路

河南府路

淮安路

揚州路

奉元路

襄陽路

安豐路

平江路

興元路

成都路

武昌路

杭州路

慶元路

重慶路

龍興路

信州路

大理路

天臨路

建寧路

福州路

中慶路

靜江路

潮州路

泉州路

琉球

廣州路

蒲甘

緬甸

鬱林路

安
南

占
城

白古

素可泰

羅富里

真臘

麻里魯

蒲甘

南巫里

單馬錫

舊港

爪哇

八節洞

BC 2100

BC 1900

BC 1700

BC 1500

BC 1300

BC 1100

BC 900

BC 700

BC 500

BC 300

BC 100

0

100

300

500

700

900

1100

1300

1271—1368

1500

1700

1900

伍 元代社會掠影

◎ 農為邦本　◎ 百花齊放——元代的宗教
◎ 交流中的火花　◎ 豐富多彩——元代城市生活

農為邦本

大蒙古國時期，由於出身草原民族而對中原農耕民族生產方式認識的局限性，導致蒙古統治者對漢地農業經濟的破壞很大。同時，漢地人口在戰爭中大量減少，土地荒蕪，也使農業經濟受到了嚴重的影響。而隨着蒙古統治重心向漢地傾斜以及出身漢地的知識分子加入統治集團，蒙古統治者越來越認識到農業的重要性，開始有意識地予以保護。滅宋時，忽必烈就曾面諭統帥伯顏，告誡他要學做北宋攻取江南的統帥曹彬而"不嗜殺"。招降臨安（今杭州）時，臨安城便沒有受到太大影響，因而在馬可・波羅的遊記中，杭州仍然是一座非常富庶的城市。有元一朝，江浙地區的水稻產量甚至超越了兩宋時期，稻米通過大運河源源不斷地輸送到大都，成為元代歲入稅糧最多的行省。明朝人丘濬稱，東吳粳稻"用之以足國，則始於元焉"。

忽必烈即位後，很快接受了"國以民為本，民以食為本，衣食以農桑為本"的觀念，從中央到地方均大力推行"重農"或"勸農"措施。在中央，設立"勸農"機構大司農司，

{ 水轉翻車圖 / 牛轉翻車圖 }
這是《農書》的插圖，表現的是元代的翻車灌溉技術

{ 元《耕稼圖》卷 }
這是蒙古族官員忽哥赤於 1353 年進獻給丞相兼大司農脫脫的畫作，從一個側面反映出蒙古官員已經認識到農業的重要性

地方官員亦以"勸農"為要務，並以此作為考核標準。同時在已荒蕪的土地上招募流民開荒，並給予一定的政策優惠。另外，元朝政府還在地方推廣"鋤社"互助，設置常平倉、義倉備荒和平抑物價。這就從政策上保

BC 2100

BC 1900

BC 1700

BC 1500

BC 1300

BC 1100

BC 900

BC 700

BC 500

BC 300

BC 100

0

100

300

500

700

900

1100

1300

1271—1368

1500

1700

1900

{ 元代部分傳世農書 }

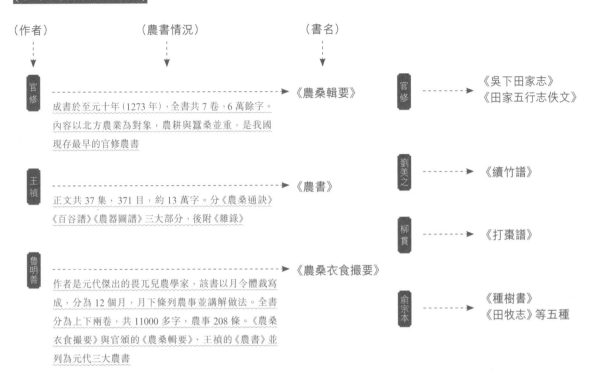

（作者）　　　　　　（農書情況）　　　　　　（書名）

官修 ┄┄┄┄┄┄┄┄▶ 《農桑輯要》
成書於至元十年（1273 年），全書共 7 卷，6 萬餘字。
內容以北方農業為對象，農耕與蠶桑並重，是我國
現存最早的官修農書

王禎 ┄┄┄┄┄┄┄┄▶ 《農書》
正文共 37 集，371 目，約 13 萬字。分《農桑通訣》
《百谷譜》《農器圖譜》三大部分，後附《雜錄》

魯明善 ┄┄┄┄┄┄┄┄▶ 《農桑衣食撮要》
作者是元代傑出的畏兀兒農學家，該書以月令體裁寫
成，分為 12 個月，月下條列農事並講解做法。全書
分為上下兩卷，共 11000 多字，農事 208 條。《農桑
衣食撮要》與官頒的《農桑輯要》、王禎的《農書》並
列為元代三大農書

官修 ┄┄┄┄┄┄┄┄▶ 《吳下田家志》
《田家五行志佚文》

劉美之 ┄┄┄┄┄┄┄┄▶ 《續竹譜》

柳貫 ┄┄┄┄┄┄┄┄▶ 《打棗譜》

俞宗本 ┄┄┄┄┄┄┄┄▶ 《種樹書》
《田牧志》等五種

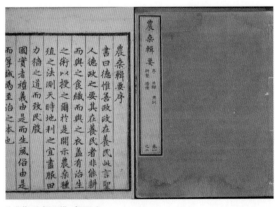

{ 《農桑輯要》書影 }

{ 《農書》書影 }

障了農業經濟的恢復與發展。

　　與此相配套的，元朝政府還編修農書作為指導，官修的有《農桑輯要》《農桑雜令》，私人撰寫的各類農書有約 17 種之多，如王禎的《農書》、魯明善的《農桑衣食撮要》等。農書中記載了大量農業生產工具的創新與改進，在全國推廣了先進的農業生產技術和工具，對農業生產的發展起了重要推動作用。

　　元代還在全國大規模興修水利，中央設都水監，下設河道提舉司，《元史·河渠志》記載了許多大規模的水利工程，包括導渾河、疏灤水、浚治河、障滹沱，"疏陝西之三白……，泄江湖之淫潦（浙西水利工程），立捍海之橫塘（浙江鹽官捍海石塘）"。元朝水利工程建設在世祖、成宗朝達到高潮，有的工程用工甚至高達一百數十萬。

　　另外，元朝重新疏通了已經淤塞的舊運河，並裁彎取直，動工十年，先後開挖了

{ 元代大運河示意圖 }

* 元朝大運河的船閘技術一直沿用至清朝。清乾隆年間，英國馬嘎爾尼使團所乘坐的官船通過的船閘仍然沿用了元朝的工程

"洛州河"和"會通河"，把今天津至江蘇清江浦之間的天然河道和湖泊相連，清江以南則通過邗溝和江南河直達杭州；北京和通州之間則又開挖了"通惠河"。這樣，新的大運河比隋唐大運河足足縮短了 900 多千米，可從江南直達大都。由於所經地區高下不一，元代大運河上有 150 座以上的河閘，以調節水量，通行運舟，其中不少為複式河閘，充分體現了當時先進的科技水平。運河極大地便利了南北交通，促進了南北經濟、文化的交流。自南方而來的漕運船隻穿越長江、淮河、黃河、海河等河流，經過通惠河直達大都城中的積水潭，一時間積水潭上千帆雲集，商旅輻輳，繁華異常，成為全國商品的集散地，其東北岸邊的煙袋斜街和鐘鼓樓一帶也因此成為大都城中最為繁華的鬧市。

由於統治者的重視、農業技術的推廣以及社會的相對穩定，元代農業得以迅速恢復並向前發展。從戰火甫停的"荒城殘堡，蔓草頹垣"，很快形成了"生聚之繁，田疇之闢，商旅之奔湊，穰穰乎視昔遠矣"的繁榮景象。

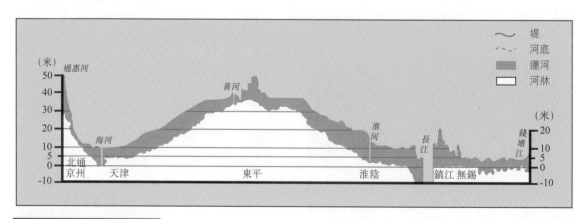

{ 京杭大運河縱剖面圖 }

BC 2100

BC 1900

BC 1700

BC 1500

BC 1300

BC 1100

BC 900

BC 700

BC 500

BC 300

BC 100

0

100

300

500

700

900

1100

1300

1271—1368

1500

1700

1900

{ 元代農作物分佈示意圖 }

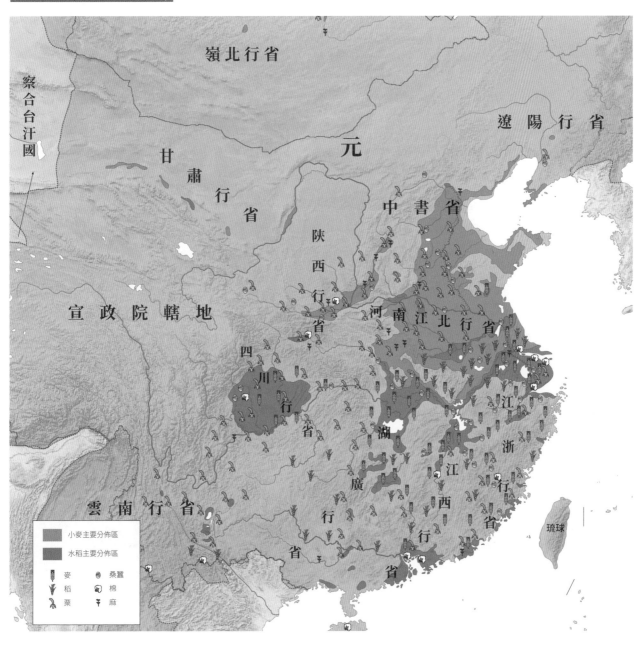

水稻是典型的高產作物，以前主要在南方種植，元代逐漸引種到北方，引進的高產水稻也進一步推廣，如占城稻在元朝時已經推廣到全國各地。北方種植水稻較早的有中書省轄下的薊州、漁陽地區，甘肅河西走廊地區和沁水流域，甚至漠北也有種植，引種非常成功，史載"歲乃大稔"。但由於自然條件的限制，北方仍以粟、麥種植為主。

除糧食作物，元朝統治者對經濟作物的栽培也非常重視，忽必烈頒佈的十四條"農桑之制"就規定了每丁歲種桑棗二十株，土性不宜可改種數量相同的榆、柳等，並且必須至少種活雜果十株。在統治者的重視下，原先蠶桑業發達的地區保持了興旺的勢頭，如真定地區"千里桑麻綠蔭城"，關中地區"田野桑樹遍佈"。蠶桑業還進一步推廣到邊疆地區，張立道於元世祖至元年間在雲南推廣種植之法，結果"收利十倍於田，雲南之人由是益富庶"。

棉花有木本、草本之分，其中以木本為主的南道棉在宋代傳入我國，此時從閩廣進入兩浙、江西；以草本為主的北道棉在金末元初經西域傳入陝西地區。王禎《農書》中記載，此時"江淮川蜀既獲其利"，也就是說，元代的棉花種植已推進到黃河、江淮流域以及四川地區了。元代的農書記錄了棉花種植、生長的各個環節，充分反映了棉花種植的普遍和技術的提高，棉布逐漸代替麻布成為人們的主要衣料。

隨着社會的安定，農業的恢復與發展，人口很快恢復，元世祖後期，人口年均增長率保持在 17~20‰ 的水平上。《元史》一共記載了元朝的五次人口調查記錄。

需要指出的是，《元史》的記載實際上存在諸多問題，一方面是由於當時核查戶口不徹底，存在大量隱匿戶口和登記脫漏現象；另一方面其統計範圍也存在問題，並不能準確反映元朝人口的情況。據估計，元世祖至元二十七年（1290 年）時，全國實際應有 1500 萬戶、7500 萬人，人口的持續增長在文宗至順初達到峰值，全國實際約有 1800 萬戶、9000 萬人。到元末由於天災人禍的打擊，人口再度銳減。

在統治者重視、農業科技提高、新作物推廣的共同作用下，元代的農業經濟得以恢復甚至帶來了新的發展，表現為人口的增長、工商業的繁榮。但由於舊的生產關係和社會積弊沒有得到根本性改變，並且還帶來了一些新的落後因素，從元朝中後期開始，一度恢復和提高的農業經濟很快凋敝，社會矛盾再度激化，並由此爆發了元末農民大起義。

《元史》五次人口調查記錄

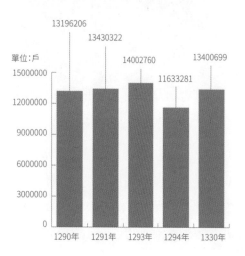

單位:戶

年份	戶數
1290年	13196206
1291年	13430322
1293年	14002760
1294年	11633281
1330年	13400699

元文宗天曆初年歲入分佈表

從表中可見，江浙一帶歲入已佔全國 1/3 強，每年有大批糧食自江南運抵大都。漕運和海運，成了元朝的經濟命脈

地區	比例
江浙行省	37.1%
河南江北行省	21.39%
腹裏	18.75%
江西行省	9.6%
湖廣行省	7%
雲南行省	2.3%
陝西行省	1.9%
四川行省	1.96%
遼陽行省	0.6%
甘肅行省	0.5%

百花齊放——元代的宗教

元代的宗教政策相當寬鬆，由於疆域的遼闊、民族的多樣，為適應不同地域和不同人羣，元朝對於不同宗教的態度是一律支持。因而這一時期，中原的佛教、道教，蒙古的薩滿教，吐蕃的藏傳佛教，中東的伊斯蘭教，以及西方傳來的基督教，均得以蓬勃發展，呈現出百花齊放的局面。

蒙古最早的宗教信仰是萬物有靈，通稱為"薩滿教"。據載，早期蒙古人崇敬天地、日月、山川等一切自然現象，認為至高無上的主宰是"長生天"，稱為"騰格里"。巫師被認為通過特定儀式可與超自然現象相通，因而在蒙古社會享有崇高的地位。後來蒙古人雖然接受了藏傳佛教，但自然崇拜的影響始終存在，如元朝皇帝詔書經常以"長生天氣力裏，大福蔭護助裏，皇帝聖旨"開頭。在元朝統治者採用的中原儀禮制度中，仍然保留了祭告用蒙古巫覡的"國俗舊禮"。

隨着蒙古大軍的南下，中原漢地的佛教開始進入蒙古人的生活中。1214年，木華黎率蒙古軍攻陷寧遠（今山西五寨北），擄禪僧中觀及其13歲弟子海雲北歸。成吉思汗很欣賞海雲的佛法修為，於1219年命海雲及中觀統領漢地僧人，免除徭役。其後的窩闊台、貴由、蒙哥等大汗對海雲都十分敬重。忽必烈也曾從海雲處問求佛法大意，並在海雲的引見下開始接觸中原文人，從而開啟了大規模的漢化，中原佛教也在統治者的支持下逐漸恢復和發展起來。與此同時，隨着吐蕃地區的歸附，藏傳佛教進入蒙古宮廷。薩迦派教主八思巴成為忽必烈的帝師，

藏傳佛教也因此成為蒙古貴族信奉的"國教"。不過有元一代，全國盛行的仍然是以禪宗為主的漢傳佛教。

蒙古人進入漢地時，最早接觸到的道教是全真教。由於全真教較早和蒙古人合作，掌教長春真人丘處機甚至受成吉思汗延請遠赴中亞，因而一度出現了"設教者獨全真家"的一家獨大的局面。隨着蒙古的擴張，道教的影響也隨着被蒙古人徵發的漢人傳播到遙遠的邊疆，甚至在哈剌和林修築了"三靈侯廟"，在阿力麻里設立了三壇。

{ 山東烟台崑崙山道觀 }
這裏是道教聖地，王重陽在此創立了全真派，丘處機等"全真七子"均在山上的道觀修煉過

{ 元代景教瓷墓誌 }
該墓誌出土於內蒙古赤峰市，上有十字架、古敍利亞文、回鶻體蒙文及蓮花紋，反映了基督教在東傳過程中受到了蒙古文化和佛教文化的影響

BC 2100
BC 1900
BC 1700
BC 1500
BC 1300
BC 1100
BC 900
BC 700
BC 500
BC 300
BC 100
0
100
300
500
700
900
1100
1300
1271—1368
1500
1700
1900

{山西芮城永樂宮三清殿壁畫《朝元圖》(局部)}

該壁畫描繪的是道府諸神朝謁元始天尊，故名"朝元圖"。永樂宮為元初道教全真派建造

{山西芮城永樂宮三清殿}

{雙色套印的《金剛經註》}

1341年刊《金剛經註》，採用了朱墨雙色套印技術

佛教、道教的不斷發展，逐漸演變成二者地位和影響力之爭。在蒙哥和忽必烈統治時期，先後於1255年、1256年、1258年、1281年進行了四次佛道辯論，主題是老子化胡和《道藏》的偽經問題，四次辯論均以道教的失敗告終。除《道德經》外，其餘道教經典均被判為偽經，被勒令焚燬並禁止醮祠，給道教勢力造成了沉重打擊。

基督教在中原早有傳播，最早稱"景教"，但由於唐武宗滅佛時將其一併取締，景教在內地趨於滅絕。後來在遼金統治地區，特別是西北廣為傳播，漢人以原名的音譯"聶斯托利"稱呼之。聶斯托利教在蒙古各部中也很有影響力，如克烈部、汪古部和乃蠻部均先後信奉。忽必烈母親唆魯禾帖尼（克烈部人）就是聶斯托利教教徒。後來，聶斯托利教的信仰也隨着成吉思汗的擴張而重新傳入漢地。在元代，西北地區仍是聶斯托利教盛行的地區，大都乃至江南沿海各地也有許多信徒。除聶斯托利教外，天主教在中國

{ 拉丁文墓碑 }

這是威尼斯商人喀德林為其在揚州逝世的女兒所立。是中國境內發現最早的天主教碑石之一

{ "蕃客墓" 墓碑 }

許多來中國經商、傳教的伊斯蘭教徒，死後安葬在一起，被稱為"蕃客墓"

也傳播開來。蒙古西征遠達東歐，令羅馬教廷為之震動，遂遣使前往哈剌和林與蒙古大汗接觸，此後雙方保持了聯繫。蒙古西征擄掠回的人口中有不少天主教徒，也把他們的信仰帶到了東方。不過，有元一代，天主教的影響始終小於聶斯托利教。

伊斯蘭教從唐代開始在沿海的波斯、阿拉伯商人中流行，但直到兩宋，其規模都很有限。蒙古西征後帶來了西域及中亞各族居民，其中有相當部分是伊斯蘭教徒，隨着他們的移居，伊斯蘭教也傳播到全國各地，並逐漸形成了一個新的民族——回族。伊斯蘭教徒在元代被稱為"回回"，其所遵行的伊斯蘭教法律則被稱為回回法，隨伊斯蘭教傳入的科技、器物也往往被冠以"回回"之名，如"回回曆"等。元代修繕並興建了大量清真寺，在大都、杭州、揚州、定州、開封等地都有回族人所建的寺院。

交流中的火花

在蒙古人的統治下，東方與西方得以密切關聯，中國的科學技術傳向西方，西方不少工匠、科學家也沿着交通路線來到中國，帶來了中東、歐洲的科學技術。在交流與學習中，中國傳統科技達到了一個新的高峰。

這一文明交流對中國影響最大、最典型的例子就是天文曆法。中國舊有的曆法雖經歷代不斷修改完善但仍存在明顯的缺點和不足，到元代統一中國後，吸收了這一時期傳入的西方曆法的長處而使元代中國的天文曆法水平領先世界。

扎馬魯丁是這一時期中西曆法交流中的代表人物，他是西域人，生卒不詳，忽必烈即位後任職於司天台。至元四年（1267 年），他主持製造了七種天文觀測儀器，傳承了希臘以來的西方天文學傳統，並以阿拉伯化的新波斯語命名，如"兀速都兒剌不定"，即星盤，用以觀察晝夜時刻，是西方有名的圓盤形觀測儀，包含了兩種水平日時計、一種天球儀和木製圓球狀的地球儀，地球儀上詳細

BC 2100
BC 1900
BC 1700
BC 1500
BC 1300
BC 1100
BC 900
BC 700
BC 500
BC 300
BC 100
0
100
300
500
700
900
1100
1300
1271—1368
1500
1700
1900

{ 郭守敬測影地點分佈示意圖 }

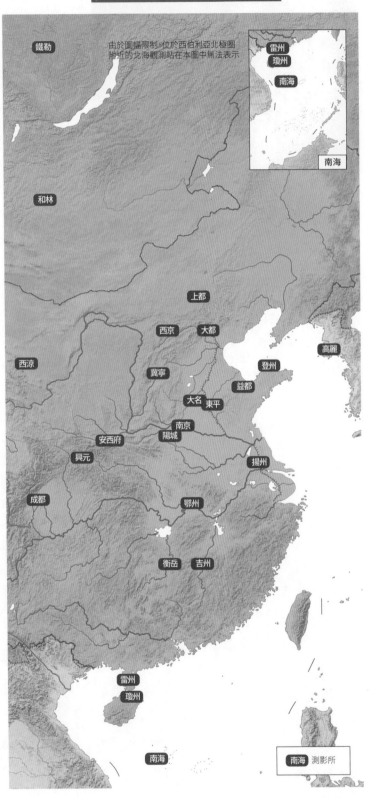

由於圖幅限制，位於西伯利亞北極圈
附近的北海觀測站在本圖中無法表示

鐵勒

和林

西涼　　　冀寧　　　西京　大都　　高麗
　　　　　　　　　　　　登州
　　　　　　　大名　益都
　　　　　　　　　東平
安西府　　南京
　　　　　陽城
興元
成都　　　　鄂州
　　　　衡岳　吉州

雷州
瓊州
南海

上都

揚州

雷州
瓊州

南海

南海　測影所

{ 郭守敬 }

刻畫了經緯度。這比德國地理學家馬丁‧貝
海姆早了 225 年。扎馬魯丁還於同年結合西
域波斯曆法，制定了"萬年曆"。"萬年曆"
因推測天象較為精確，故被政府採用，直到
至元十七年（1280 年）方被郭守敬創制的
"授時曆"取代。

　　郭守敬（1231—1316 年）是元朝又一著
名科學家，其受忽必烈委托編制曆法，歷經
四年，於至元十七年（1280 年）頒行"授時
曆"，精確推算出一年為 365.2428 天，之後
通行 360 多年，是當時世界最先進的曆法。
過去認為郭守敬編修曆法是基於阿拉伯天文
學，現在研究成果已經表明"授時曆"仍然
建立在中國傳統的天文學基礎之上，尤其是
基於郭守敬主持進行的"四海測驗"的數據。
但不可否認的是，元代中國與國外科學領域
的交流刺激了中國傳統科技的進步，尤其是
西方天文觀測儀器為中國科學家的科學測算
提供了巨大幫助。今日仍可見到的郭守敬設
置於河南登封的圭表便充分展現了中西科

技的融合。圭表是中國古已有之的儀器，但郭守敬所製作的圭表規模巨大，地上的量天尺長達 31.19 米，這樣便大大提高了測量精度，這種做法是阿拉伯天文學的傳統。

至元十六年（1279 年），郭守敬為同知太史院事時，向忽必烈提出在全國進行大規模天文測量的建議。忽必烈接受了該建議，於是在郭守敬的帶領下，開始了有名的“四海測驗”，以求證交食分時、晝夜長短和天體中天高度等數據隨觀測位置改變而變化的規律，從而獲得頒佈曆法時需指出的各地晝夜時刻、晷影長度以及交食狀況等。

中國進行大規模天文測量早已有之，如北齊年間的張子信和唐開元年間僧一行等進行的天文測量，但由於元朝疆域更勝於前朝，因此郭守敬有條件進行更大規模的觀測。

經過規劃，郭守敬建立了 27 個觀測站，其範圍“東至高麗，西極滇池，南逾朱崖，北盡鐵勒”，最北已到達北極圈內，最南則在今天的南海諸島，共設置了 14 名監候官率領測量隊伍分頭行動，自己則從上都、大都出發，歷河南府抵南海，測驗晷影。

郭守敬主持的“四海測驗”地域之廣、規模之大，以及測得數據之精，在中外歷史上都是空前的，比西方開始組織實地測量早了 600 多年。測得的各地緯度相當精確，與現代值平均誤差在 0.2°至 0.35°之間，有兩處與現代值完全相等。《元史·天文志》稱其“是亦古人之所未及為者也”。

值得注意的是，郭守敬的觀測站中有“南海”一站，其測得數據是：“北極出地十五度，夏至景（影）在表南，長一尺一寸六分，晝五十四刻，夜四十六刻。”從數據

{ 河南登封觀星台和石圭 }

建造於至元年間（1264—1294），利用郭守敬創造的“高表”測日影法，測定春分、秋分、夏至、冬至和四季，誤差很小

來看，此站顯然不在傳統的南海郡，而應在現在的南海諸島上。對於南海觀測站的確切位置，學界還存在爭議，有“西沙羣島說”和“黃岩島說”等觀點，但無論哪一種觀點，都證明了早在元代，中國已經對南海諸島有了清楚的了解，並進行了有效的控制。

豐富多彩——元代城市生活

元朝營建的大都城在這一時期迅速發展，成為一個國際性的大都市。元大都周長五十七里有餘，居民五十多萬，置城門十一。南面偏東的文明門外，號稱匯集南方百貨的“舳艫之津”；正南的麗正門外，號稱勳貴聚居的“衣冠之海”；南面偏西的順承門外為“南商之藪”；西面偏南的平則門外為

BC 2100
BC 1900
BC 1700
BC 1500
BC 1300
BC 1100
BC 900
BC 700
BC 500
BC 300
BC 100
0
100
300
500
700
900
1100
1300
1271—1368
1500
1700
1900

"西賈之派"。城內有各種專門市集三十多處,其中順承門內的羊角市、今東四牌樓西南的樞密院角市和全城中心的斜街市最為繁華。為管理商業市場,元朝設置了大都宣課提舉司,在各市分設提領或大使。據《元史·食貨志》統計,元代中期大都商稅為十萬三千餘錠,僅次於江浙、河南江北二行省,其餘各行省的稅收總數,竟有尚不及大都一處市場者。

原南宋首都臨安雖然不再是國家的都城,但保持了原有的繁榮,這裏聚集了四面八方的商人,商品種類繁多,工藝精巧,收上來的商稅也是其他地方遠遠比不上的。馬可·波羅將臨安稱為"天城",盛讚道:"這座城市的莊嚴和秀麗,堪稱世界其他城市之冠。"

海港城市在元代依賴發達的海運得以持續發展,如元代第一大港泉州,史載其"番貨遠物、異寶奇玩之所淵藪,殊方別域,富商巨賈之所窟宅,號為天下最"。

隨着城市的發展,市民階層迅速壯大,適應市民階層的文化也隨之興起。如元曲,最初被稱為"街市小令"或"村坊小調",是民間娛樂演劇的劇本,隨着城市繁榮,觀眾增多,劇場、書會興盛,同時由於"儒"身份帶來的歧視和不得志,一大批知識分子以

{ 元曲大家及其代表作 }

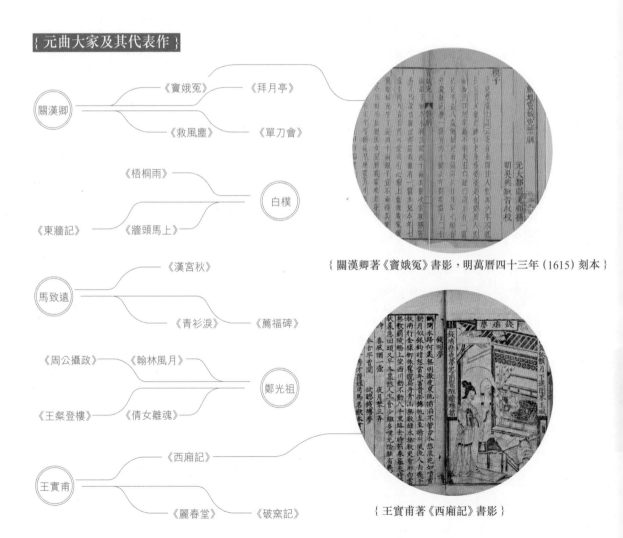

關漢卿 —— 《竇娥冤》 —— 《拜月亭》
關漢卿 —— 《救風塵》 —— 《單刀會》

《梧桐雨》
《東牆記》 —— 《牆頭馬上》 —— 白樸

馬致遠 —— 《漢宮秋》
馬致遠 —— 《青衫淚》 —— 《薦福碑》

《周公攝政》 —— 《翰林風月》
《王粲登樓》 —— 《倩女離魂》 —— 鄭光祖

王實甫 —— 《西廂記》
王實甫 —— 《麗春堂》 —— 《破窯記》

{ 關漢卿著《竇娥冤》書影,明萬曆四十三年 (1615) 刻本 }

{ 王實甫著《西廂記》書影 }

元曲為寄托表達感情，從而推動了元曲的興起。而元曲也正是以大都和臨安兩個大城市為中心發展起來的。其代表人物有關漢卿、馬致遠、鄭光祖、白樸，被稱為元曲四大家，比他們生活年代略晚的王實甫也被稱為中國戲曲史上"文采派"最傑出的代表。

元代社會流通的唯一法定貨幣是紙幣，但卻是元代的一項弊政。中國紙幣源於唐代的"飛錢"，北宋四川民間發行"交子"，後將發行權收歸政府，是為紙幣之始。南宋、金都發行紙幣，與銅錢並行。元代在前朝紙幣的基礎上更進一步，由政府統一發行紙幣（稱"交鈔"），全國通行，並且不鑄銅錢，禁用前代銅錢。中統年間，元朝發行了中統元寶交鈔（簡稱"中統鈔"）付諸流通，用銀為價值尺度。但由於統治者發行無度，又禁止民間以鈔易銀，致使鈔值大貶，不得不又發行至元通行寶鈔，很快又陷入貶值的境地。之後元朝紙幣屢屢貶值，物價飛漲，政府也出現了財政危機，不得不恢復銅錢的貨幣地位並解除金銀私下買賣的禁令。鈔法弊政也成為元末社會動盪的一個導火索。

總之，元朝時期，中國社會並非如一般人所認為的進入黑暗的停滯時期，相反，傳統社會經濟仍然持續發展，並且由於中外交流的增加，元朝社會生活更加豐富多彩，科技文化也達到了一個新的高峰。

{ 至元通行寶鈔 }

元世祖忽必烈頒行於至元二十四年（1287年），通行全國，一直使用到元末，是元代使用時間最長的寶鈔

{ 元代戲劇演員和二十四孝圖 }

這是元代石槨上雕刻的雜劇演出圖，內容為中原地區經典的二十四孝故事

{ 中統元寶鈔 }

忽必烈於中統元年（1260年）頒行，是蒙古（元代）頒行最早的紙幣

{ 中統元寶交鈔（至正版）}

元順帝於至正十年（1350年）頒行，但已大幅貶值

BC 2100
BC 1900
BC 1700
BC 1500
BC 1300
BC 1100
BC 900
BC 700
BC 500
BC 300
BC 100
0
100
300
500
700
900
1100
1300
1271—1368
1500
1700
1900

【參考文獻】

【1】 《蒙古秘史》，余大鈞譯註，河北人民出版社，2007 年。

【2】 《癸辛雜識（前後續初集）》，（南宋）周密著，中華書局，1991 年。

【3】 《長春真人西遊記》，（元）李志常述，中華書局，1985 年。

【4】 《馬可・波羅行紀》，［意大利］馬可・波羅著，馮承鈞譯，商務印書館，2016。

【5】 《世界征服者史》，［伊朗］志費尼著，何高濟譯，翁獨健校，內蒙古人民出版社，1980 年。

【6】 《史集》，［波斯］拉施特著，余大鈞、周建奇譯，商務印書館，1983 年。

【7】 《大元通制條格》，郭成偉點校，法律出版社，2000 年。

【8】 《元朝名臣事略》，（元）蘇天爵輯撰，姚景安點校，中華書局，1996 年。

【9】 《島夷志略校釋》，（元）汪大淵著，蘇繼廎校釋，中華書局，1981 年。

【10】 《南村輟耕錄》，（元）陶宗儀撰，李夢生校點，上海古籍出版社，2012 年。

【11】 《元一統志》，（元）李蘭肹等纂，趙萬里輯，中華書局，1966 年。

【12】 《元典章》，陳高華點校，天津古籍出版社，2011 年。

【13】 《憲台通紀》，（元）趙承禧編撰，王曉欣點校，浙江古籍出版社，2002 年。

【14】 《草木子》，（元）葉子奇著，中華書局，1959 年。

【15】 《全元文》，李修生主編，鳳凰出版社，2004 年。

【16】 《元史》，（明）宋濂等纂，中華書局，1976 年。

【17】 《元史譯文證補》，（清）洪鈞撰，中華書局，1985 年。

【18】 《蒙古與教廷》，［法］伯希和撰，馮承鈞譯，中華書局，1994 年。

【19】 《成吉思汗與蒙古民族共同體的形成》，亦鄰真撰，載《內蒙古大學學報》1962 年第 1 期。

【20】 《中國北方民族與蒙古族族源》，亦鄰真撰，載《內蒙古大學學報》1979 年第 3、4 期。

【21】 《中國歷代戶口、田地、田賦統計》，梁方仲編著，上海人民出版社，1980 年。

【22】 《中國歷史地圖》，張其昀監修，中國文化學院出版部，1980 年。

【23】 《郭守敬南海測量考》，屬國青、鈕仲勳撰，載《地理研究》，1982 年第 1 期。

【24】 《中國歷史地圖集》第七冊 “元時期圖組”，譚其驤主編，中國地圖出版社，1982 年。

【25】 《穹廬集》，韓儒林著，上海人民出版社，1982 年。

【26】 《元代的驛站（站赤）》，陳高華撰，載《文史知識》，1985 年第 3 期。

【27】 《元史三論》，楊志玖著，人民出版社，1985 年。

【28】 《近代中國的成立》，姚大中著，三民書局，1985 年。

【29】 《泰晤士世界歷史地圖集》（中譯本），［英］傑弗里・巴勒克拉夫主編，三聯書店，1985 年。

【30】 《宋元戰爭史》，陳世松著，四川省社會科學院出版社，1988 年。

【31】 《元代北方地區農作物的地域分佈》，吳宏岐撰，載《中國歷史地理論叢》，1988 年第 4 期。

【32】 《元史學概說》，李治安、王曉欣著，天津教育出版社，1989 年。

【33】 《元代分封制度研究》，李治安著，天津古籍出版社，1992 年。

【34】《元代南方地區農作物的地域分佈》，吳宏岐撰，載《中國歷史地理論叢》，1992 年第 2 期。

【35】《元代人口考實》，王育民撰，載《歷史研究》，1992 年第 2 期。

【36】《元代史》，周良霄、顧菊英著，上海人民出版社，1993 年。

【37】《中國民族史》，王鍾翰主編，中國社會科學出版社，1994 年。

【38】《蒙元史新研》，蕭啟慶著，允晨文化實業股份有限公司，1994 年。

【39】《元代糧食畝產探析》，陳賢春撰，載《歷史研究》，1995 年第 4 期。

【40】《中國史稿地圖集》，郭沫若主編，中國地圖出版社，1996 年。

【41】《元代大宗正府考述》，劉曉撰，載《內蒙古大學學報（哲學社會科學版）》，1996 年第 2 期。

【42】《中國通史》第八卷 “中古時代‧元時期”，陳得芝主編，白壽彝總主編，上海人民出版社，1997 年。

【43】《馬可‧波羅到過中國嗎？》（中譯本），吳芳思著，洪允息譯，新華出版社，1997 年。

【44】《劍橋中國遼西夏金元史》，[德]傅海波、[英]崔瑞德編，中國社會科學出版社，1998 年。

【45】《元朝簡史》，邱樹森著，福建人民出版社，1999 年。

【46】《中國人口史》第三卷 “遼宋金元時期”，吳松弟著，復旦大學出版社，2000 年。

【47】《元代政治制度研究》，李治安著，人民出版社，2003 年。

【48】《大學中國古代史》，王曉欣、孫立羣編，南開大學出版社，2006 年。

【49】《內北國而外中國：蒙元史研究》，蕭啟慶著，中華書局，2007 年。

【50】《成吉思汗中外畫集》，內蒙古教育出版社，2007 年。

【51】《元朝史》，韓儒林著，人民出版社，2008 年。

【52】《輝煌與成熟：南唐至明中葉的物質文明》，張帆著，北京大學出版社，2009 年。

【53】《鄭天挺元史講義》，鄭天挺著，王曉欣、馬曉林整理，中華書局，2009 年。

【54】《元代大都上都研究》，陳高華著，中國人民大學出版社，2010 年。

【55】《元代的科學技術與社會》，彭少輝著，河南大學出版社，2010 年。

【56】《遼金元史十五講》，蔡美彪著，中華書局，2011 年。

【57】《海路與陸路：中古時代東西交流研究》，劉迎勝著，北京大學出版社，2011 年。

【58】《元史》，韓儒林、陳得芝、邱樹森等著，中國大百科全書出版社，2011 年。

【59】《元代行省制度》，李治安著，中華書局，2011 年。

【60】《蒙元制度與政治文化》，姚大力著，北京大學出版社，2011 年。

【61】《十六方元朝驛站官印集釋》，黨寶海撰，載《元史及民族與邊疆研究集刊》第 25 輯，上海古籍出版社，2013 年。

【62】《中國古代軍戎服飾》，劉永華著，清華大學出版社，2013 年。

【63】《忽必烈的挑戰：蒙古帝國與世界歷史的大轉向》，[日]杉山正明著，周俊宇譯，社會科學文獻出版社，2013 年。

【64】《疾馳的草原征服者：遼西夏金元》，[日]杉山正明著，烏蘭、烏日娜譯，廣西師範大學出版社，2014 年。

【65】《試論郭守敬的 “南海測驗”》，武家璧撰，載《廣西民族大學學報（自然科學版）》，2015 年第 2 期。

【66】《中國省制演進與未來》，華林甫等著，東南大學出版社，2016 年。

【67】《大元三都》，首都博物館編，科學出版社，2016 年。

BC 2100

BC 1900

BC 1700

BC 1500

BC 1300

BC 1100

BC 900

BC 700

BC 500

BC 300

BC 100

0

100

300

500

700

900

1100

1300

1271—1368

1500

1700

1900

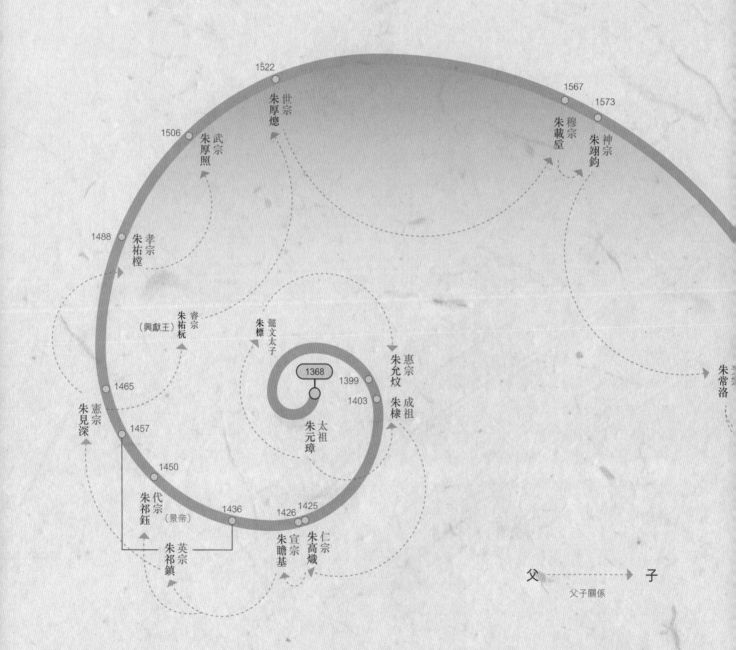

1522
世宗
朱厚熜

1506
武宗
朱厚照

1567
1573
穆宗
朱載坖
神宗
朱翊鈞

1488
孝宗
朱祐樘

睿宗
（興獻王）朱祐杬

朱標
懿文太子

朱允炆
惠宗

朱常洛

1368

1399
朱允炆

太祖
朱元璋

1403
成祖
朱棣

1465

憲宗
朱見深

1457

1450

代宗
（景帝）朱祁鈺

1436

1426 1425
宣宗
朱瞻基
仁宗
朱高熾

英宗
朱祁鎮

父 ----▶ 子

父子關係

明

商業勃興
海洋世界

　　當中華文明推進到 14 世紀下半葉時，元朝日漸式微，另一個大一統政權登上歷史舞台——這就是大明王朝。從 1368 年明太祖朱元璋在應天（今江蘇南京）登基稱帝，到 1644 年明思宗朱由檢在北京煤山自縊身亡，明朝共計歷經 12 世、16 位皇帝，享國 276 年。

　　以農立國的華夏政權一般都把內陸地區作為施政重點，環繞東南的遼闊海洋並不被統治者所矚目。15 世紀初，西方開啓大航海時代，歐洲各國近代化的步伐不斷加劇，科技日新月異，船隊紛紛起航，貿易日益繁榮。在這一歷史背景下，中國海域也逐漸興起波瀾。無論是否主動，明王朝都與海洋進行過開放的交往，海洋始終對其產生了不可抗拒的深遠影響，從多角度、多領域對這個陸地王朝有所滲透。這是一個海洋與陸地、傳統與變革碰撞交融的時代。

思宗

1621

1628

1644

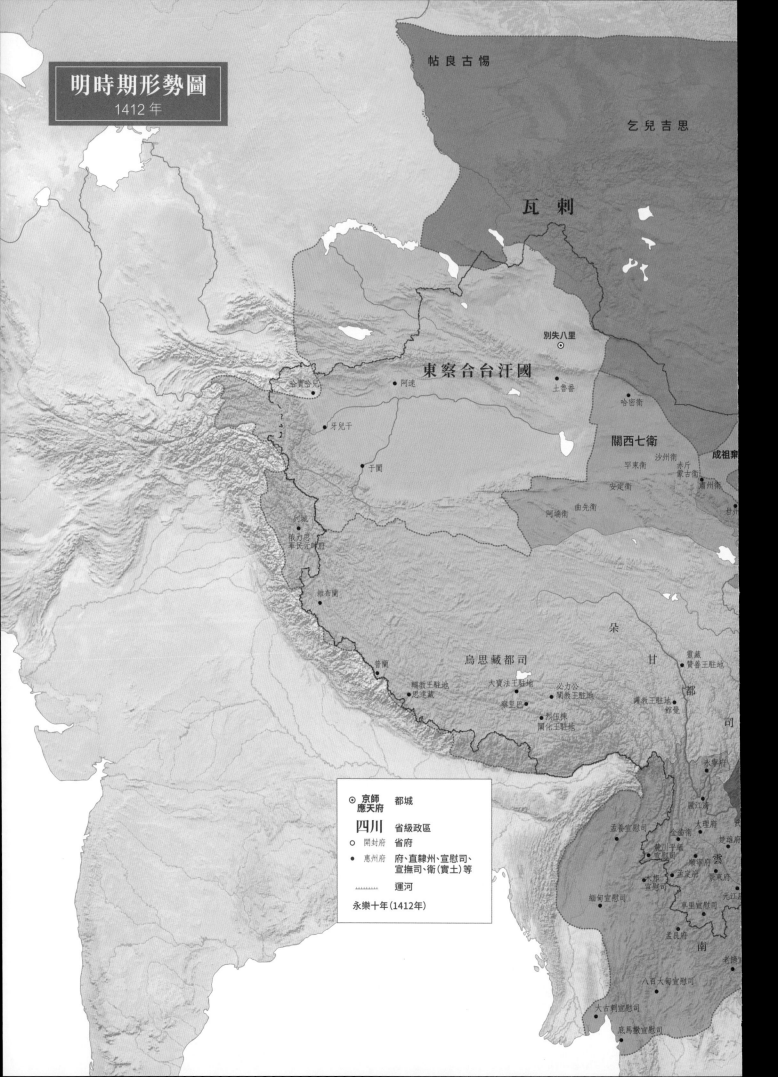

帖良古惕

乞兒吉思

瓦　剌

別失八里 ◎

東察合台汗國

哈實哈兒

阿速

土魯番

牙兒干

哈密衛

關西七衛

沙州衛
罕東衛　赤斤
　　　蒙古衛

成祖棄

于闐

安定衛

肅州衛

阿端衛　曲先衛

甘州

列城

俄力思
軍民元帥府

朵

靈藏
贊善王駐地

維布蘭

烏思藏都司

甘

都

普蘭

輔教王駐地
思達藏

大寶法王駐地

鄰里巴

必力公
闡教王駐地

護教王駐地
　　　館覺

司

熱伍揀
闡化王駐地

永寧府

麗江府

孟養宣慰司

金齒衛

大理府

楚雄府

武

茶山
　宣慰司

雲

孟定府

順寧府

蒙東府

木邦
宣慰司

元江府

緬甸宣慰司

車里宣慰司

孟艮府

南

老撾

八百大甸宣慰司

大古剌宣慰司

底馬撒宣慰司

⊙ 京師 應天府	都城
四川	省級政區
○ 開封府	省府
● 惠州府	府、直隸州、宣慰司、 宣撫司、衛(實土)等
⊥⊥⊥⊥⊥	運河

永樂十年 (1412年)

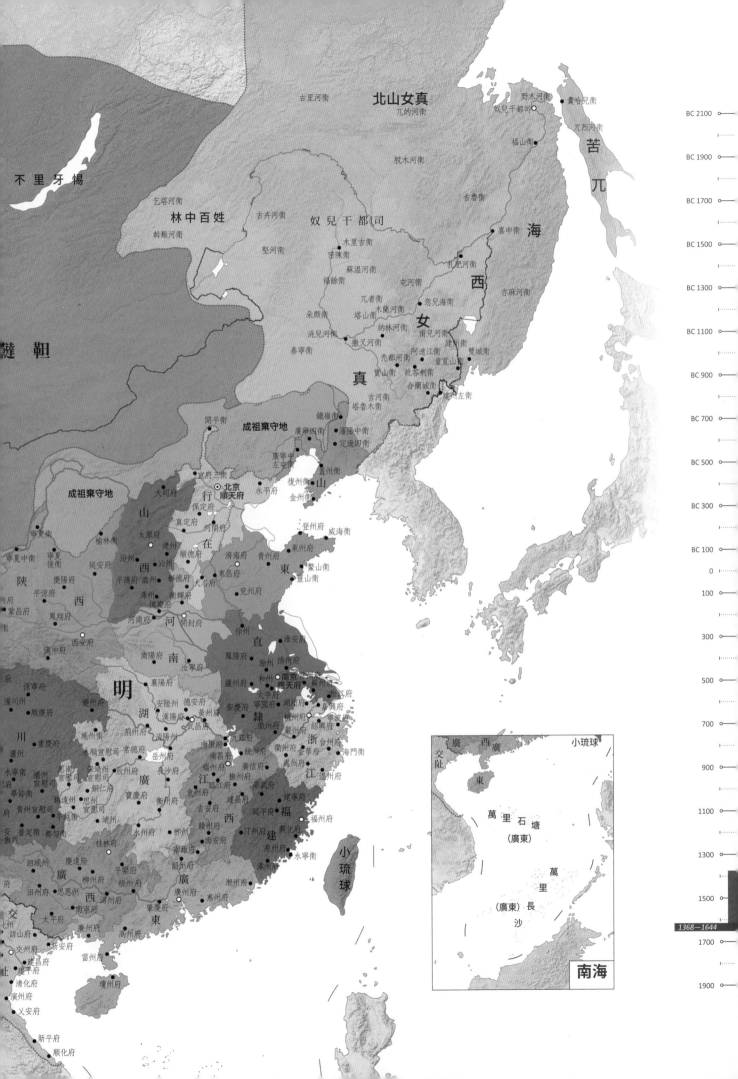

北山女真

不里牙煬

苦兀

兀的河衛

古里河衛

野木河衛

奴兒干都司

囊哈兒衛

兀烈海衛

福山衛

林中百姓

乞塔河衛

幹難河衛

古卉河衛

奴兒干都司

堅河衛

木里吉衛

古魯衛

喜申衛

海

密陳衛

西

蘇溫河衛

屯河衛

福餘衛

兀者衛

木蘭河衛

忽兒海衛

女

亦麻河衛

朵顏衛

塔山衛

納林河衛

洮兒河衛

撤叉河衛

甫見河衛

泰寧衛

阿速江衛

雙城衛

真

殼都河衛

童寬山衛

買山衛

訛客刺衛

合蘭城衛

建州衛

吉河衛

塔魯木衛

綏州左衛

鐵嶺衛

開平衛

廣寧四衛

瀋陽中衛

成祖棄守地

廣寧中左右衛

定遼四衛

宣府三衛

蓋州衛

山

北京順天府

永平府

復州衛

行

大同府

保定府

金州衛

成祖棄守地

山

真定府

河間府

寧夏衛

榆林衛

太原府

登州府

威海衛

寧夏後衛

延安府

汾州

順德府

濟南府

萊州府

青州府

在

陝

慶陽府

沁州

彰德府

東昌府

鰲山衛

靈山衛

平涼府

平陽府

潞州

衛輝府

兗州府

西

鳳翔府

澤州

大名府

翠昌府

河南府

河

開封府

徐州

漢中府

西安府

南

淮安府

直

保寧府

汝寧府

鳳陽府

揚州府

順慶府

襄陽府

南陽府

滁州

和州

應天府

蘇州府

川

重慶府

明

湖

安陸府

德安府

廬州府

太平府

南京

松州府

嘉興府

瀘州

施州衛

漢陽府

黃州府

安慶府

隸

湖州府

寧波府

永寧衛

永順宣慰司

荊州府

武昌府

池州府

徽州府

浙

紹興府

台州府

貴州

保靖宣慰司

常德府

岳州府

九江府

寧國府

杭州府

金華府

海門衛

播州宣慰司

辰州府

長沙府

南昌府

皖州府

衢州府

處州府

江

銅仁府

寶慶府

瑞州府

廣信府

溫州府

鎮遠府

思南宣慰司

靖州

吉安府

撫州府

邵武府

平越衛

廣

衡州府

建昌府

建寧府

福

普定衛

貴州宣慰司

永州府

郴州

贛州府

延平府

興化府

安南衛

都勻府

西

南安府

汀州府

建

福州府

泗城州

慶遠府

桂林府

南雄府

潮州府

永寧衛

廣

平樂府

韶州府

田州府

柳州府

梧州府

廣

惠州府

思恩府

潯州府

東

廣州府

交

太平府

南寧府

高州府

諒山府

新安府

雷州府

止

交州府

廉州府

建平府

清化府

瓊州府

演州府

義安府

新平府

順化府

小琉球

小琉球

南海

廣
西

廣
東

交
趾

萬
里
石
塘
(廣東)

小琉球

萬
里
長
沙
(廣東)

BC 2100
BC 1900
BC 1700
BC 1500
BC 1300
BC 1100
BC 900
BC 700
BC 500
BC 300
BC 100
0
100
300
500
700
900
1100
1300
1500
1368—1644
1700
1900

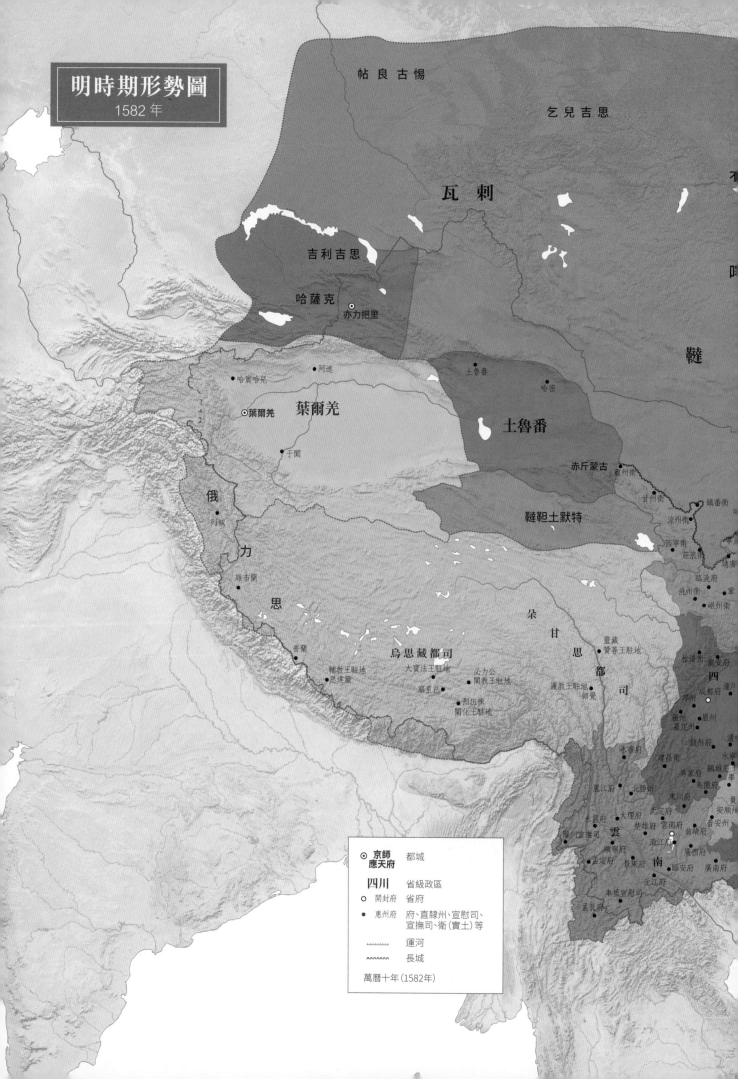

明時期形勢圖
1582年

帖良古惕

乞兒吉思

瓦剌

吉利吉思

哈薩克

亦力把里

不

韃

哈

阿速

哈賁吟兒

土魯番

葉爾羌

葉爾羌

哈密

于闐

赤斤蒙古

沙州衛

甘州衛

靖番衛

俄

列城

涼州衛

西寧衛

莊浪

韃靼土默特

靖虜衛

力

雜市蘭

臨洮衛

思

洮州衛

岷州衛

普蘭

朵

甘

靈藏

贊善王駐地

松潘衛

龍安府

四

輔教王駐地

思達藏

烏思藏都司

大寶法王駐地

必力公

闡教王駐地

都

藏教王駐地

鎖覺

雅州

邛州

嘉定州

成都府

嘉定府

擦里巴

烈伍棟

闡化王駐地

司

敘州府

瀘州

永寧府

鎮雄府

永寧

烏撒府

永昌府

麗江府

北勝州

武定府

大理府

楚雄府

雲南府

東川府

曲靖府

安順州

普安州

廣西府

蒙化府

順寧府

景東府

臨安府

廣南府

鶴慶軍民府

澂江府

孟定府

元江府

車里宣慰司

雲

孟艮府

南

京師
應天府　都城

四川　省級政區

開封府　省府

惠州府　府、直隸州、宣慰司、
　　　　宣撫司、衛（實土）等

〰〰〰　運河

〰〰〰　長城

萬曆十年（1582年）

北山女真

奴兒干

友帖衛

兀
良
哈

苦
兀

脱木河衛

塔哈衛

幹蘭河衛

西
海

喀

達奇鄂爾

忽兒海衛

撒剌衛

女

福餘

莫溫河衛

真

鞑

泰寧

好陳察哈爾

塔木魯衛

察 罕 爾

建州女真

克什旦

鐵嶺衛

建州衛

永邵卜

朵顏

定遼衛

土默特

宣府

永平府

山

大同府

京師 順天府

保定府

金州衛

山

汾州

真定府

河間府

登州府

威海衛

西

太原府

濟南府

青州府

萊州府

鰲山衛

平陽府

彰德府

大名府

東

靈山衛

澤州

衛輝府

兗州府

河南府

開封府

歸德府

徐州

淮安府

南

汝州

汝寧府

揚州府

直

府

南陽府

鳳陽府

滁州

襄陽府

廬州府 和州

應天府

蘇州府

松江府

明

承天府

德安府

安慶府

隷

太平府

湖州府

嘉興府

湖

漢陽府

黃州府

池州

杭州府

常德府

岳州府

九江府

徽州府

嚴州府

紹興府

寧波府

永順宣慰司

武昌府

南康府

饒州府

浙

台州

海門衛

辰州府

長沙府

瑞州府

撫州府

廣信府

金華府

保靖州宣慰司

衡州府

袁州府

江

臨江府

衢州府

處州府

溫州府

江

銅仁府

吉安府

建昌府

邵武府

福寧州

思州府

靖州

永州府

贛州府

西

南安府

汀州府

建

福州府

延平府

府

桂林府

郴州府

南雄府

興化府

平樂府

梧州府

韶州府

潮州府

建

泉州府

永寧衛

西

潯州府

肇慶府

廣州府

惠州府

東番

羅定州

東

漳州府

高州府

雷州府

瓊州府

廣
西廣

東

東番

萬 里 石 塘
(廣東)

萬
里
(廣東) 長
沙

南海

BC 2100
BC 1900
BC 1700
BC 1500
BC 1300
BC 1100
BC 900
BC 700
BC 500
BC 300
BC 100
0
100
300
500
700
900
1100
1300
1500
1368—1644
1700
1900

壹 統一的中央集權國家

◎ 大權獨攬　◎ 藩王分封　◎ 特務政治　◎ 恢弘皇城　◎ 明初移民

　　"高度中央集權"是史家對明王朝政治體制屢見不鮮的評述，從秦代開始實行的中央集權制度，至明代達到了新的高峰。在極為推崇"祖制"的明朝，皇帝的執政方針承襲於開國之君太祖朱元璋，其精髓在於將權力分散於各個機構，並利用制衡之道構建出它們彼此互相牽制的格局，使最高決策權牢牢掌控在皇帝的手中。

{ 明太祖朱元璋 }

朱元璋（1328—1398年）生於農家，年少時曾是遊方僧人，後來加入反元起義軍，最終建立明朝，成為中國歷史上唯一出身平民階層的開國皇帝。這位傳奇帝王的相貌一直是個謎團，存世畫像可分兩類，到底哪一種更為寫實，至今仍然眾說紛紜

大權獨攬

　　明太祖治國素來剛猛，對貪污、瀆職官員的懲處極為嚴苛。他憑藉"胡惟庸案""藍玉案"等手段清除異己，盪平了強化皇權之路的障礙，得以大刀闊斧地改組權力機構，分化相權和將權，形成君權重、臣權輕，"事皆朝廷總之"的格局。

　　中央機構被簡化或分立。取消中書省，廢除了自秦朝起設立的宰相職位，轉而令品秩只有五品的殿閣大學士作為皇帝的侍從顧問。因為大學士們辦公的文淵閣等殿閣地處內廷，故在成祖時改稱內閣。以吏、戶、禮、兵、刑、工六部為中央行政機構，分任朝政，互不統屬，直接向皇帝負責。總管軍政的大都督府一分為五，設立左、右、中、前、後五軍都督府，分領天下衛所，與兵部分掌軍務。負責監察的御史台則改為都察院。地方上實行"三司"制，承宣布政使司管理民政、提刑按察使司負責司法、都指揮使司掌握軍政，後又增設職權更大的總督和巡撫。

　　空前強大的皇權伴隨着同樣繁重的職責，據記載，太祖平均每天要處理200多件奏章，工作量着實驚人。因此，作為皇帝顧問和秘書而設置的內閣大學士們，政治地位不斷上升。成祖時起，內閣開始擁有"票擬權"，即奏章先由內閣大學士進行審閱，以紙條形式就問題提出建議或對策，草擬處理意

{ 明代主要中央機構結構圖及地方管理層級 }

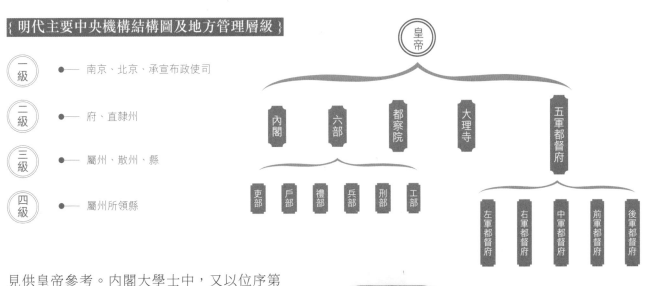

一級 ●—— 南京、北京、承宣布政使司

二級 ●—— 府、直隸州

三級 ●—— 屬州、散州、縣

四級 ●—— 屬州所領縣

見供皇帝參考。內閣大學士中，又以位序第一的"首輔"地位最高，權力最大。自成祖至英宗朝，"三楊"即楊榮、楊士奇、楊溥先後輔政，逐漸使內閣凌駕於六部之上。嘉靖年間，嚴嵩擔任內閣首輔近二十年，權傾一時。到了萬曆早期，神宗幼年登基，時任首輔張居正得以大舉施展政治抱負，推動了"萬曆新政"，史稱"張居正改革"。內閣作為變法中樞，地位再度提高，掌握了中央最高行政權力，內閣首輔實際上已經位同宰相。

{ 首輔張居正 }

張居正改革
1. 整頓吏治，頒佈"考成法"考核官員業績
2. 加強邊防並增加互市，"外示羈縻，內修守備"
3. 清丈田畝，核查隱匿土地
4. 改革稅制，推行"一條鞭法"，簡化程序，按地徵稅，以銀代役

{ 明 謝環《杏園雅集圖》卷（局部）}

此圖描繪了明正統二年（1437），楊榮、楊士奇、王直等高官於楊榮府邸的杏園集會的情景。畫面正中左側坐者為楊士奇（內閣首輔、華蓋殿大學士），中間為楊榮（內閣輔臣、謹身殿大學士），最右為王直（少詹事、侍讀學士）

{ 明代南京政治機構分佈示意圖 }

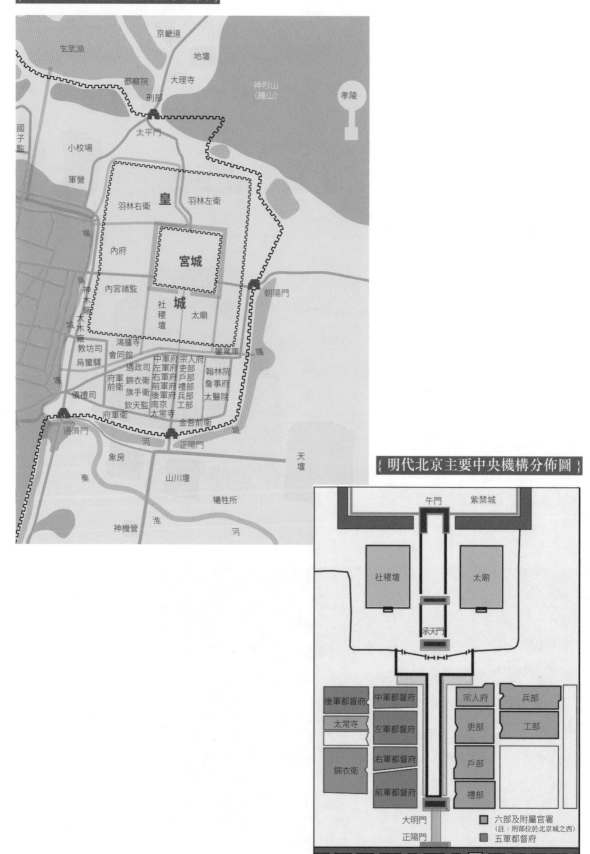

{ 明代北京主要中央機構分佈圖 }

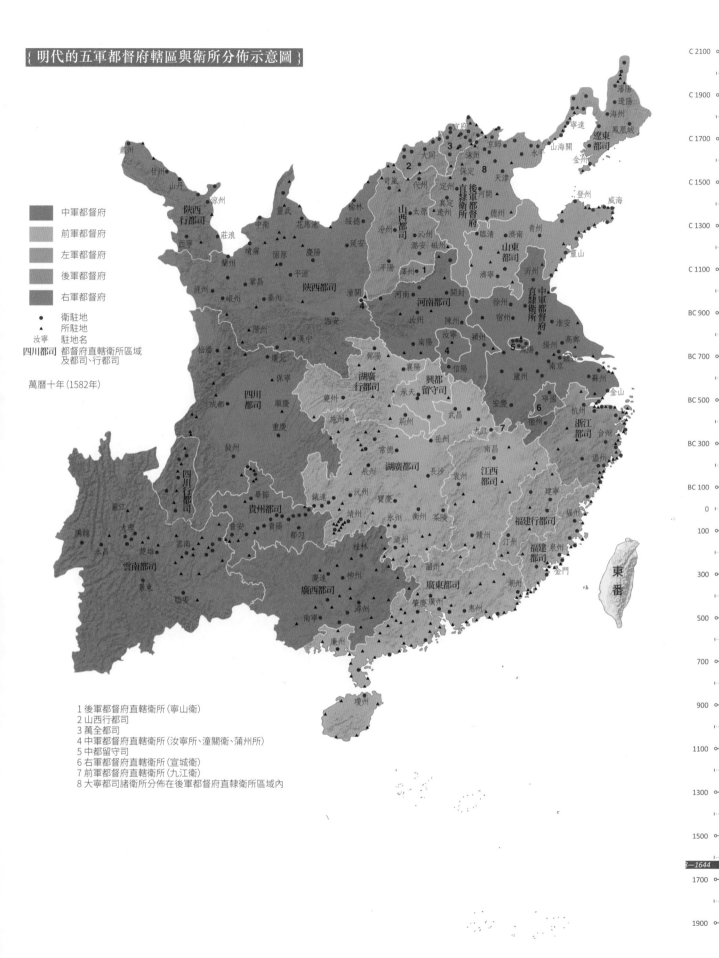

{ 明代的五軍都督府轄區與衛所分佈示意圖 }

中軍都督府
前軍都督府
左軍都督府
後軍都督府
右軍都督府

● 衛駐地
▲ 所駐地
汝寧 駐地名
四川都司 都督府直轄衛所區域
及都司、行都司

萬曆十年(1582年)

1 後軍都督府直轄衛所(寧山衛)
2 山西行都司
3 萬全都司
4 中軍都督府直轄衛所(汝寧所、潼關衛、蒲州所)
5 中都留守司
6 右軍都督府直轄衛所(宣城衛)
7 前軍都督府直轄衛所(九江衛)
8 大寧都司諸衛所分佈在後軍都督府直隸衛所區域內

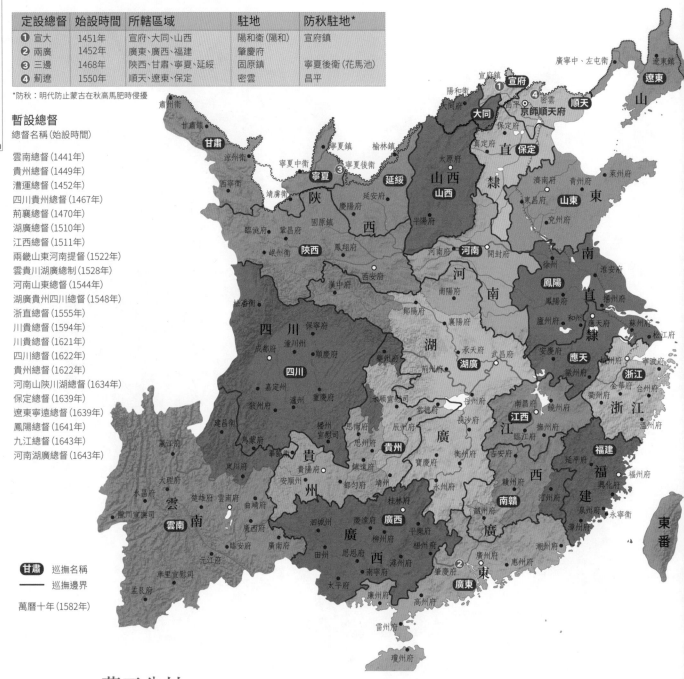

{ 明代總督、巡撫示意圖 }

定設總督	始設時間	所轄區域	駐地	防秋駐地*
❶ 宣大	1451年	宣府、大同、山西	陽和衛(陽和)	宣府鎮
❷ 兩廣	1452年	廣東、廣西、福建	肇慶府	
❸ 三邊	1468年	陝西、甘肅、寧夏、延綏	固原鎮	寧夏後衛(花馬池)
❹ 薊遼	1550年	順天、遼東、保定	密雲	昌平

*防秋:明代防止蒙古在秋高馬肥時侵擾

暫設總督
總督名稱(始設時間)

雲南總督(1441年)
貴州總督(1449年)
漕運總督(1452年)
四川貴州總督(1467年)
荊襄總督(1470年)
湖廣總督(1510年)
江西總督(1511年)
兩畿山東河南提督(1522年)
雲貴川湖廣總制(1528年)
河南山東總督(1544年)
湖廣貴州四川總督(1548年)
浙直總督(1555年)
川貴總督(1594年)
川貴總督(1621年)
四川總督(1622年)
貴州總督(1622年)
河南山陝川湖總督(1634年)
保定總督(1639年)
遼東寧遠總督(1639年)
鳳陽總督(1641年)
九江總督(1643年)
河南湖廣總督(1643年)

甘肅 巡撫名稱
—— 巡撫邊界

萬曆十年(1582年)

藩王分封

　　明代實行嫡長子繼承制:嫡長子為太子,餘子封王就藩;藩王也由嫡長子承襲爵位,餘子降級。太祖朱元璋在朝堂上推崇皇權至上,在皇族內部也相當重視倫理秩序,主張"尊卑之分所宜早定"。太祖為吳王時就把嫡長子朱標冊封為世子,登基為帝的當天即立為太子。接着,陸續分封了 24 個兒子和一個從孫為藩王,想要他們"夾輔王室",共同鎮守明朝江山,鞏固朱姓一族的統治。這些藩王部分鎮守北方,阻擋北元勢力的侵

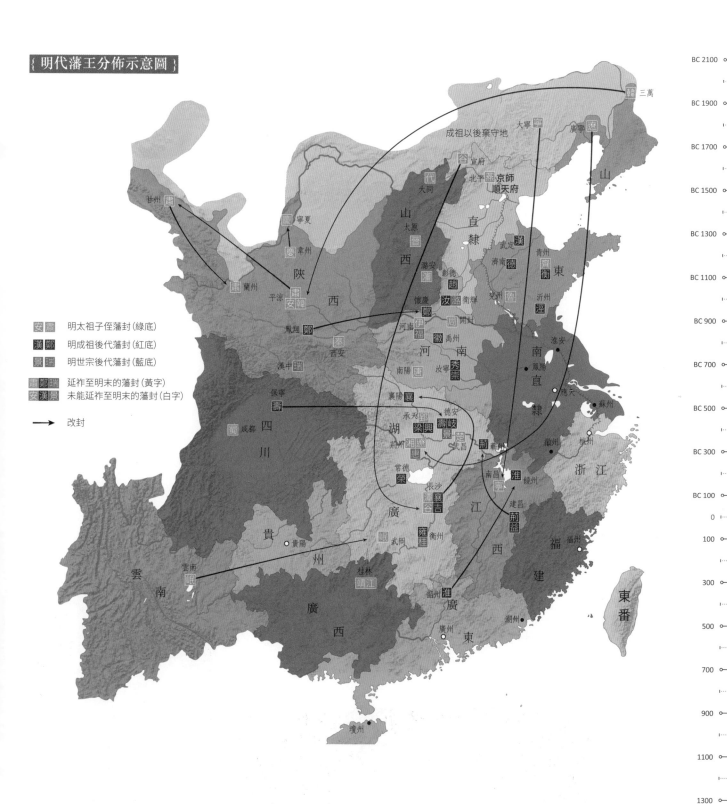

成祖以後棄守地

三萬

大寧

廣寧

遼

山

東

宣府

北平 京師 順天府

代

大同

直

武定 漢

山 太原

潞安 晉

隸

青州

濟南 德

衡

東

沂州

涇

西

彭德 趙

懷慶 汝

衛輝

杭州

鳳陽

淮安

南

鳳翔 鄭

河南 伊 開封

徽

禹州

襄

西安

南陽 唐

汝 秀崇

河

南

直

南京

蘇州

漢中

保寧

襄陽 襄

承天 郢

德安

壽 岐

景

隸

應天

杭州

浙

江

四

壽

成都

湖

荊州 湘 蘄 武昌

荊

徽州

川

常德 榮

長沙

襄 吉

南昌 淮

饒州

荊益

建昌

江

西

福

福州

廣

貴

黃岡

武岡

衡州

雍 桂

州

雲南

雲南 珉

桂林 靖 江

廣

准

潮州

建

東

番

西

廣州

東

瓊州

BC 2100

BC 1900

BC 1700

BC 1500

BC 1300

BC 1100

BC 900

BC 700

BC 500

BC 300

BC 100

0

100

300

500

700

900

1100

1300

1500

1368—1644

1700

1900

安肅 明太祖子侄藩封 (綠底)
漢鄭 明成祖後代藩封 (紅底)
景瑞 明世宗後代藩封 (藍底)
肅鄭瑞 延祚至明末的藩封 (黃字)
安漢景 未能延祚至明末的藩封 (白字)
→ 改封

擾；部分分駐內地，負責監督地方官吏。

明太祖生性多疑，對臣子心懷戒備，同時卻大舉提升宗室子弟的權位，以致洪武朝的藩王在各方面都形同地方獨立政權，其實力甚至已經超越東宮太子。在禮制上，親王僅僅下天子一等，與東宮齊，這在制度上就無法遏制諸王的奪嫡之心。東宮屬官都由外朝廷臣兼任，而藩王則有專職王府官員和護衛軍隊，並掌握封地的領兵權和行政權。藩王的府邸往往逾制修建，不但佔地廣闊，

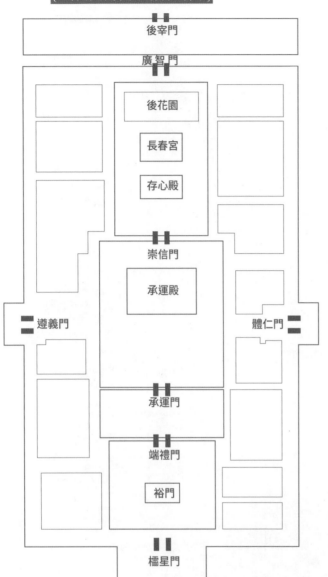

{ 山西大同代王府佈局圖 }

後宰門

廣智門

後花園

長春宮

存心殿

崇信門

承運殿

遵義門　　　體仁門

承運門

端禮門

裕門

檽星門

房屋陳設也相當富麗堂皇，遠超太子所居住的東宮。例如，燕王府有正殿七間，而太子東宮僅為五間。藩王財力雄厚，在定例的祿米、莊田外，不時可以獲得皇帝的賞賜，婚喪嫁娶等大事的費用也由朝廷包攬，大量消耗國家財政收入。制度設計上的種種缺陷，使得意在以宗室藩屏中央的藩王分封埋下了威脅皇權的隱憂。太祖晚年已經着手縮減藩王的俸祿和權力，但藩王與中央的矛盾仍然在他駕崩後驟然激化。

洪武三十一年（1398年），建文帝朱允炆即位，和親信齊泰、黃子澄等人開始密謀削藩。坐擁重兵的燕王朱棣援引太祖遺留的《祖訓》："如朝無正臣，內有奸惡，則親王訓兵待命，天子密詔諸王，統領鎮兵討平之"，打出"清君側"的旗號發兵靖難，實際上是進行皇位爭奪。建文四年（1402年），燕王佔領南京，登基稱帝，年號永樂，即明成祖。這是中國歷史上藩王奪國的唯一成功案例。

{ 累絲嵌寶石金冠 }
明代藩王益莊王朱厚燁的金冠

{ 朱漆戧金雲龍紋譜系匣 }
這是用來盛放皇室宗譜的漆木匣

成祖享國不正，自然深知藩王之害，因此繼續施行削藩。他先後採用了取消護衛軍隊、縮減各項權力、尋釁削爵問罪等方式來限制藩王的實權，使藩王最終演變成在封地被奉養終老的宗室，甚至不得隨意出城，子孫也不得進入仕途（萬曆朝開放這一禁令後，仍然不許宗室子弟為中央官員）。藩王雖然不能再對中央政權構成威脅，但他們享受朝廷俸祿卻無從報效國家，只能沉溺於奢華的聲色之樂，或是寄情於文化藝術，逐漸成為國家沉重的財政負擔。

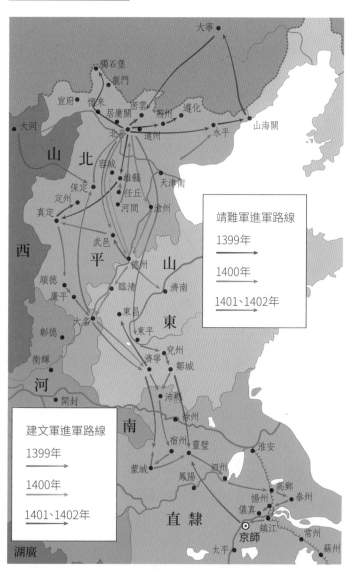

{ 靖難之役示意圖 }

靖難軍進軍路線
1399年 →
1400年 →
1401、1402年 →

建文軍進軍路線
1399年 →
1400年 →
1401、1402年 →

{ 神宗的十二旒冕 }
明神宗朱翊鈞的禮冠，前後垂有十二旒

{ 九旒冕 }
明代魯王朱檀（朱元璋第十子）的禮冠，前後垂九旒，顯示出等級的差異

BC 2100

BC 1900

BC 1700

BC 1500

BC 1300

BC 1100

BC 900

BC 700

BC 500

BC 300

BC 100

0

100

300

500

700

900

1100

1300

1500

1368—1644

1700

1900

特務政治

明太祖秉持"明禮以導民，定律以繩頑"，"治亂世用重典"，立法"當適時宜、當計遠慮"等思想，頒佈了基本法典《大明律》，輔之以《明大誥》《大明令》和若干條例，為明代法制奠定了基本框架，後代皇帝在遵循祖制的基礎上也陸續有所補充。在皇權獨尊的政治背景下，司法亦步亦趨，對於影響社會風氣教化的罪責處罰較輕，對妨害統治基礎的行為則嚴加懲戒，並且將司法權進一步收歸皇帝所有。明代刑法較為嚴苛，除笞、杖、徒、流、死五刑為正刑外，還有或沿襲前代、或新創的許多雜刑。其中，始於明代的廷杖、東西廠和錦衣衛的詔獄都甚為史家詬病，《明史·刑法志》稱："刑法有創之自明，不衷古制者：廷杖，東西廠、錦衣衛鎮撫司獄是已。是數者，殺人至慘，而不麗於法。"

有明一代，臣子觸怒皇帝後，毫無尊嚴地被當眾脫衣"廷杖"就是常見的一項懲罰，這是漢、唐、兩宋等朝代幾乎無法想像的場面。

為鞏固中央集權，皇帝用嚴苛的刑罰對臣子刻意打壓、對百姓予以威懾，同時為了防患於未然，明代發展出強大的特務系統：錦衣衛、東廠、西廠和內行廠，並稱"廠衛"。這些特務機構凌駕於常規司法機構之上，直接對皇帝負責，採取非正常手段監控臣民，並有巡查緝捕的職權，還內設"詔獄"（奉皇帝命令緝拿犯人的監獄），可以拷掠刑訊，取旨行事，三法司均無權過問；在地方上，分駐鎮守太監，負責監察各地官民人等；此外，監軍、稅監、採辦等臨時到地方執行公務的人員，同樣具有偵查的特務職能。

儘管太祖曾嚴令宦官不許干政，但宦官專權仍然成為明代政治中最為人詬病的現象。司禮監太監不但執掌廠衛中的三廠，還獲得了"批紅權"，可以遵照皇帝的意見在奏折上用朱筆批閱，因此滋生了蒙蔽上意、擅權專橫的諸般惡行。

{ 明代的特務機構 }

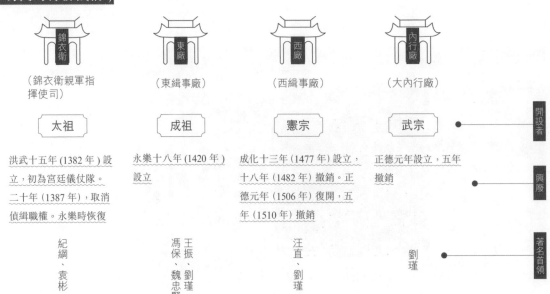

錦衣衛	東廠	西廠	內行廠	
（錦衣衛親軍指揮使司）	（東緝事廠）	（西緝事廠）	（大內行廠）	
太祖	成祖	憲宗	武宗	開設者
洪武十五年（1382年）設立，初為宮廷儀仗隊。二十年（1387年），取消偵緝職權。永樂時恢復	永樂十八年（1420年）設立	成化十三年（1477年）設立，十八年（1482年）撤銷。正德元年（1506年）復開，五年（1510年）撤銷	正德元年設立，五年撤銷	興廢
紀綱、袁彬	王振、劉瑾、馮保、魏忠賢	汪直、劉瑾	劉瑾	著名首領

{ 南京皇城午朝門 }

南京是朱元璋定都所在，南京皇城的午朝門與北京皇城的午門一樣，是傳達聖旨的地方，也是對大臣實施廷杖的地方

{ 午門 }

午門是紫禁城正門，雙闕下東西各有一小紅屋，是錦衣衛值房。廷杖在午門前御路東側執行，錦衣衛校尉百人持木棒林立，由司禮監監刑。輕者重傷，重者喪命。有明一代共行廷杖 500 餘次，杖斃的大臣達 50 餘人

{ 錦衣衛指揮象牙牌 }

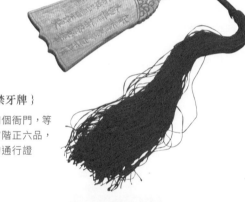

{ 長隨奉御出入宮禁牙牌 }

明代太監共有二十四個衙門，等級森嚴。長隨奉御官階正六品，這是他們出入宮禁的通行證

{ 錦衣衛木印 }

錦衣衛是明朝唯一不由宦官執掌的特務機構，它的前身是掌管皇帝的儀仗和侍衛的"拱衛司"（後改稱"親軍都尉府"），長官稱錦衣衛指揮使。錦衣衛擁有自己的監獄"詔獄"，也叫"錦衣獄"，由北鎮撫司署理。嘉靖時刑科都給事中劉濟曾上疏稱："國家置三法司，專理刑獄……自錦衣鎮撫之官專理詔獄，而法司幾成虛設。"後東廠、西廠也開設監獄，促使此種惡劣行徑呈現變本加厲之勢

{ 《明人宮裝圖》中的太監 }

這是明代等級較高的太監

BC 2100
BC 1900
BC 1700
BC 1500
BC 1300
BC 1100
BC 900
BC 700
BC 500
BC 300
BC 100
0
100
300
500
700
900
1100
1300
1500
1368—1644
1700
1900

恢弘皇城

　　洪武元年（1368 年），朱元璋在南京稱帝，十一年（1378 年）正式定都南京。曾作為六朝古都的南京，自洪武二年（1369 年）開始修建，十九年（1386 年）竣工，是當時世界上規模最大的城市之一，古有"虎踞龍蟠"之稱。

　　南京突破了傳統都城觀念，輪廓並不規整，皇城也處於城東側，這和山脈、水系遍佈的地理環境以及剛建國時的財力有限都有關係。整座城市根據原有格局，按照自然地形隨勢建築，而皇城則遵循古代"居中立宮"思想，基本維持了方正的外形，建築沿中軸線對稱排佈。

　　永樂十九年（1421 年），成祖朱棣正式遷都北京，南京成為陪都，仍然保留原有的行政機構，只是精簡編制，不設副職。北京城在元朝大都的基礎上擴建而成，從永樂五

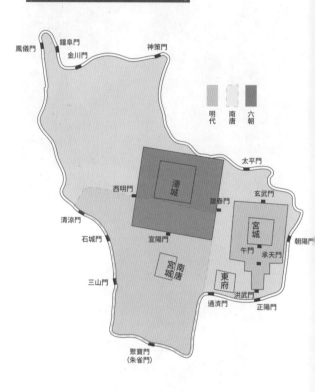

{ 南京城歷史變遷示意圖 }

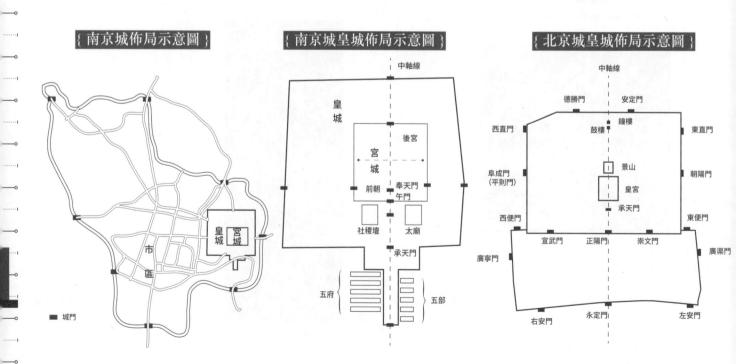

{ 南京城佈局示意圖 }

{ 南京城皇城佈局示意圖 }

{ 北京城皇城佈局示意圖 }

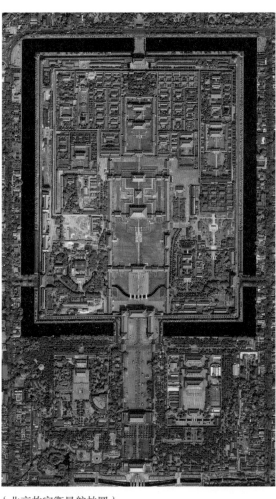

{ 北京故宮衛星航拍圖 }

{ 北京宮城圖 }

這是明早期所繪的北京皇城，圖中的官員是蒯祥，北京皇城的設計者

{ 明代北京地理形勢示意圖 }

{ 北京城的門戶居庸關長城 }

BC 2100
BC 1900
BC 1700
BC 1500
BC 1300
BC 1100
BC 900
BC 700
BC 500
BC 300
BC 100
0
100
300
500
700
900
1100
1300
1500
1368—1644
1700
1900

年（1407 年）開始營建，至十八年（1420 年）基本完工。北京城呈凸字形，由宮城、皇城、內城和外城四重組成，除去嘉靖三十二年（1553 年）修建的南面一側的外城，其餘幾重都輪廓方正，層層相套。

北京是一座恪守禮制、秩序井然的都城，城市規劃以宮城為中心，一條 7.5 千米長的中軸線貫穿南北，主要建築左右對稱分佈。梁思成先生曾經說：“北京的獨有的壯美秩序就由這條中軸線的建立而產生。”北京共有城門二十座，稱為“裏九外七皇城四”，皇城城門供官員進出，外城每座城門等級不一，都有不同的功用。

明代北京皇城也稱“紫禁城”，即今天的故宮博物院所在地，它不僅是我國現存最大最完整的木質結構古建築羣，也是中國古代宮廷建築的傑作。紫禁城在北京城正中，嚴格地按《周禮·考工記》中“前朝後市，左祖右社”的都城營建原則建造，建築佈局嚴密工整，呈現出富麗堂皇、氣勢恢宏的皇家風範。

明代的《博物策會》對北京地區的地理形勢有一個簡潔的概括：“左環滄海，右擁太行，北枕居庸，南襟河濟，形勝甲於天下，誠天府之國也”。即北京的東邊被渤海環繞，西邊是南北向綿延的太行山，北面橫亙着燕山山脈，西北有先秦時期就已列為“天下九塞”之一的居庸關，南面連着黃河及其支流濟水。北京的首都地位並不是經濟繁榮的結果，主要取決於它在交通、軍事方面的地理優勢以及自遼金以來形成的建都傳統。北京周邊地勢西北高、東南低，有盧溝（清康熙間改稱永定河）、潮白河、潞河（北運河）等眾多河流和澱泊。夏季易發水災，土地鹽鹼化比較普遍，農業經濟不夠發達，因而制約了田賦徵收以及文化教育的發展。在商業方面，除了政治地位保障下的北京頗為繁榮之外，周邊州縣與城鎮的物資流通及民間貿易大體以便於數十里範圍內相互交流的定期集市為主，但也有一些城鎮在服務北京的過程中發展了本地的商業和文化教育。

﹝明代北京城門與功用﹞

京城正門，取意“聖主當陽，日至中天，萬國瞻仰”。出殯隊伍嚴禁通過

又稱水門，每天半夜時分，來自西郊玉泉山的水車經由此門運水入宮

軍隊班師回朝走安定門，象徵吉祥

是進京運河的終點，主要走運送漕糧的糧車。此外，皇帝死後出殯也經此門

南城之內多燒鍋釀酒業，因此進出此城門的主要是酒車。這裏又是稅門，設有稅關

又稱死門，死囚至菜市口刑場的必經之地

又稱商門。平民百姓在此門附近做買賣，皇帝從不涉足

軍隊出征走德勝門，此門諧音“得勝”

又稱煤門或梅門，是京西產煤區運煤入京的通道

（平則門）

{ 奉天門全景 }

奉天門（清代稱太和門），是紫禁城中最雄偉的一座宮門。明朝皇帝在這裏受理臣奏、頒發詔令，稱為"御門聽政"

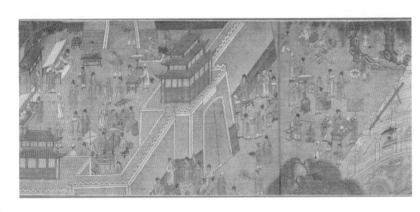

{《皇都積勝圖》之承天門外的商業區 }

此圖反應了明代中後期北京城的繁華面貌。承天門今稱天安門

{ 弘治年間（1488—1505 年）順天府與應天府戶口、田土、田賦的比較 }

■ 順天府　　■ 應天府

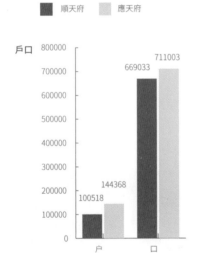

戶口

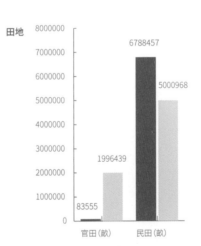

田地

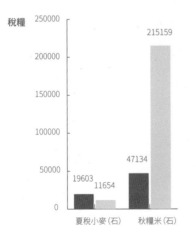

稅糧

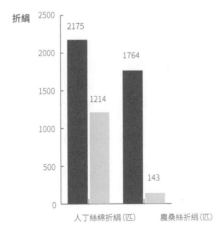

折絹

明初移民

明朝的戶籍制度把人口按照行業分工劃分為世代相襲的民戶、軍戶、匠戶和灶戶等，然後以戶為單位詳細登記籍貫、姓名、年齡、丁口、田宅、資產等戶帖信息，編為黃冊，以便朝廷核實戶口、徵調賦役。正常情況下，明朝百姓由於政策局限和故土難離的情結，在不同職業和地區間的流動性相當低。朝廷出於統治需要而進行的移民活動通常組織嚴密，採用遣返、軍屯、商屯、民屯等方式，並廣泛使用招誘、徵派的手段。

移民是整個明代始終存在的社會現象，但明初大移民無論是在規模、距離還是影響等方面都堪稱獨步。自秦漢至宋元時期，中國移民主要是北人南下，明初移民則以內聚為主流。長江流域的人口輸出地主要是今蘇南、浙江、安徽徽州、贛北、贛中及鄂東地區，輸入地主要是蘇北、安徽（徽州除外）、湖北、湖南和四川，構成從東南向西、向北的扇形遷移。華北的人口輸出地主要是山西、北直隸塞外及山東東部，輸入地主要是北直隸（長城以南）、河南和山東西部，構成從東、西、北三面向中心地區的內聚型遷移。同時伴以部分人口從東向西遷徙至西南、西北的邊疆地區。

綜合來看，明初移民數量十分龐大，長江流域有 700 萬，華北地區有 490 萬，西北、東北和西南邊疆也有 150 萬，共計 1340 萬，佔洪武年間全國總人口的 19%。

{ 明初移民類型 }

明初移民

移民墾荒 --→ 在經歷元末戰亂後，作為主要戰場的中原一帶人口凋零，需要充實人口、恢復生產 --→ 如：山西大槐樹移民等

軍隊調動 --→ 明代實行衛所制，軍人世襲，屯戍需攜帶家屬，使軍隊駐防和調動成為移民活動 --→ 如：雲南等邊疆地區移民

流民遷徙 --→ 貧苦少地的人口向地廣人稀的地區遷徙 --→ 如：荊襄流民

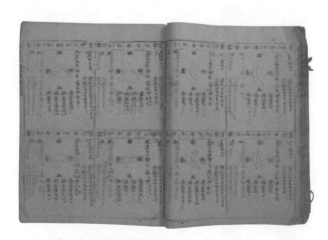

{ 萬曆九年清丈魚鱗清冊 }

《魚鱗圖冊》是洪武年間清丈全國土地時繪製的清冊，因為狀似魚鱗而得名。萬曆九年，張居正再次清丈全國土地，編製《魚鱗圖冊》

{ 洪洞大槐樹尋根祭祖園 }

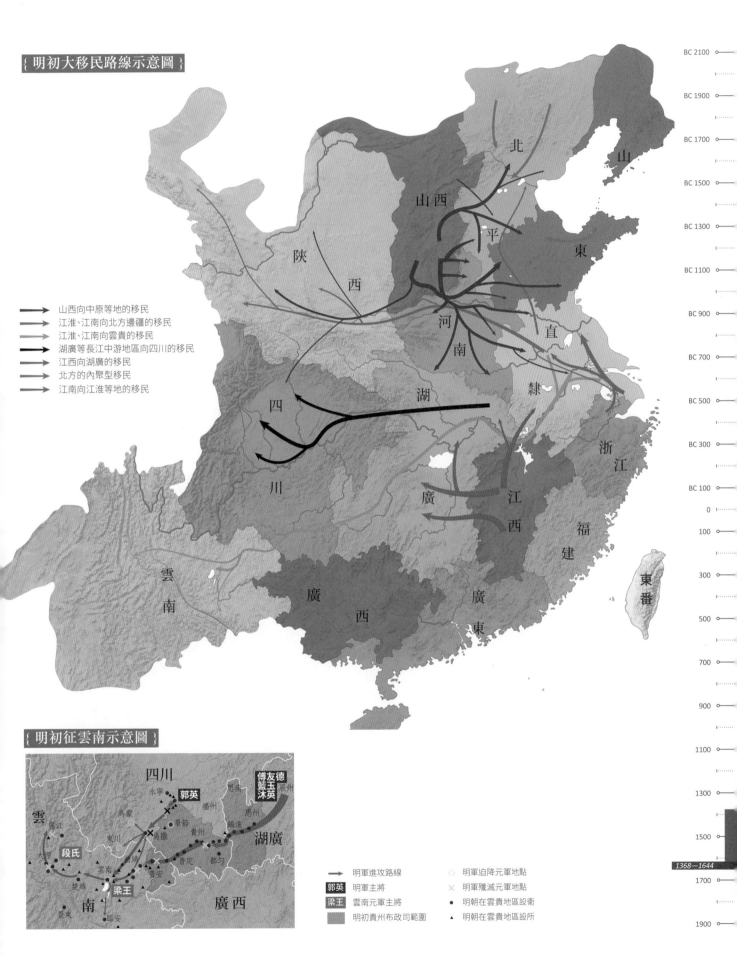

{ 明初大移民路線示意圖 }

北

山西

平

山東

陝

西

河

南

直

湖

隸

四

廣

江西

浙江

川

西

福建

雲

南

廣西

廣東

東番

→ 山西向中原等地的移民
→ 江淮、江南向北方邊疆的移民
→ 江淮、江南向雲貴的移民
→ 湖廣等長江中游地區向四川的移民
→ 江西向湖廣的移民
→ 北方的內聚型移民
→ 江南向江淮等地的移民

{ 明初征雲南示意圖 }

四川

雲

永寧

郭英

思南

傅友德
藍玉
沐英

辰州

烏蒙

播州

惠州

東川

畢節

貴州

鎮遠

麗江

馬撒

曲靖

普安

普定

都勻

湖廣

段氏

大理

雲南

楚雄

梁王

南

廣西

景東

臨安

→ 明軍進攻路線
郭英 明軍主將
梁王 雲南元軍主將
明初貴州布政司範圍

○ 明軍迫降元軍地點
✕ 明軍殲滅元軍地點
● 明朝在雲貴地區設衛
▲ 明朝在雲貴地區設所

BC 2100
BC 1900
BC 1700
BC 1500
BC 1300
BC 1100
BC 900
BC 700
BC 500
BC 300
BC 100
0
100
300
500
700
900
1100
1300
1500
1368—1644
1700
1900

貳 海洋和陸地的交往

◎ 朝貢貿易　◎ 鄭和遠航　◎ 海上風雲　◎ 東西交融　◎ 火器時代

在歐洲開啟大航海時代之際，被海洋環繞的明王朝卻長期實行海禁政策，直到明後期才有限度地開放港口。明朝的外交政策和平而保守，對開拓航線、擴張領土以及獲取海外財富顯得興味索然，彪炳史冊的鄭和遠航只是曇花一現的榮光。然而，在全球浪潮的衝擊下，這個陸地王朝仍然被裹挾進海洋的時代，捲入更為宏大的世界歷史進程中。

{ 明朝朝貢貿易示意圖 }

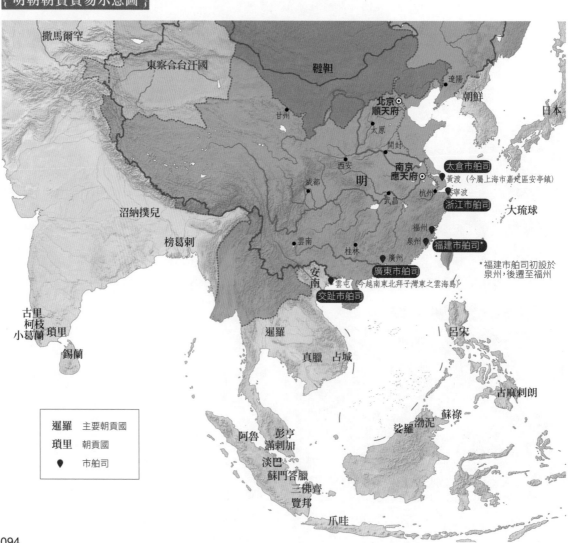

撒馬爾罕
東察合台汗國
韃靼
遼陽
朝鮮
日本
北京
順天府
甘州
太原
開封
西安
明
南京
應天府
太倉市舶司
黃渡（今屬上海市嘉定區安亭鎮）
成都
杭州
寧波
浙江市舶司
大琉球
武昌
沼納撲兒
福州
泉州
福建市舶司*
榜葛剌
雲南
桂林
廣州
廣東市舶司
安南
雲屯（今越南東北拜子灣東之雲海島）
交趾市舶司
*福建市舶司初設於
泉州，後遷至福州
古里
柯枝
小葛蘭 瑣里
錫蘭
暹羅
真臘 占城
呂宋
古麻剌朗
蘇祿
婆羅 勃泥
阿魯 彭亨
滿剌加
淡巴
蘇門答臘
三佛齊
覽邦
爪哇

暹羅	主要朝貢國
瑣里	朝貢國
📍	市舶司

朝貢貿易

明代君主鮮少熱心於開疆拓土的事業，除了平定北方邊境的軍事行動外，極少發起征伐戰爭。明太祖是一位理想化的統治者，嚮往以禮治國、四方賓服的"成康之治"，因此不但定下周邊十數個"不征之國"，還積極推行"朝貢貿易"，和周邊國家尤其是東南亞各國建立了良好的關係。朝貢貿易把"朝貢"與"通商"合二為一，非入朝納貢則不許互市，它不但是明朝的基本外交政策，還是在很長時期內唯一獲得官方許可的對外貿易途徑。在"隆慶開關"之前，海禁一直作為明朝的基本政策加以實施，民間貿易長期處於非法地位。各國只要承認明朝的宗主地位，宣告自己的領土屬於明朝的勢力範圍，就可以按照規定呈送"貢物"，然後獲得回饋的

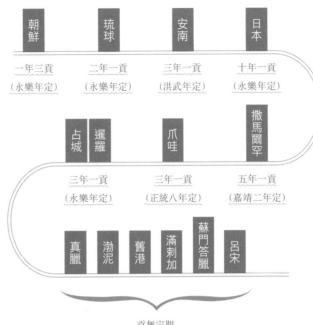

{ 明代主要朝貢國及貢期 }

朝鮮	琉球	安南	日本
一年三貢 （永樂年定）	二年一貢 （永樂年定）	三年一貢 （洪武年定）	十年一貢 （永樂年定）

占城 暹羅	爪哇	撒馬爾罕
三年一貢 （永樂年定）	三年一貢 （正統八年定）	五年一貢 （嘉靖二年定）

真臘　渤泥　舊港　滿剌加　蘇門答臘　呂宋

貢無定期

* 由於朝貢貿易採取"厚往薄來"的交易方式，過於頻繁會給明朝的財政增添壓力，大量外國使節深入國土也會造成國家安全的隱患。因此，明朝對外國前來朝貢的貢期、貢道、貢物品種和數量、使節人數、交接地點等都有嚴格的規定。各個國家的朝貢使節必須到達指定的港口城市，由當地市舶司負責接待隨行人員、交接貢物等相關事宜。在京師則設有會同館，負責接待進京的使節團

{ 蘇祿王墓文臣像 }

蘇祿位於今菲律賓。1417 年，蘇祿東王巴都葛的使團來到北京，得到明廷禮遇。離開北京的時候，東王不幸在德州病故。明成祖將他安葬於德州城北，並親撰碑文

"賜禮"。貢物一般是香料、寶石、工藝品、珍禽異獸等本國特產，賜禮通常是金錢或者絲綢、茶葉、瓷器等明朝物產，而且賜禮的價值往往是貢物的幾倍甚至十幾倍之多。

從洪武元年（1368 年）起，明朝就開始遣使各國，於是"海外諸藩與中國往來，使臣不絕"。永樂年間開始的鄭和下西洋，掀起了中外交往的新高潮。據《大明會典》記載，早期和明朝進行朝貢貿易的國家共有 63 個，大部分都是在洪武及永樂年間建立關係的。這種對以東南亞國家為主的周邊國家的睦鄰友好政策，也被後世繼承延續。

BC 2100
BC 1900
BC 1700
BC 1500
BC 1300
BC 1100
BC 900
BC 700
BC 500
BC 300
BC 100
0
100
300
500
700
900
1100
1300
1500
1368－1644
1700
1900

鄭和遠航

永樂三年（1405 年），宦官鄭和奉命率領船隊懷着"宣德化而柔遠人"的政治理想揚帆遠航。鄭和的遠航行動共計七次，途經南海、印度洋，最遠到達非洲東海岸和紅海沿岸。明朝以婆羅洲（今文萊）為界，將南海以西的海洋及沿海各地，遠及印度和非洲東海岸的廣大區域概稱為"西洋"。鄭和所到之處主要是東南亞各國，在"西洋"範圍內，因此這場遠航史稱"鄭和下西洋"。

與後來陸續啟程的大航海時代的西方探險家們不同，明朝派出的船隊並沒有掠奪資源、海外貿易或殖民統治的計劃，而是致力於把以明朝為中心的朝貢制度擴展到海域世界。鄭和從各國帶回了明朝罕見的稀有珍奇之物，同時也向對方贈送了大量本國物產，傳播了明朝先進的生產和醫療技術，這些行動充分體現了"天朝上國"對外的"懷柔"政策。以鄭和的到訪為契機，東南亞各政權紛紛向明朝派出朝貢使節，建立外交關係，明朝由此聲威顯赫。

{ 鄭和寶船與哥倫布航船體積比較 }

鄭和下西洋比西方麥哲倫環球航行早了 116 年，比哥倫布到達美洲早了 87 年，且船隻體積、船隊規模都大得多

{ 鄭和所鑄銅鐘 }

這是鄭和第七次遠航前，為祈求平安而鑄造並佈施給寺廟的銅鐘。上鑄有"國泰民安""風調雨順"等銘文

{ 鄭和七下西洋概況 }

出發年份	回程年份	船隊所經主要國家和地區
永樂三年（1405）	永樂五年（1407）	占城（今越南中南部）、暹羅（今泰國）、爪哇（今印度尼西亞爪哇島）、舊港（今印度尼西亞蘇門答臘巨港一帶）、滿剌加（今馬來西亞馬六甲）、錫蘭山（今斯里蘭卡）、古里（今印度西海岸卡利卡特）等
永樂五年（1407）	永樂七年（1409）	渤泥（今加里曼丹島北部）、柯枝（今印度西海岸科欽）等
永樂七年（1409）	永樂九年（1411）	溜山（今馬爾代夫群島）、小葛蘭（今印度西南沿海之奎隆）等
永樂十一年（1413）	永樂十三年（1415）	吉蘭丹（今馬來西亞之吉連丹）、彭亨（今馬來西亞東南岸）、木骨都束（今索馬里摩加迪沙）、忽魯謨斯（今伊朗基什姆島）、麻林（今肯尼亞馬林迪）等
永樂十五年（1417）	永樂十七年（1419）	卜剌哇（今索馬里布瓦一帶）、阿丹（今也門亞丁）、剌撒（今紅海東岸）等
永樂十九年（1421）	永樂二十年（1422）	榜葛剌（今孟加拉）、祖法兒（今阿拉伯半島南岸哈得拉毛）等
宣德六年（1431）	宣德八年（1433）	天方（今沙特阿拉伯麥加）、竹步（今索馬里朱巴河口一帶）等

{ 榜葛剌進麒麟圖 }

榜葛剌（今孟加拉）國王於永樂十二年（1414）、正統三年（1438）兩次來到中國進獻長頸鹿。由於從未見過這種熱帶動物，故被國人視為瑞獸麒麟。當時的書畫家沈度特繪圖以記之，此圖為清人臨摹

{ 印尼爪哇島三保廟 }

位於印尼爪哇島的三寶壟是鄭和下西洋時幾度拜訪之地，此廟是當地華人和印尼人為紀念鄭和而修建的，裏面供奉了一尊鄭和全身塑像

{ 泰國暹羅三寶廟 }

此廟初建於 1324 年，是華人居住區內最大佛寺。鄭和曾三次到達這裏，當地華人遂改其為三寶廟，至今香火不絕

BC 2100

BC 1900

BC 1700

BC 1500

BC 1300

BC 1100

BC 900

BC 700

BC 500

BC 300

BC 100

0

100

300

500

700

900

1100

1300

1500

1368—1644

1700

1900

鄭和下西洋示意圖

拜占庭帝國　◎拜占庭
◎別兒哥薩萊
金帳汗國

亞美尼亞
月即別

●大馬士革
大不里士

花剌子模

巴格達
撒馬爾罕◎

帖木兒帝國

伊斯法罕

呼羅珊

天方
●麥加

可不里

忽魯謨斯
❹

阿丹

剌撒　佐法兒
❸❺❻❼

阿撥把丹
❷

麻林　竹步
❺　　❸
❻木骨都束
❺　　❸❺
❸❺❻

❸❹❺❻❼

❷

❸❺❻❼

❶古里

柯枝
❻❹小葛蘭
❸　　加異勒
❶❺　❷錫蘭
❼

溜山
❸❹❻

─❺❸─　鄭和下西洋航線及航行該航線的航次

❶　鄭和下西洋航次的終點

{鄭和寶船復原想像圖}

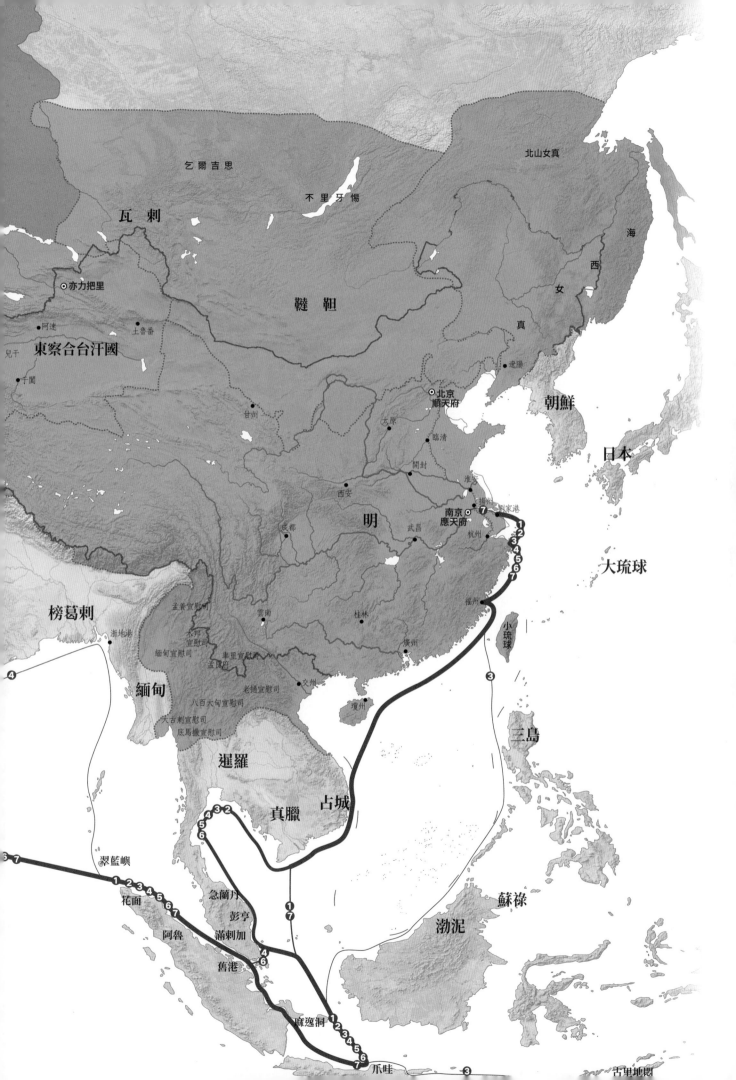

{ 鄭和下西洋促成的主要技術交流 }

下西洋目的三説 {
尋找失蹤的建文帝
獲得海外財富
宣德化於海外
}

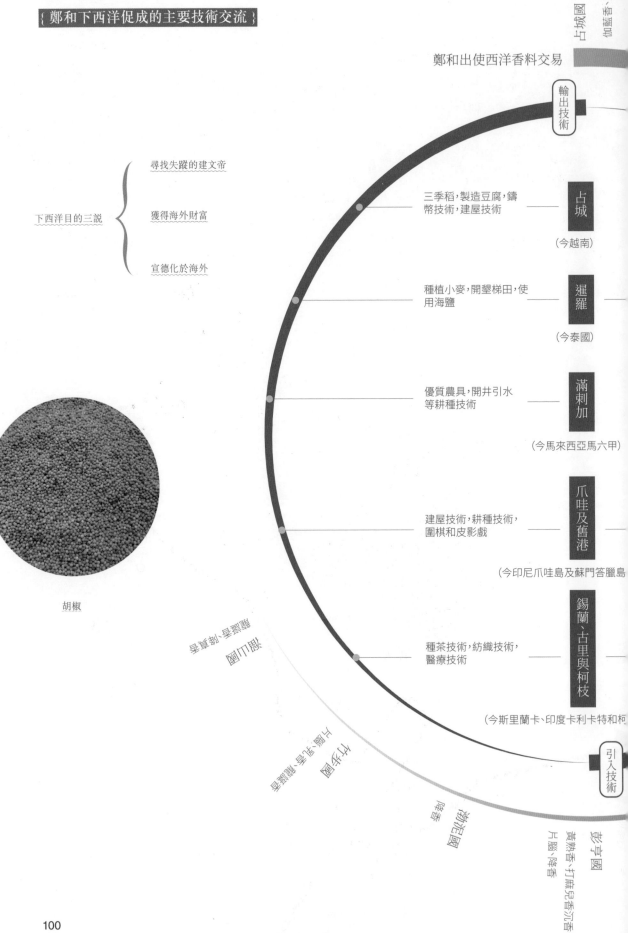

鄭和出使西洋香料交易

輸出技術

三季稻，製造豆腐，鑄幣技術，建屋技術 —— 占城 (今越南)

種植小麥，開墾梯田，使用海鹽 —— 暹羅 (今泰國)

優質農具，開井引水等耕種技術 —— 滿剌加 (今馬來西亞馬六甲)

建屋技術，耕種技術，圍棋和皮影戲 —— 爪哇及舊港 (今印尼爪哇島及蘇門答臘島)

種茶技術，紡織技術，醫療技術 —— 錫蘭、古里與柯枝 (今斯里蘭卡、印度卡利卡特和柯

引入技術

胡椒

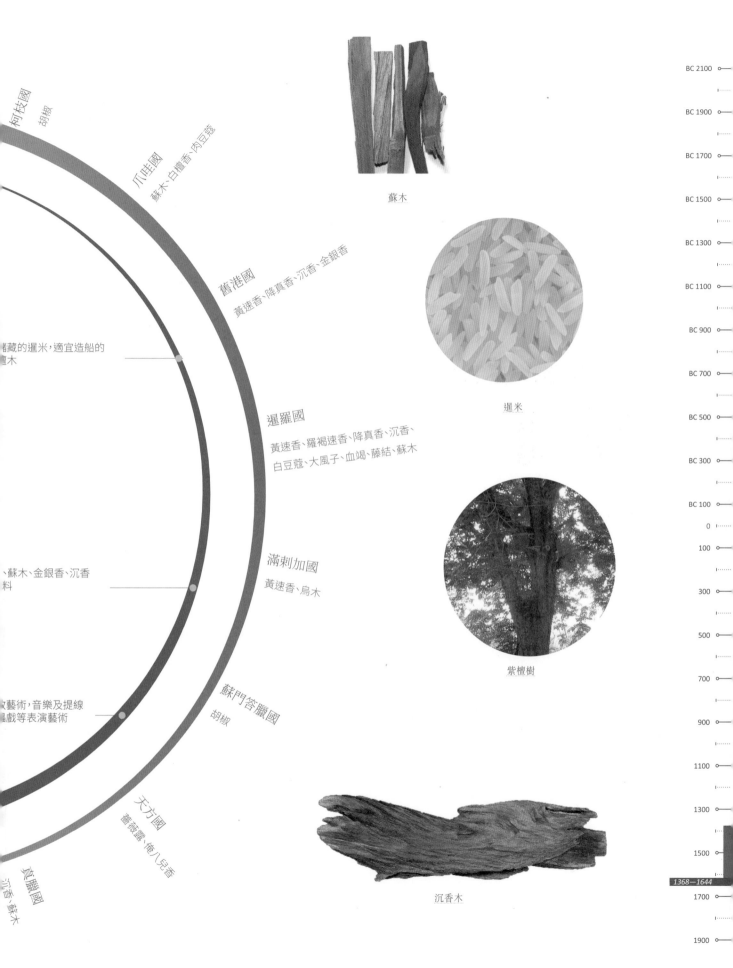

柯枝國
胡椒

爪哇國
蘇木、白檀香、肉豆蔻

舊港國
黃速香、降真香、沉香、金銀香

者藏的暹米，適宜造船的
檀木

暹羅國
黃速香、羅褐速香、降真香、沉香、
白豆蔻、大風子、血竭、藤結、蘇木

、蘇木、金銀香、沉香
料

滿剌加國
黃速香、烏木

藝術，音樂及提線
偶戲等表演藝術

蘇門答臘國
胡椒

天方國
薔薇露、俺八兒香

真臘國
沉香、蘇木

蘇木

暹米

紫檀樹

沉香木

1368—1644

BC 2100
BC 1900
BC 1700
BC 1500
BC 1300
BC 1100
BC 900
BC 700
BC 500
BC 300
BC 100
0
100
300
500
700
900
1100
1300
1500
1700
1900

101

海上風雲

明朝活躍的歷史空間不再局限於它所統治的疆域，而是藉由海洋擴展到更為廣闊的"東歐亞"（東北亞、中亞、東亞以及東南亞和印度的一部分）地區。然而，同時期的歐洲國家已經開始派遣艦隊遠渡重洋，活動範圍不斷擴大。在全球視野下，固守一隅的明朝即將面對來自西方的衝擊和碰撞。

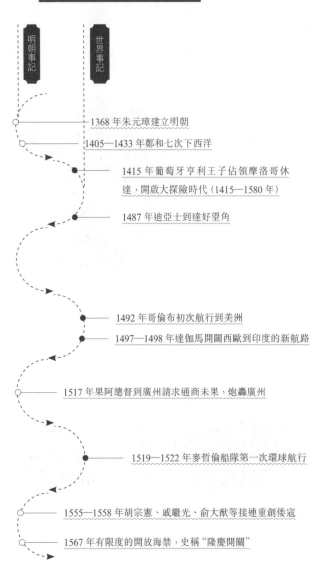

{ 明朝與世界大事記簡表 }

明朝事記　世界事記

1368 年朱元璋建立明朝

1405—1433 年鄭和七次下西洋

1415 年葡萄牙亨利王子佔領摩洛哥休達，開啟大探險時代（1415—1580 年）

1487 年迪亞士到達好望角

1492 年哥倫布初次航行到美洲

1497—1498 年達伽馬開闢西歐到印度的新航路

1517 年果阿總督到廣州請求通商未果，炮轟廣州

1519—1522 年麥哲倫船隊第一次環球航行

1555—1558 年胡宗憲、戚繼光、俞大猷等接連重創倭寇

1567 年有限度的開放海禁，史稱"隆慶開關"

儘管鄭和下西洋的時間早於其他國家，但其後由於海禁政策的頒佈，明朝的航海事業停滯不前。直到隆慶元年（1567 年），海禁政策才逐漸放寬。與此同時，西方世界則開始了轟轟烈烈的大航海時代，各國遠洋艦隊相繼登陸明朝領土。面對來華的西方國家，明朝官員按照慣例要求他們遵循"朝貢貿易"體系，稱臣納貢，按期交易。由於雙方不能達成共識，中西交往並不順暢。

朝貢貿易有限的交易量不能滿足東南亞各國尤其是日本的商業需求，被明朝政府拒絕通商請求的歐洲船隊也紛紛在中國沿海地區尋求貿易機會。有鑒於此，不少中國商人為利益所驅使，違背政府禁令進行走私貿易。直到朝廷開放私人海外貿易許可後，走私貿易仍然沒有完全禁絕。走私商人在浙江、福建、廣東先後形成了規模較大的貿易據點，東南亞和歐洲商人都來此交易，使中國大量的茶葉、絲綢、瓷器、香料等貨物源源不斷地銷往世界各地。

東亞海域的波瀾掀起了世界貿易格局的巨變。在歐洲人抵達太平洋之前，全球貿易最為活躍的區域原本在地中海一帶。隨着歐洲人建立起東方航線，西方商船在大西洋和太平洋之間往來日益頻繁，澳門、長崎和馬尼拉成為東亞貿易航程裏最具規模的中轉站和貿易點。

為了對抗朝廷的貿易禁令，也為自身安全考慮，部分中國走私商人逐漸形成了有組織的武裝海上力量，而為走私貿易的高額利潤所誘惑，海盜集團也開始涉足這一領域，

{16—17 世紀歐洲國家與中國的關係}

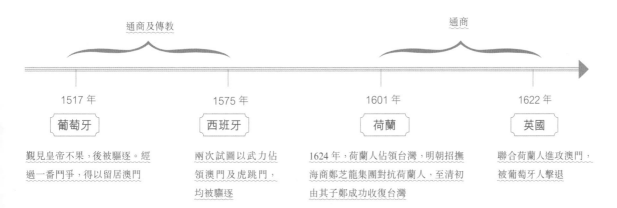

通商及傳教

通商

1517 年	1575 年	1601 年	1622 年
葡萄牙	**西班牙**	**荷蘭**	**英國**
覲見皇帝不果,後被驅逐。經過一番鬥爭,得以留居澳門	兩次試圖以武力佔領澳門及虎跳門,均被驅逐	1624 年,荷蘭人佔領台灣,明朝招撫海商鄭芝龍集團對抗荷蘭人,至清初由其子鄭成功成功收復台灣	聯合荷蘭人進攻澳門,被葡萄牙人擊退

這就令明朝中後期的走私商人和海盜往往具有合二為一的屬性,比如鄭芝龍集團、汪直集團、林鳳集團等。

在困擾明朝沿海二百年之久的倭寇之亂中,就有上述海盜的身影。倭寇侵擾中國始自元朝至正十八年(1358 年),當時他們主要活躍於山東沿海。洪武三年(1370 年),倭寇從山東半島一路南下,襲擊浙江的明州、台州、溫州,最後到達福建。倭寇禍及東海之際,明朝開始實行海禁政策,嚴禁民間對外交往,只保留了官方的朝貢貿易。此後,由於倭寇仍然不時侵擾沿海地區,明朝在重要地段設衛、所、堡、寨、關隘,佈置了完善的海防體系進行抵禦。

嘉靖二年(1523 年),日本使節在寧波

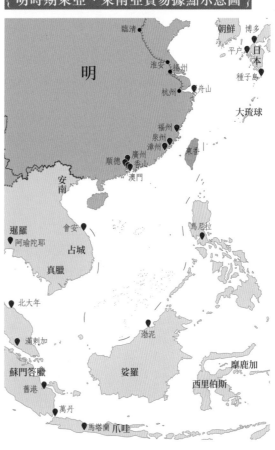

{明時期東亞、東南亞貿易據點示意圖}

{蓬萊水城的丹崖山炮台}

蓬萊水城修築於洪武九年(1376),明代中後期,抗倭名將戚繼光曾率軍駐守於此

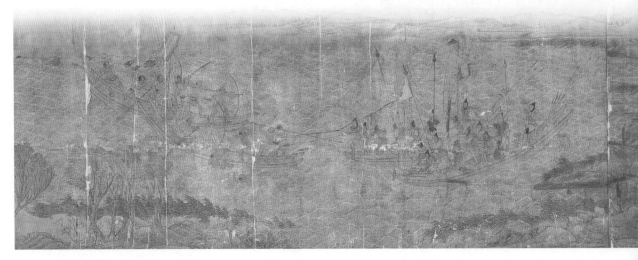

{ 明水軍與倭寇激戰 }

這是明末繪製的《倭寇圖卷》的局部，表現明軍與倭寇激戰的情景

引發"爭貢之役"，造成明軍官兵、百姓傷亡，明世宗為此下令寸板不得入海，斷絕了與日本的一切官方貿易。此時的日本處於戰國時代，各個藩主對物資的需求與日俱增，倭患於是愈演愈烈。嘉靖後期，倭寇大肆侵擾沿海地區，並與部分海盜、走私海商相互勾結，"大抵真倭十之三，從倭者十之七"，令這一時期的倭患成分更為複雜，情況也更為棘手。朝廷幾度清剿也未能奏效，直到被稱為"俞龍戚虎"的俞大猷和戚繼光兩位抗倭名將上任，倭患才得以徹底平定。

嘉靖四十三年（1564年），東南沿海的抗倭鬥爭取得最終勝利。隆慶元年（1567年），穆宗宣佈解除海禁，調整海外貿易政策，開放福建漳州府月港（今福建海澄），允許私人遠販東西二洋，史稱"隆慶開關"。雖然民間貿易仍然受到政府的多重約束，開放的自由港口也只有一處，但私人對外貿易終於取得了合法地位。自此，明朝的對外貿易進入新的發展階段。

東西交融

16世紀中葉，沿着歐洲船隊開闢的東方航線，天主教耶穌會派遣傳教士陸續來到中國。共有90多位傳教士在明代中晚期先後來華，他們逐漸尋找到融入中國社會的新路徑，形成了本土化、自上而下的傳教策略，不但成功地進入中國傳播教義，並且將西方文明輸入古老的中華大地，引發了延續明清兩代的西學東漸風潮。同時，傳教士也着手翻譯中國的典籍文獻，開西方漢學之先河。

這一階段最具里程碑意義的人物，是意大利傳教士利瑪竇（Matteo Ricci）。他意識到傳教需要獲得統治者的支持，於是採取自上而下的策略，廣泛和明朝上層知識分子交往，利用西方科技和新奇器物引起他們的興趣，進而得到上層社會的認可和接納。利瑪竇不但被尊稱為"泰西儒士"，而且得以在萬曆二十九年（1601）向明神宗進獻禮物，繼而成為第一個獲准久居北京的西方傳教士。

鑒於利瑪竇的成功案例，此後來華的傳教士基本上採取了與之相似的途徑。為了博得明朝士人的好感，從而給傳教增添便利，傳教士們除了帶來西方的書籍和器物，還從事科技著作的翻譯出版，在中國傳播天文、曆法、數學、地圖學等方面的科技知識，有些傳教士甚至參與了鑄造火炮等工程。儘管受眾範圍和涉獵內容都比較有限，但這些以科學知識為主要載體的西方學說仍然在明朝上層社會尤其是知識分子間引起了強烈的反響。

　　明朝是一個科學昌隆的時代，技術日新月異，人才層出不窮，很多領域的成果令人

{ 穿着中國服裝的傳教士利瑪竇（左）}

{ 利瑪竇來華路線示意圖 }

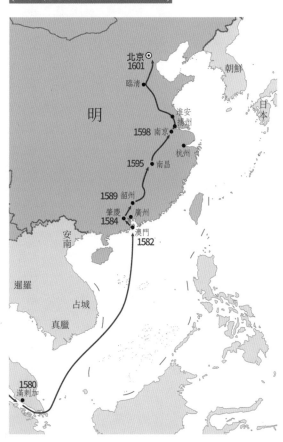

{ 利瑪竇墓園 }

萬曆三十八年（1610），利瑪竇病逝於北京，明神宗下詔將其"以陪臣禮"安葬於北京阜成門外

{ 明末中國天主教教徒人數 }

萬曆三十一年（1603）	500 人
萬曆三十三年（1605）	1000 人
萬曆三十六年（1608）	2000 人
天啓七年（1627）	13000 人
崇禎九年（1636）	38200 人

BC 2100
BC 1900
BC 1700
BC 1500
BC 1300
BC 1100
BC 900
BC 700
BC 500
BC 300
BC 100
0
100
300
500
700
900
1100
1300
1500
1368—1644
1700
1900

矚目。明代的許多科技著作，不僅佔有重要
的歷史地位，而且至今仍有深遠影響。明末
開啟的西學東漸，使士人們得以開闊眼界，
豐富知識譜系，從而調整認知和價值觀念，
開始關注社會與時代所需的實用學科，在一
定程度上為科技領域注入了新鮮活力。然
而，明朝卻是古代中國科技史的分水嶺，中
國與西方的科技發展在此後走上了不同的道
路，一度具有世界前沿水平的中國科技逐漸
處於相對落後的地位。

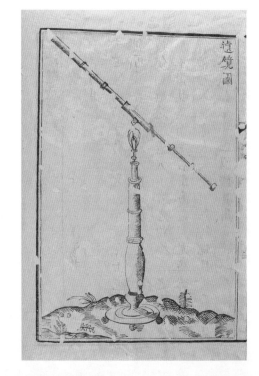

{《崇禎曆書》中的望遠鏡圖}
望遠鏡是明末由傳教士湯若望引進中國的

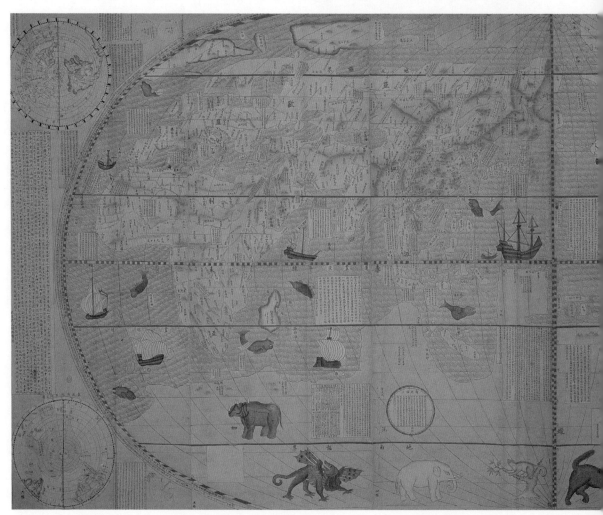

{ 明代科技著作舉要 }

醫藥學	李時珍	1518—1593 年 湖北蘄春人	《本草綱目》	李約瑟在《中國科學技術史》評價："毫無疑問，明代最偉大的科學成就，就是李時珍那部登峰造極的《本草綱目》"
農　學	徐光啟	1562—1633 年 上海人	《農政全書》	集大成的農業百科全書
科　技	宋應星	1587—1666 年 江西奉新人	《天工開物》	世界上第一部關於農業和手工業生產的綜合性著作
地理學	徐霞客	1587—1641 年 江蘇江陰人	《徐霞客遊記》	中國最早的一部詳細記錄所經地理環境的遊記。自 2011 年起，每年 5 月 19 日（《徐霞客遊記》開篇日）為"中國旅遊日"

{ 坤輿萬國全圖 }

利瑪竇來華，帶來了當時按地圓說繪製的世界地圖，這是萬曆三十年（1602）刊行的版本

BC 2100

BC 1900

BC 1700

BC 1500

BC 1300

BC 1100

BC 900

BC 700

BC 500

BC 300

BC 100

0

100

300

500

700

900

1100

1300

1500

1368—1644

1700

1900

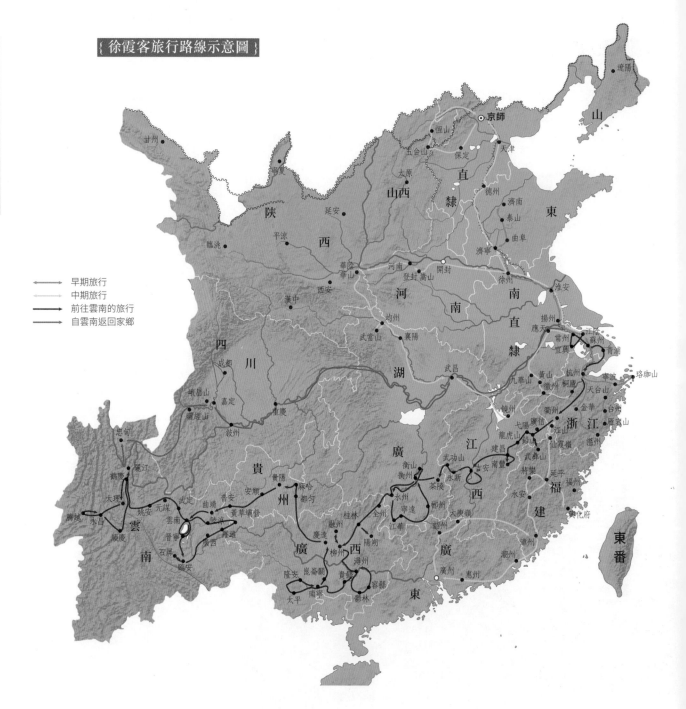

{ 徐霞客旅行路線示意圖 }

早期旅行
中期旅行
前往雲南的旅行
自雲南返回家鄉

火器時代

　　明軍攻克元大都後，元順帝逃亡到北方草原，仍然使用元朝國號，憑藉蒙古殘餘勢力和明朝繼續抗爭，史稱"北元"。後來，蒙古又分化為以韃靼、瓦剌、兀良哈為首的諸多部族。明朝和蒙古部族之間征戰頻繁，明太祖曾多次發動攻伐北元的戰爭，並分封皇子鎮守"九邊"重鎮，在這些地方修築防禦工事、駐紮大量士兵，用以防範蒙古部族南下入侵，儲備北伐力量。成祖登基後奉行"天子守邊"之策，不但遷都北京，而且"五征漠北"，對韃靼和瓦剌發動過五次大規模軍事行動。到了正統十四年（1449 年），英宗也曾經親征瓦剌，卻在土木堡全面潰敗，英宗本人也被俘虜。瓦剌軍隊一路攻至北京附近，于謙指揮明軍在京師保衛戰中取勝，才使國家轉危為安。總體來說，明前期的征伐有效地打擊和削弱了蒙古各部的軍事力量，鞏固了北方邊境的安定。土木堡之役後，明朝軍事力量由盛轉衰，軍事策略逐漸轉為防禦，重點在建設九邊與修築長城。

明朝是最後一個修築長城的朝代，明長城東起鴨綠江、西至嘉峪關，工程浩大，大規模修築共十八次，時間跨度長達二百多年。明長城以磚石代替了過去使用的土垣，並對前代的部分長城改線重建，其堅固程度遠超以往，存留至今的長城基本上都建於明朝。

為了有效地進行軍隊防務和修築工程的管理，明代早期在長城全線先後劃分出九個防區，委派總兵官統轄，也稱鎮守，因此九個防區亦稱"九邊"或"九鎮"。世宗增設昌平、

BC 2100

BC 1900

BC 1700

BC 1500

BC 1300

BC 1100

BC 900

{ 明初北征示意圖 }

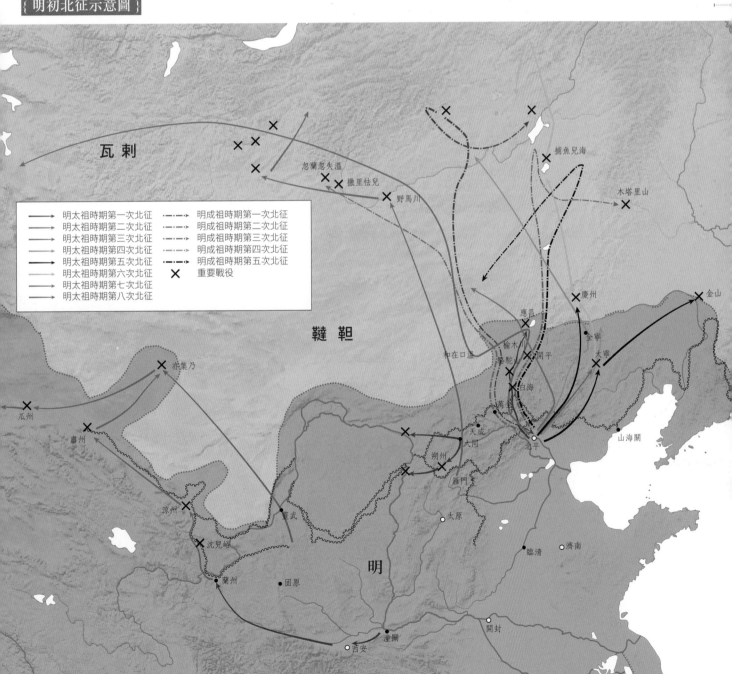

真保兩鎮，形成"九邊十一鎮"，這是明朝存續時間最久的邊鎮建置。到神宗時，又從固原、薊州析出臨洮、山海兩鎮，組成了"九邊十三鎮"。

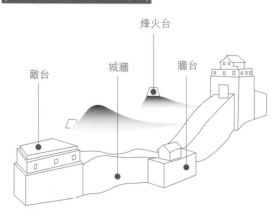

{ 土木堡之役與北京保衛戰示意圖 }

瓦剌軍入侵路線　明英宗親征路線　明軍追殲路線
瓦剌軍勝 ❶陽和口 ❷永寧 ❸土木堡
明軍勝 ①延慶 ②盧溝橋 ③固安 ④霸州

{ 長城功能結構示意圖 }

{ 明長城九邊十一鎮示意圖 }

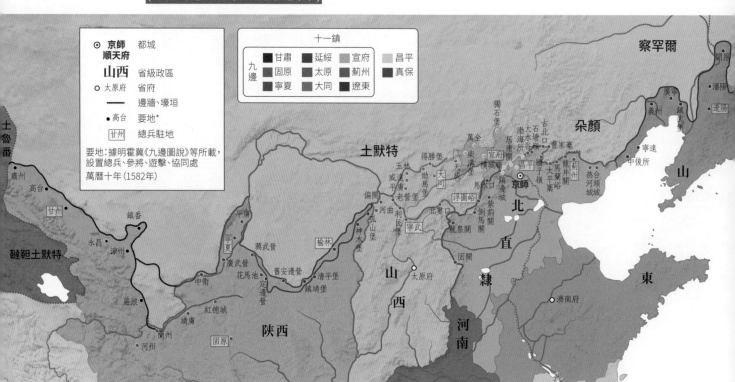

{ 金山嶺長城 }

{ 山海關 }

BC 2100

BC 1900

BC 1700

BC 1500

BC 1300

BC 1100

BC 900

BC 700

BC 500

BC 300

BC 100

0

100

300

500

700

900

1100

1300

1500

1368—1644

1700

1900

{ 明朝火藥與近代黑火藥配方比較 }

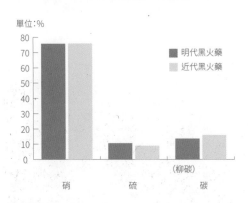

單位:%

■ 明代黑火藥
□ 近代黑火藥

硝　　硫　　碳（柳碳）

*唐朝末年，火藥已經被用於軍事。唐宋火藥的配方還比較原始，元朝出現三組分的火藥，到明朝時已經和近代黑火藥的配比十分接近

{ 天啟年英國紅夷鐵炮 }

明朝時，伴隨着技術的革新和戰爭的升級，冷兵器已逐漸式微，火器時代在世界範圍內相繼到來。起源於宋朝的火器製造技術，在明朝發展到中國古代的最高水平。明朝火器不僅種類繁多，而且製作技術及性能均有極大提高。管型火器的改進成效最為顯著，由早期的火銃發展到鳥槍、巨炮，還發明了火龍出水、神火飛鴉、一窩蜂等新型火箭。

明中期，佛郎機和紅夷炮等西洋火器陸續傳入。明朝人對這些先進武器進行大規模仿製，並借鑒其技術對原有的火器性能加以改良，在很大程度上提升了明朝的軍備力量。

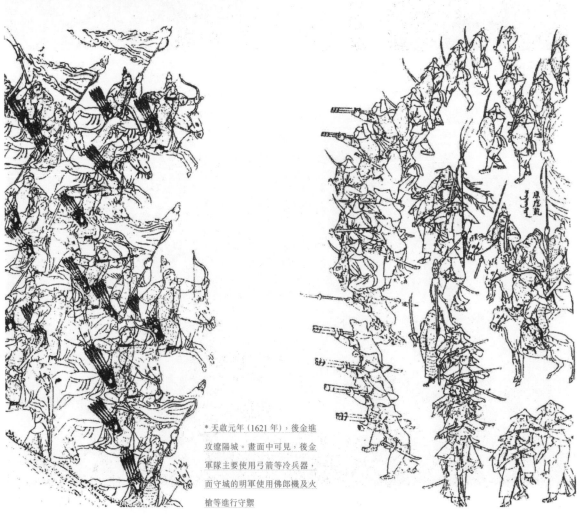

*天啟元年（1621年），後金進攻遼陽城。畫面中可見，後金軍隊主要使用弓箭等冷兵器，而守城的明軍使用佛郎機及火槍等進行守禦

商業時代的社會風貌

叁

◎ 以農為本　◎ 手工產業　◎ 商業勃興　◎ 市人文化　◎ 社會變容

以農為本

　　明代是商業經濟繁盛的時代，農業及手工業的進步、水陸交通的便利和一些政策的推行，給予商人足夠的生存空間。在商業浪潮的影響下，社會分工逐漸發生改變，傳統的"士農工商"社會結構劃分日益瓦解，人們開始具備多種身份。此外，市鎮的大量形成和市民羣體的出現，都打亂了原本的制度設計和社會秩序。王守仁創立的陽明心學，滿足了變革中的社會心理需求，為民眾所廣泛接受。宗族制度和鄉約，也成為這一時期社會秩序重建的範例。

{ 明代歷朝賦田數額變化 }

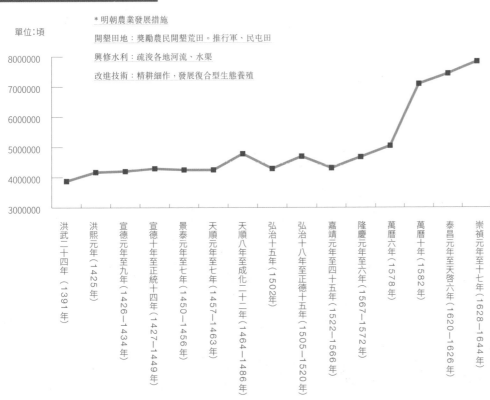

單位：頃

* 明朝農業發展措施
開墾田地：獎勵農民開墾荒田。推行軍、民屯田
興修水利：疏浚各地河流、水渠
改進技術：精耕細作，發展復合型生態養殖

橫軸：
洪武二十四年（1391年）
洪熙元年（1425年）
宣德元年至九年（1426-1434年）
宣德十年至正統十四年（1427-1449年）
景泰元年至七年（1450-1456年）
天順元年至七年（1457-1463年）
天順八年至成化二十二年（1464-1486年）
弘治十五年（1502年）
弘治十八年至正德十五年（1505-1520年）
嘉靖元年至四十五年（1522-1566年）
隆慶元年至六年（1567-1572年）
萬曆六年（1578年）
萬曆十年（1582年）
泰昌元年至天啓六年（1620-1626年）
崇禎元年至十七年（1628-1644年）

BC 2100
BC 1900
BC 1700
BC 1500
BC 1300
BC 1100
BC 900
BC 700
BC 500
BC 300
BC 100
0
100
300
500
700
900
1100
1300
1368—1644
1500
1700
1900

農業是中華民族賴以繁衍生息的命脈，歷朝歷代都非常重視農業生產，把勸課農桑作為施政重點之一。明太祖曾多次提出"農桑衣食之本"，確立了明朝重視農業生產的基調。明代的農業發展趨於成熟，人口基數的擴大是明代農業生產水平提高的有力佐證。在元末亂局平定後，明朝的人口數量不斷攀升，據學者推算，很可能在萬曆後期已經達到 1.5 億以上。

{賣地契}

明代中晚期，很多農戶迫於生計，將土地賣掉。或成為依附於地主的佃戶，或逐漸淪為流民。這是當時的一張賣地契

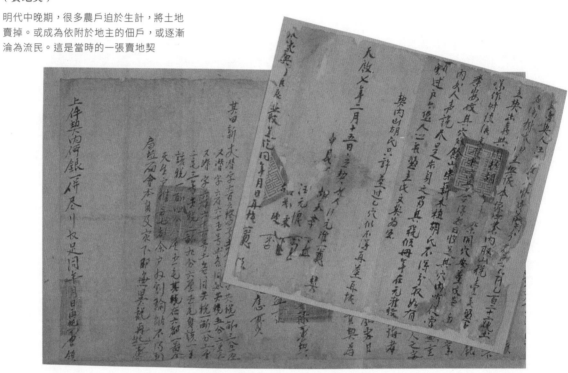

{周臣《流民圖》卷}

周臣是明代中期吳門畫家，他所繪流民圖，尖銳反應了當時土地兼併日益嚴重的社會弊端

{《農家故事圖冊》(節選)}

穀物滿倉、豐衣足食,是當時農家的美好願望,也是畫家樂
於表現的題材

BC 2100
BC 1900
BC 1700
BC 1500
BC 1300
BC 1100
BC 900
BC 700
BC 500
BC 300
BC 100
0
100
300
500
700
900
1100
1300
1500
1368—1644
1700
1900

｛ 明前期各區域面積及人口數量 ｝

明前期各區域面積 單位：平方千米

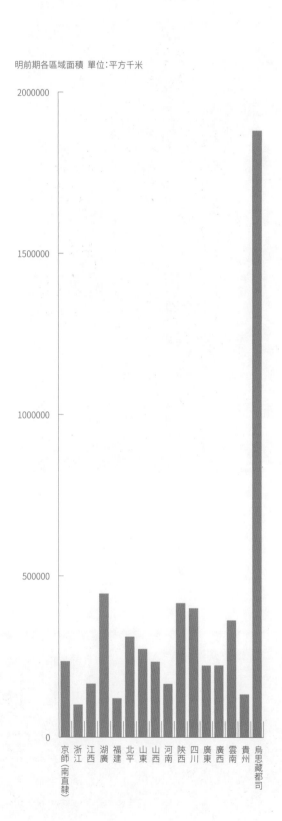

明前期各區域人口 單位：人

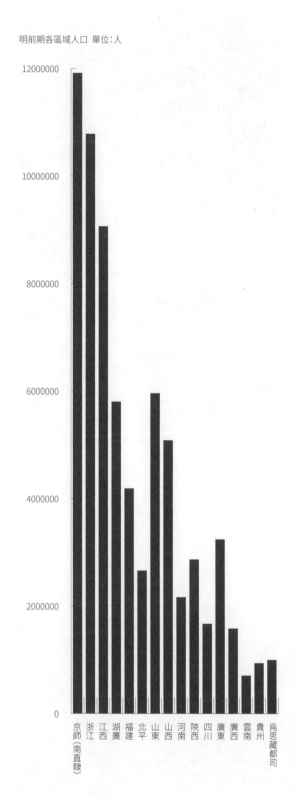

明中期各區域面積 單位：平方千米

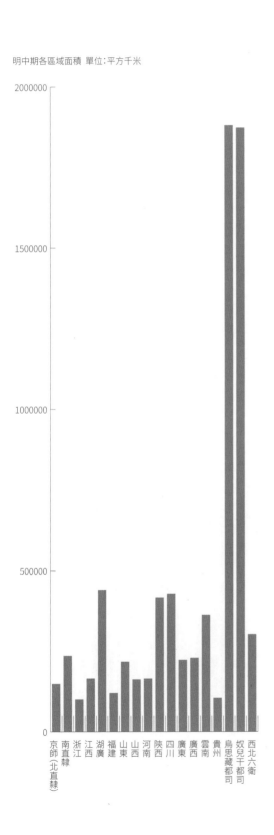

明中期各區域人口 單位：人

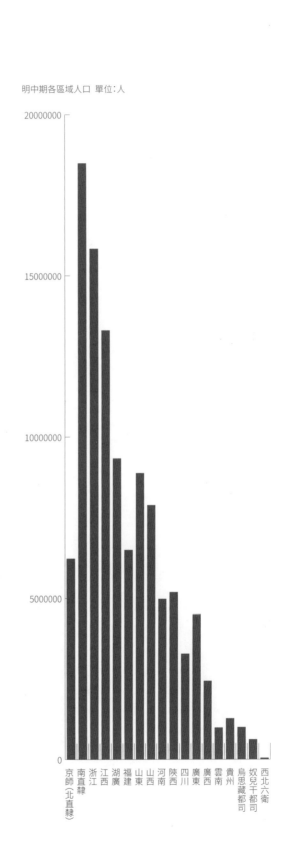

1368—1644

{ 明後期各區域面積及人口數量 }

明後期各區域面積 單位：平方千米

明後期各區域人口 單位：人

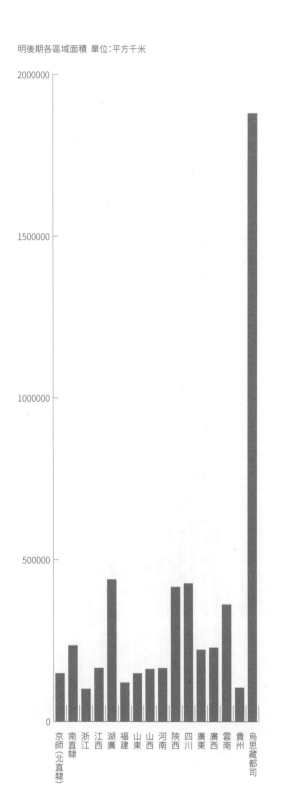

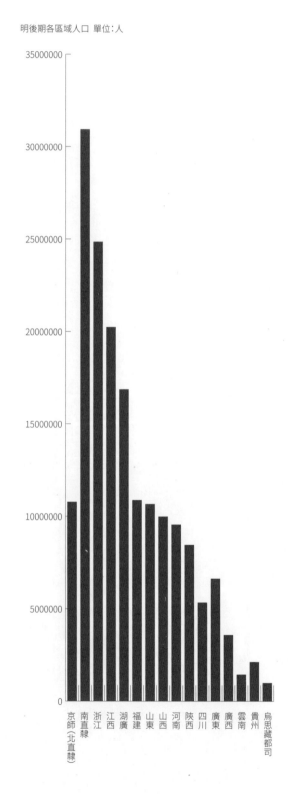

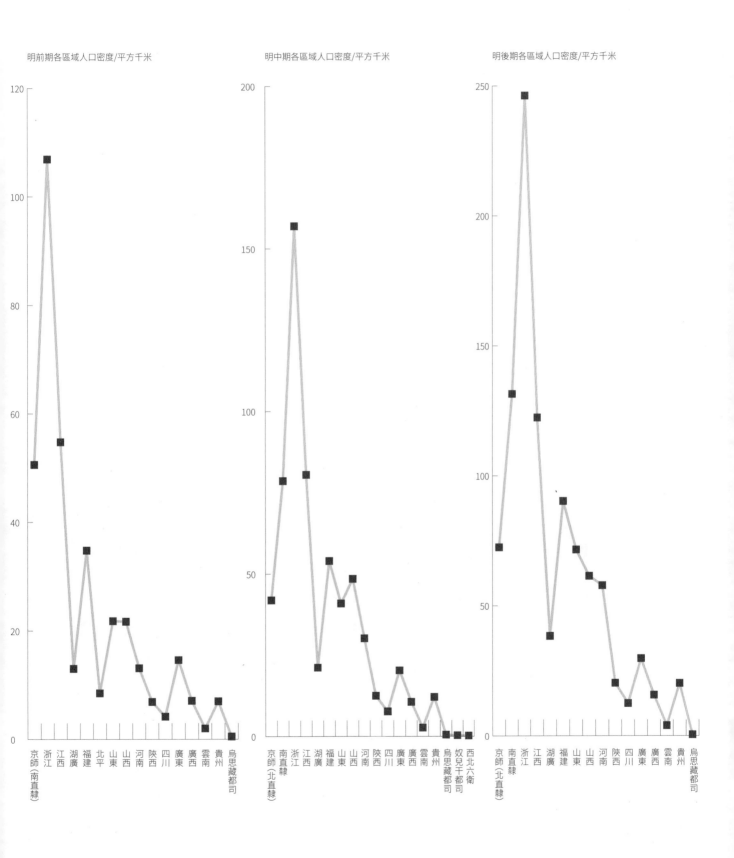

明前期各區域人口密度/平方千米

明中期各區域人口密度/平方千米

明後期各區域人口密度/平方千米

　　明代前期的農具形制基本繼承前朝，只出現了風力水車、代耕等若干種以機械代替人力，提高生產效率的零星發明，至中晚期才有一些運用西方機械原理製造的新型農具問世。風力水車以風力驅動龍骨車轉動，可以將水源不假人力運送至數里之外進行灌溉。代耕也叫作「木牛」，由兩個人字形支架和安有十字木橛的軸轆組成，每次三人操作，可以「一手而有兩牛之力」，具有省力、高效率的特點。這些機械化農具或許的確在一定範圍內投入使用，但鑒於當時的社會條件，傳統農具仍然是農民最普遍的生產工具。明代農具的進步主要體現在採用「生鐵淋口」的打造方法，利用熔化的生鐵作為熟鐵的滲碳劑，使熟鐵農具的刃口表面蒙上一定厚度的生鐵複層和滲碳層，不但方便、省時、成本低，而且韌性好、鋒刃快，經久耐用。

　　人口持續膨脹的壓力，使提高土地單位產量成為農業生產的重要任務，進而促進明代的農業種植技術日趨成熟。明代中後期，人們已經積累了豐富的土壤改良經驗，可以科學地治理鹽鹼地，如北直隸的「種稻洗鹽」法（引渠灌水，稀釋鹽鹼）；山東的「換土掘溝」法（挖溝換以好土）；甘肅隴中一帶建設「砂田」（深耕，底部鋪石砂壓鹼）等。另外，明代已經可以針對不同土壤施用不同肥料，同時廣泛使用廉價且肥力高的「榨油枯餅」（即榨油後剩餘的芝麻餅、棉籽餅等）。在防治病蟲害方面，則有調整播種時間、翻耕灌

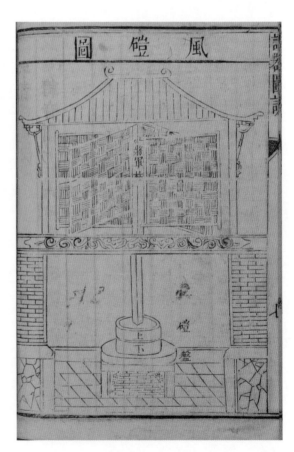

{ 明代王徵《新製諸器圖說》中的農具：鶴飲、風礁 }

溉、藥物拌種、葉面施藥、家禽捕蟲等方法。明朝人不僅普遍採取選育良種、輪播種植等手段提高土地利用效率，還嘗試進行生態養殖，比如吳人譚曉、譚照兩兄弟（"譚曉"又寫作"談參"），將窪地鑿為魚池，池上養豬、雞，牲畜糞便落入池中可餵魚；高地圍堰造田，田堰上栽種果樹，邊角隙地種植菜蔬，連田間的鳥類和昆蟲也可以捕獲發賣。美洲新作物在明代中晚期陸續傳入中國，高產耐病的玉米、番薯、馬鈴薯等作物很快流傳開來。據學者統計，明朝糧食平均畝產量可以達到 173 千克，比元朝增長了 2.4%。糧食單位產量的提升，又使得人們可以利用土地大量種植經濟作物。

{ 明代玉米、馬鈴薯、番薯的引進及傳播路徑示意圖 }

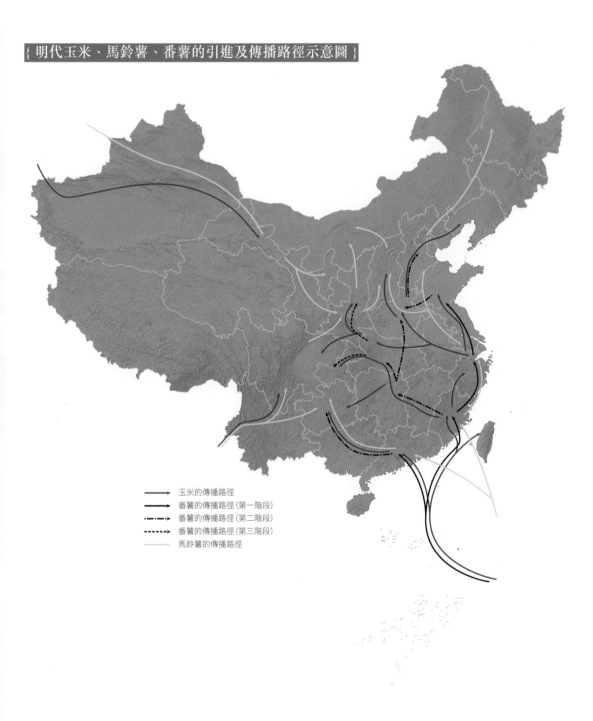

玉米的傳播路徑
番薯的傳播路徑（第一階段）
番薯的傳播路徑（第二階段）
番薯的傳播路徑（第三階段）
馬鈴薯的傳播路徑

BC 2100
BC 1900
BC 1700
BC 1500
BC 1300
BC 1100
BC 900
BC 700
BC 500
BC 300
BC 100
0
100
300
500
700
900
1100
1300
1500
1368—1644
1700
1900

{ 明 佚名絹本設色《鳥販圖》軸 }
這是明人所繪的鳥販圖，頗為寫實

手工產業

明代是中國傳統手工業發展史上的一座耀眼豐碑，不但產業規模、從業人數和產品數量空前龐大，生產技術和工藝水準也達到了相當成熟的水平。明代手工業興盛主要有三個原因：糧食單位產量的增加，使土地可以用於廣泛種植經濟作物，供應手工業所需原料；工匠服役制度發生轉變，冶礦等產業

允許私營，使民間手工業獲得了前所未有的發展空間；手工業為市場提供商品，刺激商業繁榮，商業需求轉而又推動了手工業生產。

中國古代的手工業除了官營手工作坊之外，一般作為家庭副業存在，工匠並非專職，產量難以形成規模；政府興辦的官營手工作坊則主要為皇室和官府等特權階級服務。明中晚期，私營作坊開始打破官營作坊的壟斷局面，大量專職手工業者應運而生，民間手工業水平大幅提高，陶瓷等商品的工藝水平甚至可以超過官營產品。

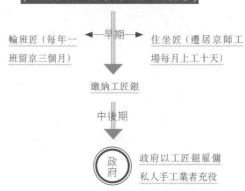

{ 明朝工匠服役規定的轉變 }

輪班匠（每年一班留京三個月）　　早期　　住坐匠（遷居京師工場每月上工十天）

繳納工匠銀

中後期

政府　政府以工匠銀雇傭私人手工業者充役

從地理角度而言，受到交通環境、運輸成本、儲存條件等因素的制約，明代手工業產地、原料產地（經濟作物種植區、礦產資源分佈區等）和交易市場三者間的距離十分接近，手工業者可以就近獲得生產原料，加工成商品後出售到附近的市場，由此再銷往各地。因此，手工業密集的區域，不但經濟作物的種植規模與之成正比，商品貿易也比較繁榮，逐漸自然形成工商業城鎮。

紡織業方面，價格低廉、結實柔韌的棉布取代了絲、麻，成為民眾主要的服裝原料，同時也是軍需物品，棉紡織業因此日益

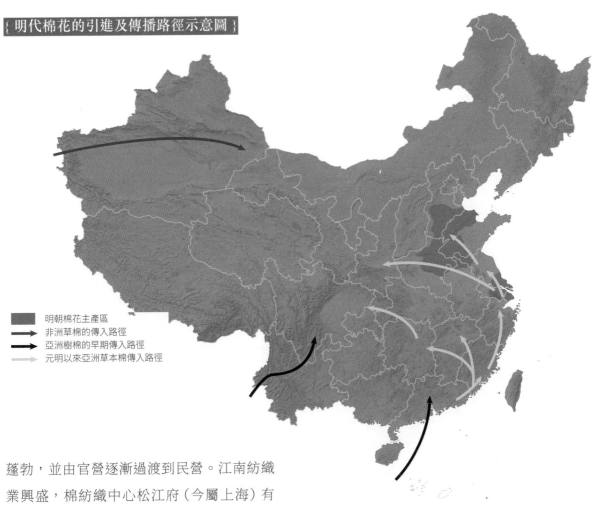

{ 明代棉花的引進及傳播路徑示意圖 }

■ 明朝棉花主產區
→ 非洲草棉的傳入路徑
→ 亞洲樹棉的早期傳入路徑
→ 元明以來亞洲草本棉傳入路徑

BC 2100
BC 1900
BC 1700
BC 1500
BC 1300
BC 1100
BC 900
BC 700
BC 500
BC 300
BC 100
0
100
300
500
700
900
1100
1300
1500
1368—1644
1700
1900

蓬勃，並由官營逐漸過渡到民營。江南紡織業興盛，棉紡織中心松江府（今屬上海）有一半土地種植棉花，棉花和棉布的產量都相當高，從業人員數量也十分龐大，有"買不盡松江布，收不盡魏塘紗"之稱（魏塘，今浙江嘉善）。

{ 青地西番蓮紋印花布 }
這是典型的明代印染棉布

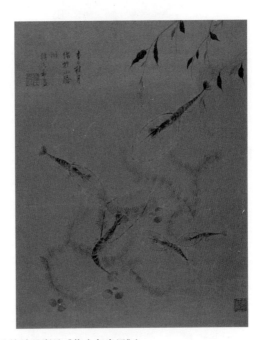

{ 韓希孟顧繡《花卉魚蟲冊》}
韓希孟是明代松江顧繡名家，其刺繡作品譽滿天下

陶瓷是明代手工業最具代表性的產品，其製作工藝獨步世界，深受各國追捧。明中期前，瓷器製作以官窯為主，永樂年間白瓷達到白釉的最高水平，同時以青花、釉裏紅最為精美。成化時偏重纖巧細膩，嘉靖到萬曆朝官窯多以燒製大型瓷器為主。明代中晚期，由於瓷器的需求量急劇增加，官窯工匠紛紛以銀代役，官窯逐漸被新興的民窯所超越。

景德鎮（今屬江西）在民窯中脫穎而出，成為全國製瓷業中心。這裏產出的"高嶺土"是燒製陶瓷的優質原料，工匠們對築窯技術進行改進，使窯內熱利用率和溫度分佈更為合理，提高了瓷器的質量，促進了製瓷技術的發展。生產的薄胎瓷器纖薄如紙，展現了精湛的製胎技藝。彩釉瓷器色澤絢麗，飽滿純正，成化朝創製的鬥彩工藝結合了釉上彩和釉下青花，堪稱彩瓷技術的一次飛躍。

{ 成化鬥彩雞缸杯 }

{ 青花荷塘小景圖蓋罐 }

{ 德化窯盤龍瓶 }

商業勃興

農業和手工業的發展推動了商業活動的繁盛，非農業人口不斷增加，商人數量迅速上升，萬曆年間"（商人）天下不知幾百萬矣"。商人分為兩類：客商沒有固定的店舖，往來於不同地區買賣商品；坐賈則定居一地，主要經營自己的店舖產業。由於大量新興商人並不具備離家遠行的經歷和經商的經

驗，明代出版了許多商書，教授經商的基本知識和技巧，包括計量方法、數學計算、商業道德以及孤身在外的安全指南。

除了國家專控物資之外，大量貨物經由走南闖北的商人在全國各地進行交易，形成了囊括流通樞紐城市、中等商業城鎮和農村集市的城鄉市場網絡體系。在城市和市鎮

{《南京繁會景物圖卷》局部 }

南京是明朝的陪都，全國第二大城市，也是秦淮河畔繁華的商業都會。此圖表現的就是明晚期南京商業繁華的景象

中，更是商賈雲集、店肆林立。這些城鎮或位於政治中心，或處在交通要道，或出產特色商品，紛紛乘着商品經濟的東風，成為居貨山積、車水馬龍的錦繡之地。

商品經濟的發達，引發了對貨物交換媒介——貨幣的大量需求，出現了銀幣為主、銅幣為輔的貨幣制度。明朝並不盛產白銀，官、私銀礦開採的產量難以滿足市場需要，對外貿易順差是白銀的主要來源，通過出口商品使外國的白銀源源不斷輸入中國。

明代中後期，逐漸形成了各具地方特色的商人集團，又稱商幫。商幫以地域為中心，以血緣、鄉誼為紐帶，以"相親相助"為宗旨，以會館、公所為其在異鄉的聯絡、計議之所，是一種既親密又鬆散的自發形成的商人羣體。商幫資本雄厚、人數眾多、經營廣泛，甚至壟斷某些行業，是商業領域中重要的活動力量，實力不可小覷。明代有十大商幫：山東、山西、陝西、洞庭、江右、寧波、龍游、福建、廣東、徽州。這些商幫中的商人，有遠涉重洋者；有"以布衣交天子"者；有"藏鏹百萬"、"宛如世家"者；有商、儒、政兼通者。他們經營的項目幾乎百業俱備，足跡遍及"山陬海涯"。

{ 明代工商業分佈示意圖 }

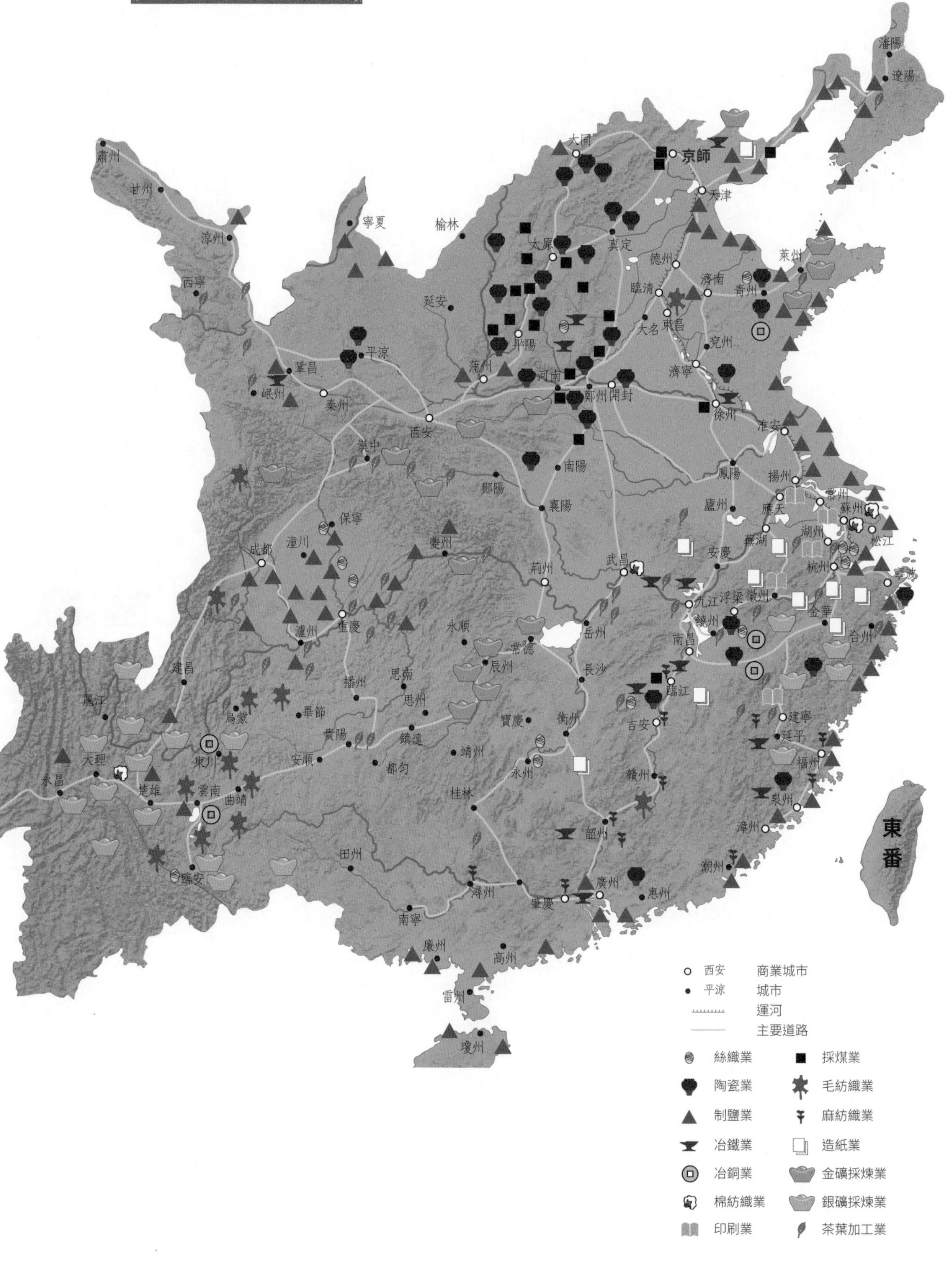

瀋陽
遼陽

蕭州
甘州
寧夏
榆林
大同
京師
天津
涼州
西寧
延安
太原
真定
德州
濟南
萊州
臨清
東昌
青州
兗州
平涼
岷州
秦州
蒲州
平陽
濟寧
徐州
鞏昌
河南
鄭州開封
淮安
西安
南陽
鳳陽
揚州
漢中
鄖陽
襄陽
廬州
應天
常州　蘇州
松江
荊州
武昌
安慶
蕪湖
湖州
杭州
寧波
保寧
夔州
永順
岳州
九江浮梁徽州
饒州
金華
台州
潼川
成都
盧州
重慶
常德
辰州
長沙
南昌
臨江
建寧
延平
瀘州
播州
思南
思州
寶慶
衡州
吉安
福州
建昌
畢節
鎮遠
永州
贛州
泉州
麗江
烏蒙
東川
貴陽
安順
都勻
靖州
漳州
大理
楚雄
曲靖
雲南
桂林
田州
韶州
潮州
惠州
臨安
南寧
海州
廣州
肇慶
永昌
廉州
高州
雷州
瓊州

東番

圖例

○ 西安	商業城市
● 平涼	城市
⋯⋯⋯	運河
──	主要道路

符號	行業	符號	行業
絲織業		採煤業	
陶瓷業		毛紡織業	
制鹽業		麻紡織業	
冶鐵業		造紙業	
冶銅業		金礦採煉業	
棉紡織業		銀礦採煉業	
印刷業		茶葉加工業	

{ 明代大運河示意圖 }

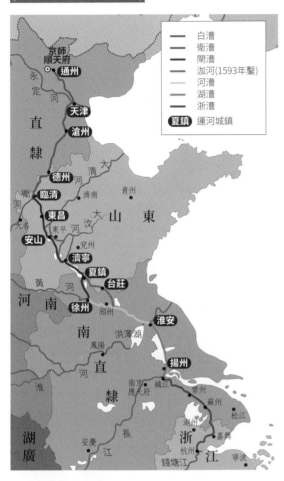

圖例：
- 白漕
- 衛漕
- 閘漕
- 㳂河(1593年鑿)
- 河漕
- 湖漕
- 浙漕
- 夏鎮　運河城鎮

{ 明代湖廣各府的市鎮數量分佈示意圖 }

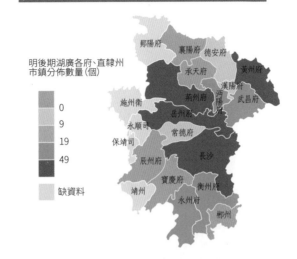

明後期湖廣各府、直隸州
市鎮分佈數量(個)

- 0
- 9
- 19
- 49

缺資料

{ 明代南直隸各府的市鎮數量分佈示意圖 }

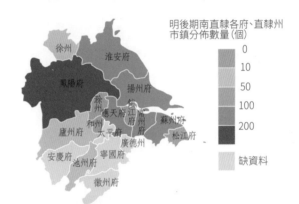

明後期南直隸各府、直隸州
市鎮分佈數量(個)

- 0
- 10
- 50
- 100
- 200

缺資料

{ 明代的貨幣 }

特點		流通度
攜帶方便，面值分為大小六種	紙幣	因不斷貶值，在明中期被逐漸淘汰
相對貴重，價值穩定，不易損壞，又便於分割	銀幣	作為主要貨幣使用。明代中後期賦稅貨幣化，賦役也可折銀代替，白銀流通更加廣泛
面值小，重量較銀幣輕	銅幣	一直作為輔幣使用

{ 金花銀 }

從正統年間起，江南田賦改為折銀徵收，稱為"金花銀"，這是萬曆年間福建上繳戶部的五十兩銀錠

{ 大明通行寶鈔 }

BC 2100
BC 1900
BC 1700
BC 1500
BC 1300
BC 1100
BC 900
BC 700
BC 500
BC 300
BC 100
0
100
300
500
700
900
1100
1300
1500
1368—1644
1700
1900

{明代驛路示意圖}

瀋陽中衛
遼東鎮

肅州衛
甘肅鎮
涼州衛
西寧衛
蘭州
臨洮府
鞏昌府
岷州衛
松潘衛
建昌衛
麗江府
永昌府
大理府
楚雄府　雲南府
曲靖府
廣西府
元江府　臨安府
南寧府
廉州府

寧夏衛
固原州
平涼府
鳳翔府
鳳州
漢中府
廣元縣
綿州
保寧府
潼川州　順慶府
成都府
廣安州
嘉定州
瀘州
敍州府
烏蒙府
畢節衛
東川府
貴陽府
安順州
廣西府

韋州所
延安府
慶陽府
鄜州
西安府
鄖陽府
夔州府
重慶府
永順宣慰司
播州宣慰司
思南府
思州府
鎮遠府
都勻府
靖州
思恩府

太同府　宣府鎮　京師　山海衛
朔州
岢嵐州　代州
涿州
太原府　真定府　河間府　天津衛
綏德州
汾州　沁州　德州　臨清州　濟南府
延安府　平陽府　潞安府　彰德府　東昌府
澤州　衛輝府　大名府
懷慶府　濟寧州
河南府　鄭州　開封府　歸德府　徐州
南陽　汝寧府　鳳陽府　淮安府
襄陽府　廬州府　揚州府
武昌府　安慶府　應天府　鎮江　常州府　蘇州府
荊州府　巢湖縣　松江府
岳州府　九江府　湖州府　嘉興府
常德府　南昌府　徽州府　杭州府　寧波府
辰州府　長沙府　瑞州府　衢州府　金華府
寶慶府　衡州府　臨江府　廣信府　邵武府　台州府
永州府　建昌府　建寧府　溫州府
桂林府　郴州　延平府
贛州府　汀州府　福州府
韶州府　程鄉縣　泉州府
梧州府　潮州府
潯州府　廣州府　惠州府
肇慶府
高州府
雷州府
瓊州府

登州府
萊州府
青州府
兗州府

東番

主要道路

萬曆十五年 (1587年)

{ 明代商幫 }

代表性起家方式 / 商幫主要特色

徽州
- 開中販鹽
- 經商成風、實力雄厚

山西
- 開中販鹽
- 儉樸勤勞、尊崇關公

陝西
- 開中販鹽
- 勇於冒險、不懼辛勞

廣東
- 海商、牙商國內外市場的中介者

福建
- 海商
- 亦商亦盜、山海兼顧

江右
- 糧食、茶、瓷、布匹
- 個體經營為主、商業資本分散、小商小賈眾多

山東
- 糧食、棉花、果物
- 誠信經營、保守致富

寧波
- 海商、藥材、成衣
- 靈活調整經營項目、敢於涉足新興行業

龍游
- 紙、書、珠寶
- 轉型投資手工產業、吸收外地商幫經驗、重視文化教育事業

洞庭
- 茶、絲、棉、果物
- 善於變革觀念、開拓嶄新局面

{ 明代商幫分佈示意圖 }

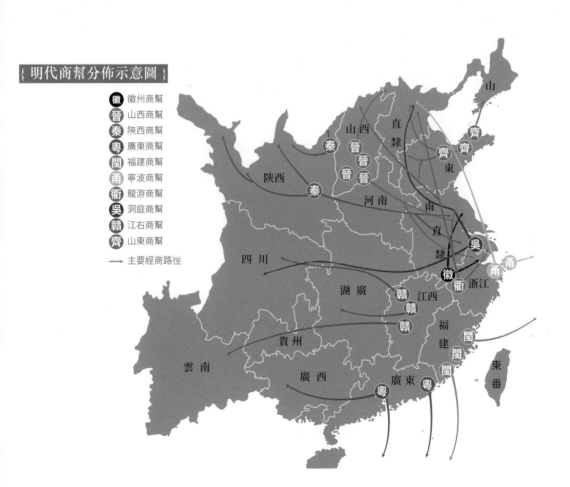

徽 徽州商幫
晉 山西商幫
秦 陝西商幫
粵 廣東商幫
閩 福建商幫
甬 寧波商幫
衢 龍游商幫
吳 洞庭商幫
贛 江右商幫
齊 山東商幫
→ 主要經商路徑

BC 2100
BC 1900
BC 1700
BC 1500
BC 1300
BC 1100
BC 900
BC 700
BC 500
BC 300
BC 100
0
100
300
500
700
900
1100
1300
1500
1368－1644
1700
1900

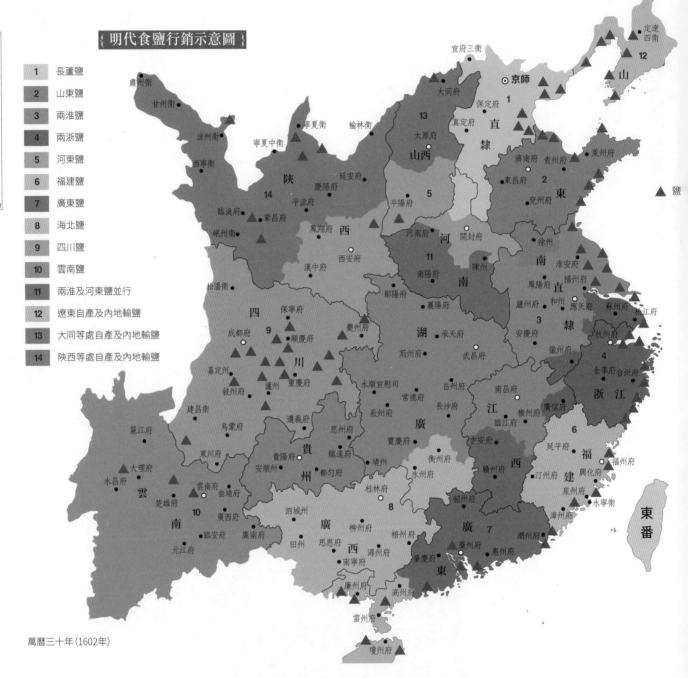

{ 明代食鹽行銷示意圖 }

1 長蘆鹽
2 山東鹽
3 兩淮鹽
4 兩浙鹽
5 河東鹽
6 福建鹽
7 廣東鹽
8 海北鹽
9 四川鹽
10 雲南鹽
11 兩淮及河東鹽並行
12 遼東自產及內地輸鹽
13 大同等處自產及內地輸鹽
14 陝西等處自產及內地輸鹽

萬曆三十年（1602年）

縱觀明代富商巨賈的起家史，通常都和鹽業脫不開干係。鹽是人們日常生活必不可少的調味品，販鹽歷來是獲利豐厚的行業，因此食鹽的販賣權往往被國家所壟斷控制。明初實行軍屯制，希望讓軍隊自己耕種生產所需糧草，然而效果並不符合預期，於是增設商屯制以解決北邊軍鎮糧餉供應。商屯的一項重要手段就是實行"開中法"，即有限度地向商人開放食鹽專賣權，讓商人運糧實邊，只要把糧食運到邊境糧倉，便可向政府換取販買食鹽的專利執照——"鹽引"，然後憑鹽引前往指定鹽場支取食鹽，再去政府准許的地區銷售。明朝各地均有鹽商，其中山西、陝西兩地靠近北方邊境，徽州毗鄰兩淮、兩浙鹽場。這三地的鹽商不但從業人數多，產業規模也比較大，實力非他處可比。

市人文化

文化的走向和時代的進程總是息息相關、互為映襯，任何時代特性都可以透過文化表徵得到準確的體現，任何文化現象也可以找到與之對應的時代背景。一個朝代的文化領域就是這一時期歷史的縮影，它的發展、變遷和風貌共同書寫出了一部鮮活生動的斷代史。

在商品經濟活躍和市鎮興起的刺激下，明朝不僅具有中國古代以上層文人士大夫為文化主流的普遍特徵，下層民間市井文化的影響力也不斷加強，在兩者之間還互有滲透。

由文人士大夫執掌的文壇，歷來是文化領域的中流砥柱，也是上層士人文化的顯著標誌。明代前期，以應制詩為主的館閣體大行其道，後來興起的文學流派都以反對這種空洞萎靡的文風為旗幟之一。中期出現了倡導"擬古"的復古派和與之抗衡的唐宋派，二者都開始提倡抒發個人思想和情感。後期的公安派和竟陵派文人，則進一步將直抒胸臆作為首要目標。明代文壇總體呈現出個人訴求逐漸加強，從單一化向多元化過渡的態勢，而且以中期為分界點，前後的情形迥然相異。這一特徵在其他文化形式的發展史上均有所體現，並幾乎同步於社會經濟發展，即成化後為之一變，正德、嘉靖後為之巨變。

空前興盛的商品經濟，帶動市鎮大量興起，城市吸引外來人口紛紛湧入，各個行業、

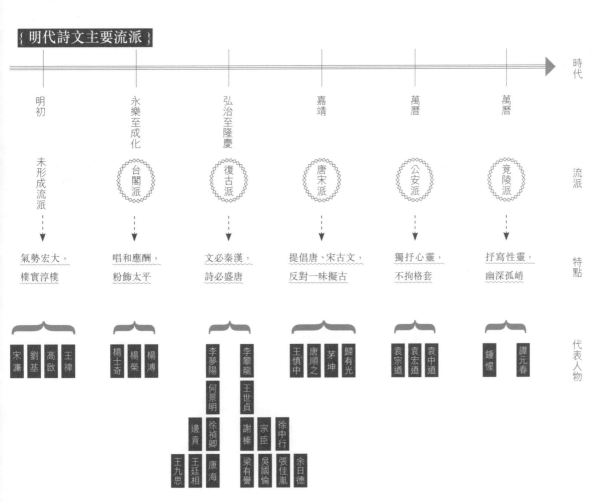

{ 明代詩文主要流派 }

						時代
明初	永樂至成化	弘治至隆慶	嘉靖	萬曆	萬曆	
未形成流派	台閣派	復古派	唐宋派	公安派	竟陵派	流派
氣勢宏大，樸實淳樸	唱和應酬，粉飾太平	文必秦漢，詩必盛唐	提倡唐、宋古文，反對一味擬古	獨抒心靈，不拘格套	抒寫性靈，幽深孤峭	特點

代表人物：
- 明初：宋濂、劉基、高啟、王禕
- 台閣派：楊士奇、楊榮、楊溥
- 復古派：李夢陽、何景明、邊貢、王九思；李攀龍、王世貞、徐禎卿、謝榛、宗臣、徐中行、王廷相、梁有譽、吳國倫、張佳胤、康海、余曰德
- 唐宋派：王慎中、唐順之、茅坤、歸有光
- 公安派：袁宗道、袁宏道、袁中道
- 竟陵派：鍾惺、譚元春

BC 2100
BC 1900
BC 1700
BC 1500
BC 1300
BC 1100
BC 900
BC 700
BC 500
BC 300
BC 100
0
100
300
500
700
900
1100
1300
1500
1368—1644
1700
1900

階層的人紛紛移居城市成為市人（也稱市民），當時北京、南京、蘇州、杭州、開封等大城市的人口，都接近或超過一百萬；中等城市的人口約三十至五十萬；小城市的人口也多在十萬上下。市人羣體主要以從事工商業者為主，這些人普遍具有一定經濟基礎和文化水平，並且尋求物質與精神的雙重享受，不但促進了城市的繁榮，還推動明朝社會和文化發生了轉變。明後期的文人曾經廣泛討論過正德、嘉靖前後社會風氣的變化，一般認為有逐利、縱慾、僭越和不守婦道四大要點，影響其形成的內在因素可以歸結為受到商品經濟的刺激和對傳統的反叛。

明代文化不僅和經濟發展的步調一致，而且其地理重心也基本重合，都是以南北兩京為中心、江浙為先驅。明代大部分文人都出

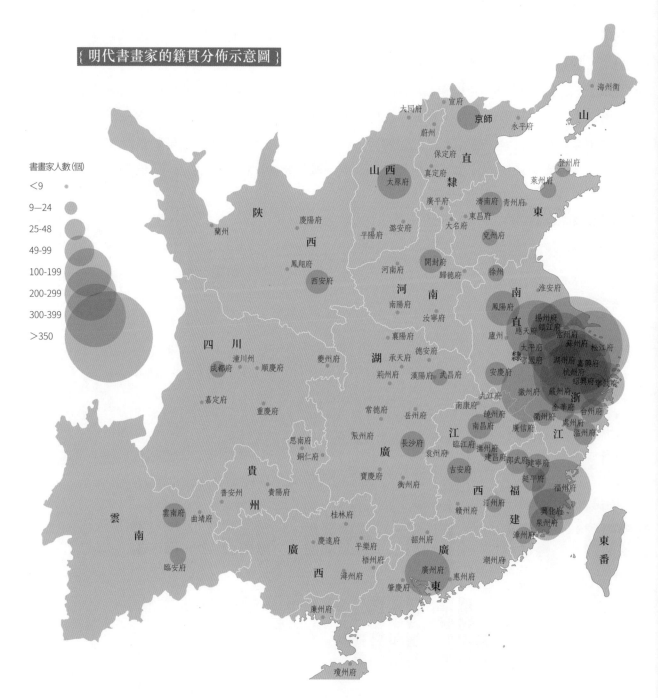

{ 明代書畫家的籍貫分佈示意圖 }

書畫家人數(個)

<9
9—24
25-48
49-99
100-199
200-299
300-399
>350

自這些經濟發達、市鎮密集的地區，因此不難推斷，這一時期有相當數量的文人士大夫生活在城市中，兼具文人與市人的雙重身份。

以市民文化為主體的民間文化在明朝的影響力日益增加，他們不僅是生活娛樂的主要受眾，也成為文藝作品描繪的對象。明代達到了小說發展的歷史高峰，長篇章回小說取得了突出成就。中國古代"四大名著"中，《三國演義》《水滸傳》《西遊記》都成書於此時，和《金瓶梅》並稱為"明代四大奇書"。此外，還有短篇話本及擬話本，如著名的"三言二拍"。明代小說除了傳統的歷史、神怪、公案和言情題材之外，在中期以後還出現了描繪市人日常生活的世情小說，市人從此成為文藝作品中的主人公類型之一，富商大賈或城市平民漸漸取代了帝王將相、才子佳人的角色。

{ 陳奕禧題《西遊記》圖冊 }

晚明人陳奕禧以圖畫配上簡單的文字來表現《西遊記》故事情節，更具可讀性和觀賞性

{ 袁尚統《曉關舟擠圖》軸 }

蘇州是江南商貿繁華的城市，也是文人文化與市民文化繁榮之地。此圖生動再現了清晨蘇州閶門（西水門）群舟爭渡、人聲熙攘的熱鬧場面

崑曲在明代的興盛過程，折射出了市民文化與文人文化之間的互動關係。明代的戲曲以傳奇戲為主，誕生於南方地區的"南戲"逐漸取代了宋元"北曲"在民間的流行地位。嘉靖年間，魏良輔等人將南戲中的崑山腔改造成宛轉舒緩的"水磨腔"，也就是崑腔，使民間曲調文人化，為其登上大雅之堂奠定了基礎。隨後，梁辰魚將崑腔運用於戲曲中，崑腔漸漸成為戲曲的主流曲調。萬曆年間，崑腔被正式定為"官腔"，同時期湧現了湯顯祖、沈璟兩位成就顯著的傳奇戲作家，他們分別開創了"臨川派"和"吳江派"兩大流派。湯顯祖的作品劇情生動，注重表現人物

BC 2100
BC 1900
BC 1700
BC 1500
BC 1300
BC 1100
BC 900
BC 700
BC 500
BC 300
BC 100
0
100
300
500
700
900
1100
1300
1500
1368—1644
1700
1900

的真實性情，反對理學束縛，代表作《紫釵記》《牡丹亭還魂記》《南柯記》《邯鄲記》並稱"臨川四夢"；沈璟則主張講究聲律，雕琢語言，更偏向戲曲文學創作。

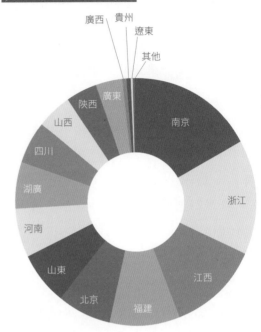

{ 明代進士省籍分佈 }

{ 考試橫軸 }
這幅明代畫作，表現的是貢院內科舉考試的場景

{ 文徵明《樓居圖》軸 }
文徵明是明代中葉著名書畫家，吳門（蘇州）畫派的代表人物。作為"吳中四才子"之一，他的書畫作品不但在文人中影響極大，普通市民亦十分喜愛

社會變容

明代中後期的商品經濟蓬勃興盛，促使士、農、工、商的階層局限被打破，人們不再被禁錮於土地上，大量人口脫離原籍向全國各地流動。這些人羣主要有三個去處，一是出海，成為海盜或者海商；二是湧入新興城市從事工商業；三是去往各省邊界的山區，部分人發展成具備武裝力量的土匪。流民問題日益加劇，使明朝穩定的社會秩序發生了前所未有的改變。

陽明心學和鄉約制度在此時應運而生，其開宗者王守仁（1472—1529 年）字伯安，別號陽明，浙江餘姚人。正德十二年（1517年）起，他奉命維持江西省南部至福建省的山區的治安，巡撫地形險峻、匪盜頻發的南

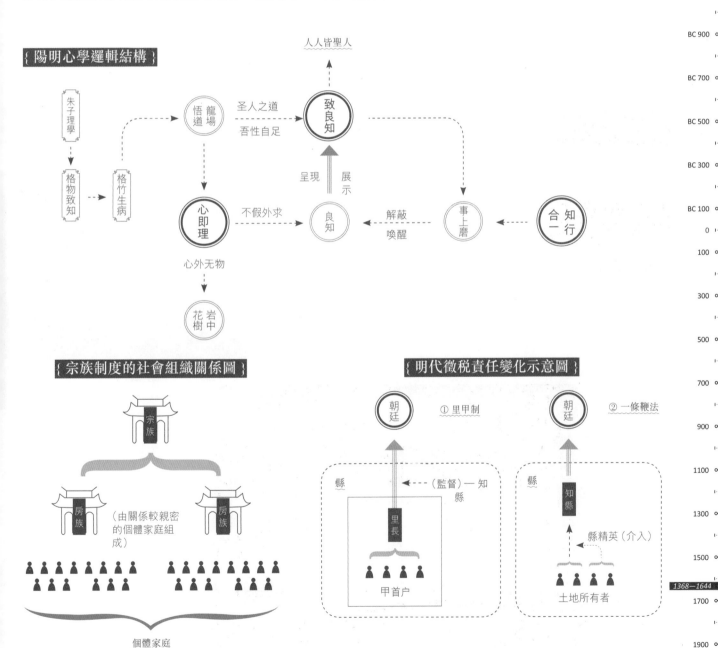

BC 2100
BC 1900
BC 1700
BC 1500
BC 1300
BC 1100
BC 900
BC 700
BC 500
BC 300
BC 100
0
100
300
500
700
900
1100
1300
1500
1368—1644
1700
1900

（安）贛（州）汀（州）漳（州）四府。

在平定流寇的過程中，王守仁逐漸創立了自己的哲學流派——陽明心學。明代前期延續了宋元的理學思潮，以"程朱理學"為思想界主流，追求"存天理，滅人慾"。陽明心學則主張"心即理"，也就是心中自有理在，使形成社會秩序的責任不再僅限於士大夫階層，而是擴展到埋首生計的廣大人羣，推動人們意識到內心所認可的道德規範，自發形成良好的社會秩序。

匪患平定後，王守仁將投降的土匪編入當地社會。有感於里甲制鬆弛後基層行政管理缺失的弊端，他制定了《南贛鄉約》作為維持明代基層社會秩序的範本。鄉約就是農村的規約，同時也是其成員構成的民間社會組織。鄉民自發編成鄉約，推有德之人為約長，對成員進行管理。王守仁提出的鄉約範本被各個地區紛紛效仿，鄉約逐漸取代了里老人制，開始承擔維護秩序、處理糾紛的責任，起源於宋代的鄉約制度在明朝再度復興。

基層行政系統逐漸鬆弛，促使民間社會組織的發展日益成熟。明朝晚期，維持家族內部秩序的宗族制度趨於完善。以血緣關係聯繫的個體家庭聚族而居，由族長進行管理。宗族建立祠堂，修撰家譜，訂立族規，形成了尊卑有序、團結互助的家族體制，對明代以降的社會生活產生了深遠影響。

{ 許國石坊 }

許國（1527—1596）是嘉靖年間進士，萬曆時做到內閣大學士，因平定金川叛亂有功，被皇帝褒獎。後在其家鄉徽州建造了這座牌坊，成為整個宗族的榮耀

{ 依庸堂 }

在王守仁的影響下，書院在明代中葉復興，其中最著名的莫過於晚明的東林書院。東林書院依庸堂的對聯"風聲雨聲讀書聲聲聲入耳""家事國事天下事事事關心"是中國士大夫的信念

【參考文獻】

【1】《明實錄》，"中央研究院"歷史語言研究所影印本，1982 年。

【2】《明史紀事本末》，(清)谷應泰撰，中華書局，1977 年。

【3】《明史》，(清)張廷玉編纂，中華書局，1974 年。

【4】《中國歷史地圖集(二冊)》，程光裕、徐聖謨編，台北中華文化出版事業委員會，1955 年。

【5】《中國歷史地圖集》第七冊《元明時期》，譚其驤主編，中國地圖出版社，1982 年。

【6】《中國史稿地圖集(下冊)》，郭沫若主編，中國地圖出版社，1990 年。

【7】《劍橋中國明代史》，[英]崔瑞德、[美]牟復禮編，張書生等譯，中國社會科學出版社，1992 年。

【8】《明代人口流動與社會變遷》，牛建強著，河南大學出版社，1997 年。

【9】《中國移民史·第五卷·明時期》，曹樹基著，福建人民出版社，1997 年。

【10】《明代文化志》，商傳撰，上海人民出版社，1998 年。

【11】《中國人口史·第四卷·明時期》，曹樹基著，復旦大學出版社，2000 年。

【12】《劍橋插圖中國史》，[美]伊佩霞著，趙世瑜等譯，山東畫報出版社，2001 年。

【13】《中華文明傳真·明：興與衰的契機》，王莉編著，上海辭書出版社，2001 年。

【14】《明史講義》，孟森著，上海古籍出版社，2002 年。

【15】《明史》，湯綱、南炳文著，上海人民出版社，2003 年。

【16】《縱樂的困惑：明代的商業與文化》，[加]卜正民著，方駿等譯，生活·讀書·新知三聯書店，2004 年。

【17】《中國古代史》，朱紹侯、張海鵬、齊濤主編，福建人民出版社，2004 年。

【18】《明代社會生活史》，陳寶良著，中國社會科學出版社，2004 年。

【19】《明代農業經濟與農村社會》，高壽仙著，黃山書社，2006 年。

【20】《中國戰爭史地圖集》，中國人民革命軍事博物館編著，星球地圖出版社，2007 年。

【21】《中華文明史稿》，王玉德著，崇文書局，2008 年。

【22】《國史概要(第 4 版)》，樊樹志著，復旦大學出版社，2010 年。

【23】《中國歷史農業地理》，韓茂莉著，北京大學出版社，2012 年。

【24】《海與帝國：明清時代》，[日]上田信著，高瑩瑩譯，廣西師範大學出版社，2014 年。

【25】《中國歷史新編·古代史卷(下)》，張豈之主編，高等教育出版社，2014 年。

BC 2100
BC 1900
BC 1700
BC 1500
BC 1300
BC 1100
BC 900
BC 700
BC 500
BC 300
BC 100
0
100
300
500
700
900
1100
1300
1500
1368—1644
1700
1900

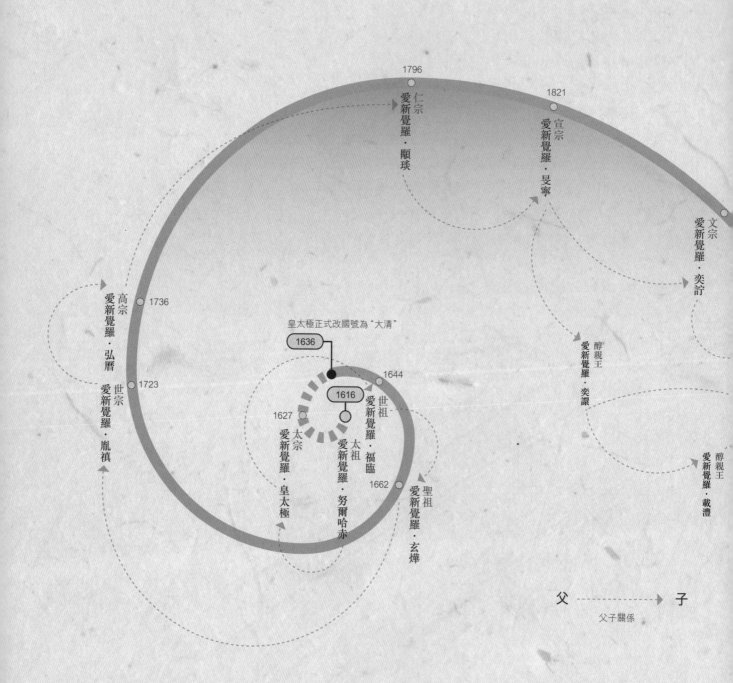

1796
仁宗
愛新覺羅·顒琰

1821
宣宗
愛新覺羅·旻寧

文宗
愛新覺羅·奕詝

醇親王
愛新覺羅·奕譞

醇親王
愛新覺羅·載灃

1736
高宗
愛新覺羅·弘曆

1723
世宗
愛新覺羅·胤禛

皇太極正式改國號為"大清"

1636

1616

1644
世祖
愛新覺羅·福臨

1627
太宗
愛新覺羅·皇太極

太祖
愛新覺羅·努爾哈赤

1662
聖祖
愛新覺羅·玄燁

父 ------► 子

父子關係

滿族起於白山黑水之間，自崇德元年皇太極改國號為"大清"，至宣統三年清帝頒佈遜位詔書，有清一代共歷 11 帝（努爾哈赤未稱帝，由皇太極追封為太祖），享國 276 年。

順治元年（1644 年）滿族入關，其建立的政權"清"取代"明"成為中國最後一個傳統王朝。清朝歷經三藩之役、收復台灣、平准入藏等戰爭，至乾隆末年形成了較為遼闊的疆域。東征西討之時，也是民族交流融合之際。清帝通過聯姻、冊封、木蘭秋獮、改土歸流多種手段增強了大一統與民族融合的態勢。

在清王朝建立和發展的過程中，皇權與中央集權也得以鞏固。在中央，清帝通過軍機處等機構統馭群臣，在地方上則推行督撫制度，晚清新疆、台灣、東北又陸續建省。隨着"攤丁入畝"稅制的改變，清代人口在中期有明顯地增長。乾嘉考據蔚然成風，朝廷修《古今圖書集成》《四庫全書》，又三修《一統志》，是為清代文化的標誌性成就。

自道光二十年（1840 年）鴉片戰爭開始，清王朝不斷受到內外侵擾，內有太平天國等運動，外有列強鯨吞疆土、強取特權，被動打開了"開眼看世界"之路。有識之士面對"三千年未有之變局"，競相向西方學習救國之道。迨於清末，皇權制度已成為挽救民族危亡的阻礙，終由辛亥革命推翻了清帝統治，結束了帝制時代，中華民族的歷史也進入到新的階段。

清

疆土丕基
西學東漸

1875

1909
1911

宣統帝
愛新覺羅·溥儀

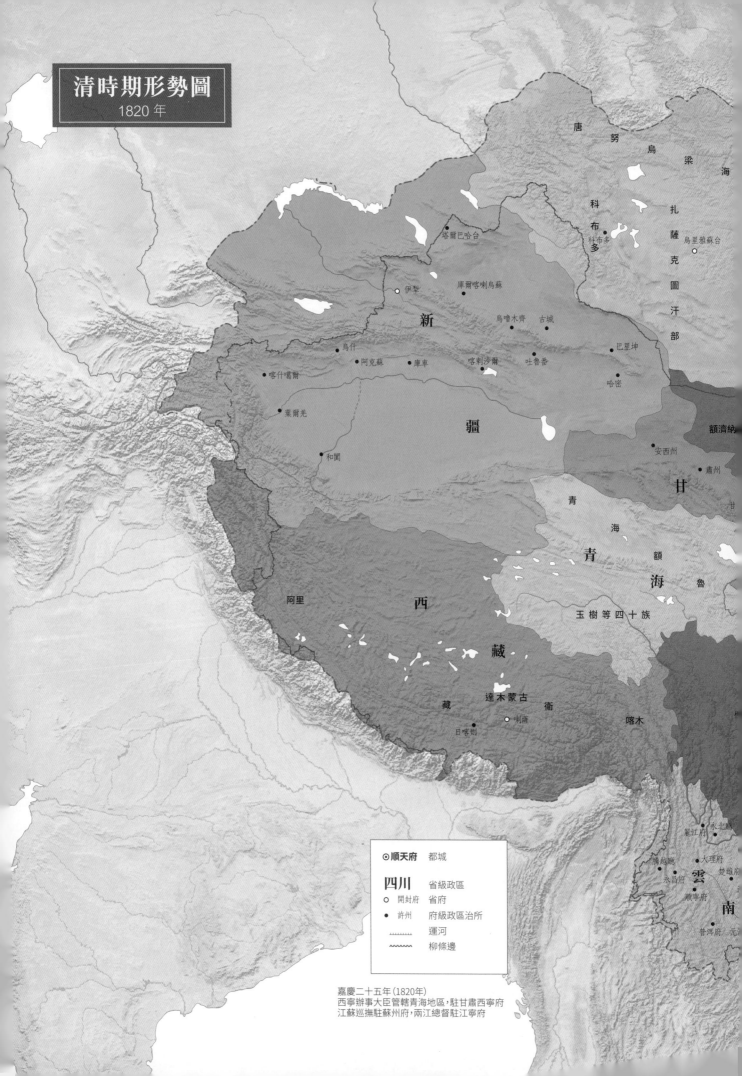

清時期形勢圖
1820 年

唐
努
烏
梁
海

扎
薩
克
圖
汗
部

科
布
多

烏里雅蘇台

塔爾巴哈台

庫爾喀喇烏蘇

伊犁

新

烏嚕木齊　古城

巴里坤

烏什

喀喇沙爾　吐魯番

哈密

阿克蘇　庫車

喀什噶爾

葉爾羌

安西州

額濟納

甘

肅州

和闐

青

海

額
魯

青

海

玉樹等四十族

阿里

西

藏

達木蒙古

衛

喀木

藏

喇薩

日喀則

永北廳

麗江府

騰越廳　大理府

楚雄府

永昌府　順寧府

雲

南

普洱府

◉順天府　都城

四川　省級政區

〇 開封府　省府

● 許州　府級政區治所

〜〜〜　運河

〜〜〜　柳條邊

嘉慶二十五年（1820年）
西寧辦事大臣管轄青海地區，駐甘肅西寧府
江蘇巡撫駐蘇州府，兩江總督駐江寧府

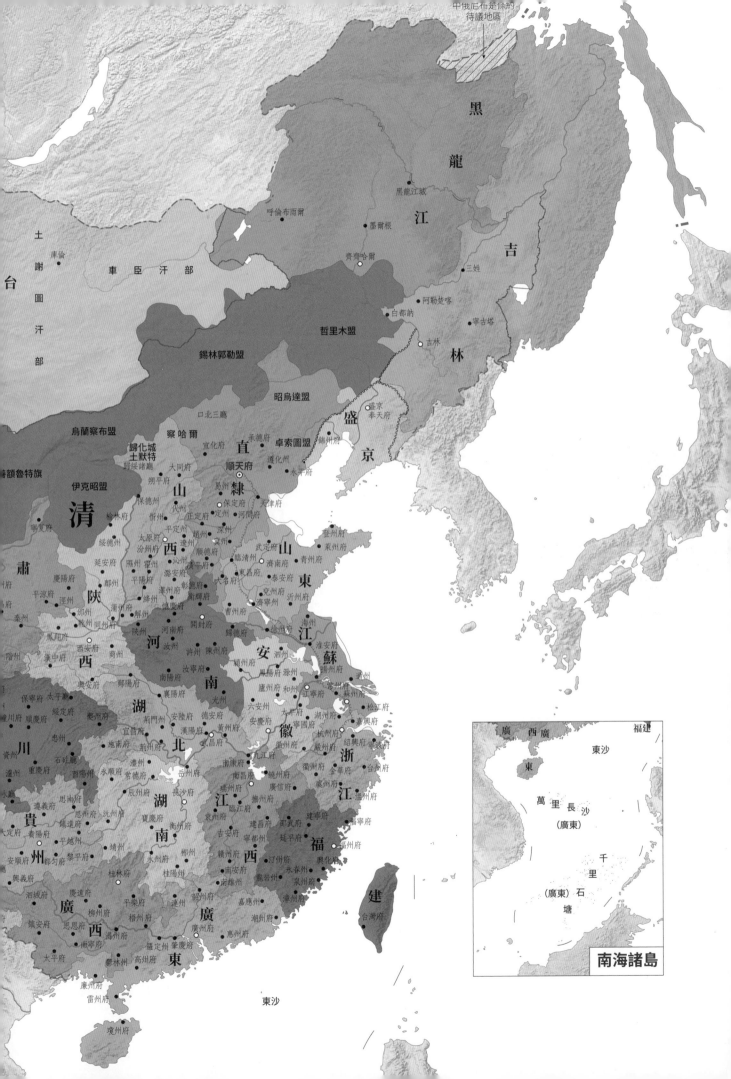

中俄尼布楚條約
待議地區

黑龍江

吉林

土謝圖汗部
庫倫

車臣汗部

呼倫貝爾

黑龍江城

墨爾根

齊齊哈爾

三姓

阿勒楚喀

哲里木盟

白都訥

寧古塔

吉林

錫林郭勒盟

昭烏達盟

盛京
奉天府

卓索圖盟

承德府

烏蘭察布盟

口北三廳

察哈爾

遵化州

錦州府

歸化城
土默特

宣化府

直

永平府

綏遠諸廳

大同府

順天府

隷

額魯特旗

伊克昭盟

朔平府

易州府

保定府

天津府

清

忻州

正定州

定州

河間府

寧夏府

榆林府

山

代州

趙州

深州

臨清州

登州府

綏德州

太原府

平定州

潞安府

東昌府

武定府

萊州府

肅

延安府

汾州府

沁州

彰德府

濟南府

青州府

山

慶陽府

陝

鄜州

隰州

平陽府

澤州

衛輝府

大名府

泰安府

沂州府

濟寧州

東

平涼府

邠州

同州府

解州

河南府

開封府

曹州府

徐州府

秦州

鳳翔府

西安府

商州

陝州

汝州

歸德府

淮安府

海

江

漢中府

西

河

許州

陳州府

泗州

州

蘇

階州

興安府

鄖陽府

南陽府

汝寧府

潁州府

鳳陽府

滁州

通州

保寧府

太平府

襄陽府

南

光州

廬州府

和州

江寧府

蘇州府

順慶府

綏定府

夔州府

荊門州

安陸府

德安府

六安州

太平府

松江府

川

忠州

宜昌府

湖

漢陽府

黃州府

安慶府

湖州府

嘉興府

石砫廳

重慶府

施南府

北

武昌府

九江府

南康府

寧國府

杭州府

紹興府

酉陽州

永順府

澧州

岳州府

饒州府

徽

浙

資州

辰州府

長沙府

南昌府

廣信府

衢州府

金華府

台州府

永寧

遵義府

思南府

沅州府

寶慶府

臨江府

撫州府

江

嚴州府

處州府

溫州府

貴

思州府

鎮遠府

靖州

衡州府

吉安府

建寧府

福寧府

平越州

黎平府

郴州

西

建昌府

武府

延平府

福州府

安順府

都勻府

南

永州府

贛州府

寧都州

福

興化府

貴

興義府

慶遠府

桂林府

桂陽州

南安府

汀州府

永春州

泉州府

嘉應州

州

泗城府

柳州府

平樂府

連州

龍巖州

漳州府

廣

鎮安府

恩恩府

梧州府

郁州府

韶州府

潮州府

太平府

南寧府

鬱林州

高州府

肇慶府

惠州府

西

東

建

廉州府

雷州府

瓊州府

台灣府

南海諸島

廣
西

廣
東

福建

東沙

東

萬
里

長
沙
(廣東)

千
里
(廣東)
石
塘

東沙

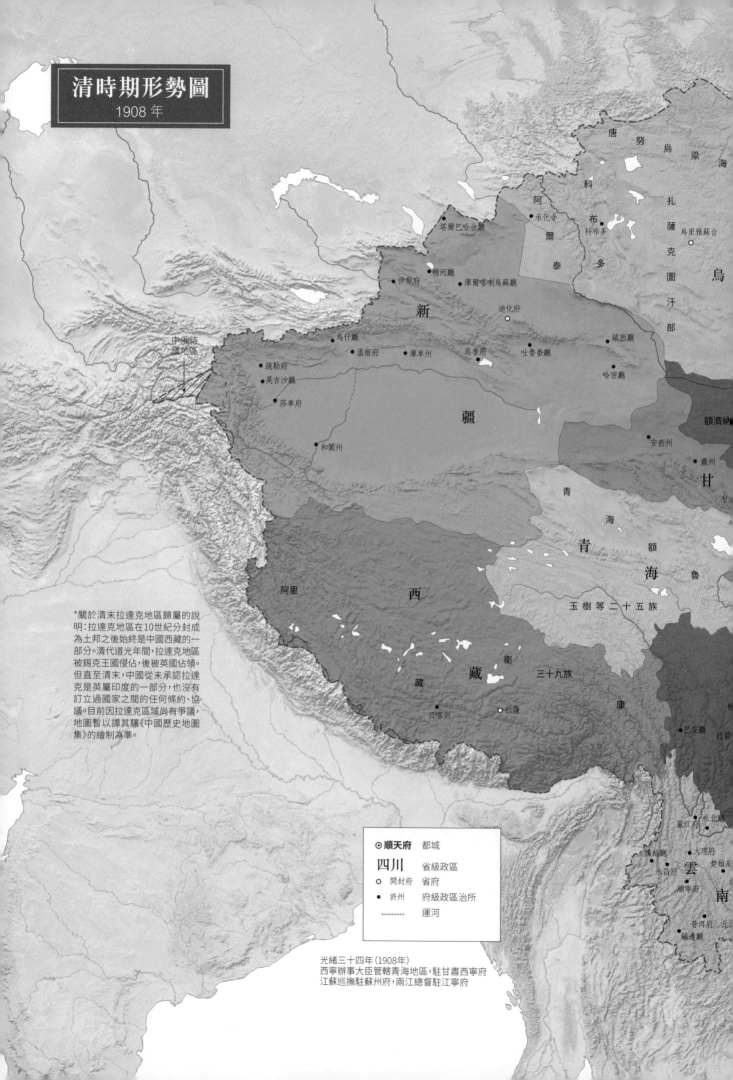

清時期形勢圖
1908 年

唐　努　烏　梁　海

科　布　多

阿　爾　泰

烏　里　雅　蘇　台 ⊙

扎　薩　克　圖　汗　部

烏

阿　承化寺

布　爾

•科布多

•塔爾巴哈台廳

•精河廳

•伊犁府

•庫爾喀喇烏蘇廳

新

•迪化府

•鎮西廳

中俄待議地區

•烏什廳

•溫宿府

•庫車州

•焉耆府

•吐魯番廳

•疏勒府

•英吉沙廳

•莎車府

疆

•哈密廳

額濟納

•和闐州

甘

•安西州

•肅州

青　海、

青

額

海

魯

玉　樹　等　二　十　五　族

阿里

西

*關於清末拉達克地區歸屬的說明：拉達克地區在10世紀分封成為土邦之後始終是中國西藏的一部分。清代道光年間，拉達克地區被錫克王國侵佔，後被英國佔領。但直至清末，中國從未承認拉達克是英屬印度的一部分，也沒有訂立過國家之間的任何條約、協議。目前因拉達克區域尚有爭議，地圖暫以譚其驤《中國歷史地圖集》的繪制為準。

藏

衛

三十九族

康

藏

•日喀則

⊙拉薩

•巴安廳

•打箭

•麗江府

•永北廳

•騰越廳

•大理府

•楚雄府

•永昌府

•順寧府

雲

南

•普洱府

•元江

•鎮邊廳

⊙順天府	都城
四川	省級政區
○ 開封府	省府
• 許州	府級政區治所
⋯⋯⋯	運河

光緒三十四年 (1908年)
西寧辦事大臣管轄青海地區，駐甘肅西寧府
江蘇巡撫駐蘇州府，兩江總督駐江寧府

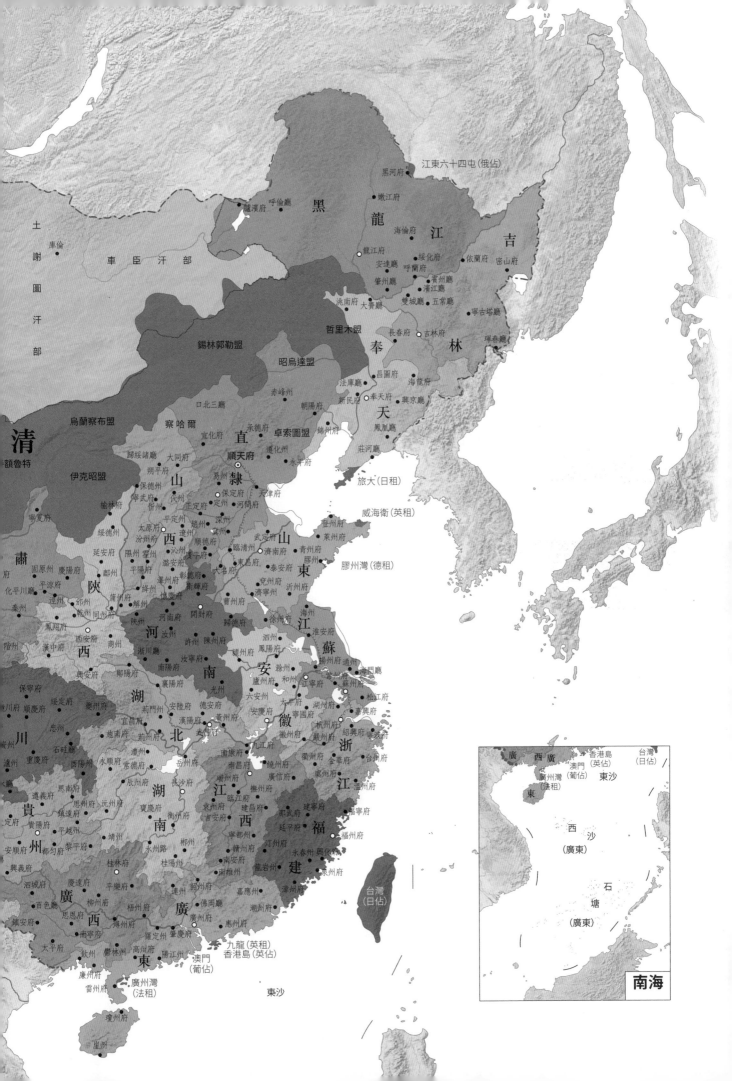

壹 盛清時代

◎六合同風　◎皇權頂峰　◎康乾盛世

{努爾哈赤}
1559—1626 年，清王朝的奠基者，後金開國之君

六合同風

中國最後一個傳統王朝的建立者是來自東北的滿人。明朝永樂年間（1403—1424年），明廷置"奴兒干都司"，並設建州衛，以羈縻衛所管轄女真故地。此時，女真已分為三部：建州女真、海西女真與野人女真。建州女真原居今黑龍江北岸，後遷徙至明朝邊境，與明廷開展朝貢、馬市等貿易，經濟發展較快。滿人即來自於建州女真。

努爾哈赤，愛新覺羅氏，是清王朝的奠基者，其先祖為建州左衛世襲指揮使。明萬曆十一年（1583 年），努爾哈赤宣佈起兵，開始統一女真各部。1616 年，努爾哈赤在赫圖阿拉城（今遼寧省新賓縣永陵鎮）建立"後金"政權，同時還建立了兵民合一的八旗制度，並創製了老滿文。

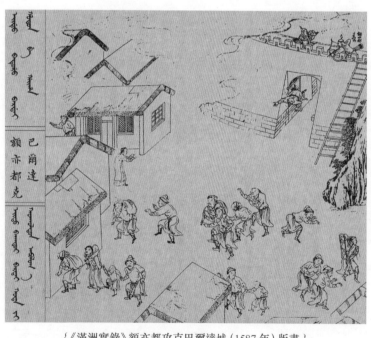

{《滿洲實錄》額亦都攻克巴爾達城（1587 年）版畫}

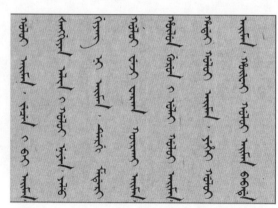

{滿文}
努爾哈赤命人根據蒙古字母改製了滿文，其子皇太極時，又加以改良

1618 年，努爾哈赤以"七大恨"告天，公開起兵攻明，並於 1621 年遷都於遼陽。1626 年，努爾哈赤攻寧遠衛（今遼寧省興城市）未果，不久去世。繼任的皇太極更加注重吸收漢族文化，於 1636 年 5 月稱帝，改國號為"大清"，改族名為"滿洲"，定都瀋陽，建元崇德。同年，皇太極以恩威並用之策，採用聯姻等方式收服漠南蒙古諸部，並統一整個黑龍江流域。有清一代，滿洲貴族一直以通婚、封爵等形式籠絡蒙古王公。皇太極的側福晉，順治帝的生母孝莊文皇太后，就是蒙古人，順治帝有九位蒙古后妃，康熙帝有兩位蒙古后妃。同時，下嫁蒙古王公的滿洲皇族女性從順治二年（1645 年）到康熙九年（1670 年）就有十二人之多。

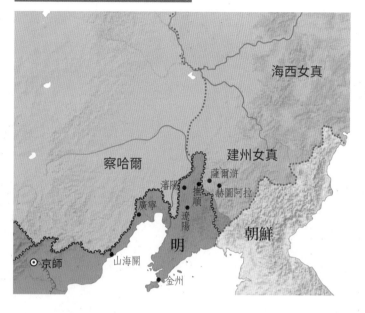

{ 明末遼東地緣環境示意圖 }

海西女真

察哈爾　建州女真

薩爾滸

瀋陽　撫順　赫圖阿拉

廣寧　遼陽

朝鮮

明

⊙京師　山海關

金州

{ 寧遠之役中的明軍與後金軍 }
此役，明軍用紅夷大炮阻擊後金，炸傷努爾哈赤

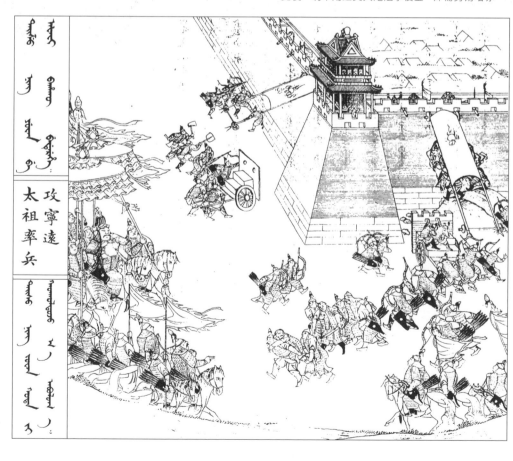

攻寧遠
太祖率兵

BC 2100
BC 1900
BC 1700
BC 1500
BC 1300
BC 1100
BC 900
BC 700
BC 500
BC 300
BC 100
0
100
300
500
700
900
1100
1300
1500
1700
1900
1636—1911

145

{《得勝圖》}

此圖表現的是順治二年（1645）豫親王多鐸率清兵攻陷南京，明臣出城投降

{尚可喜像}

清順治元年（明崇禎十七年，1644 年）四月，多爾袞等率兵入關，先是擊潰李自成農民軍政權，隨即迅速佔領明朝故土。順治元年十月，順治帝於北京祭告天地，舉行登基大典。

清軍能順利入關並南下，主要依靠的是吳三桂等明朝叛降的將領。在陸續消滅南明等政權後，清廷將吳三桂、尚可喜、耿仲明分別封王，鎮守雲南、廣東、福建等省，稱為"三藩"。三藩各擁重兵，給朝廷造成了巨大的政治威脅與財政困難，甚至出現"天下財賦，半耗於三藩"的局面。

康熙十二年（1673 年），"三藩之亂"爆發。三藩勢力極盛時，"東西南北，在在鼎沸"，一度控制了南方諸省及陝西、甘肅、四川。但此時距清朝入關已三十載，人心思定，故叛亂多為脅從，加之康熙帝正確的剿撫政策，"三藩之亂"於康熙二十年（1681年）被平定。

在平定"三藩"的同年，康熙帝又開始了統一台灣的戰爭部署。兩年後，水師提督施琅率兵攻取澎湖，台灣鄭氏集團出降，清軍進駐台灣。隨後，清廷在台灣設一府三縣，隸屬福建省管轄。

漢北喀爾喀蒙古

韋噶爾
蒙古

葉爾羌　　和碩特蒙古

口碩特蒙古

吉林

布爾尼

清

直隸

山東

山西

陝西

河南

湖南

江南

浙江

王輔臣

羅森
鄭蛟麟
吳之茂

四川

江西

福建

耿精忠

貴州

廣

孫延齡

雲南

吳三桂

廣東

廣西

尚之信

鄭經

吳三桂	主要叛亂勢力
→	清軍平定三藩進軍路線
▨	清廷穩定控制的地區

{ 平定"三藩之亂"示意圖 }

{ 鄭成功像 }

明末清初，鄭成功
率部從荷蘭人手中
收復台灣，但隨即
成為與清廷對峙的
割據政權。其子鄭
經死後，政權陷入
內亂，台灣不久即
被清政府收復

{ 乾隆《續修台灣府志》所附"台灣府總圖" }

900

1100

1300

1500

1700

1900

1636—1911

147

{ 清建立前與蒙古的主要聯姻情況 }

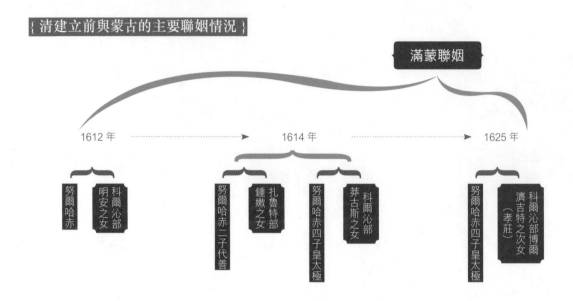

滿蒙聯姻

1612 年 → 1614 年 → 1625 年

努爾哈赤 ── 科爾沁部明安之女

努爾哈赤二子代善 ── 扎魯特部鍾嫩之女

努爾哈赤四子皇太極 ── 科爾沁部莽古斯之女

努爾哈赤四子皇太極 ── 科爾沁部博爾濟吉特之次女（孝莊）

　　東南疆域底定時，屬於漠西蒙古的準噶爾部噶爾丹汗大舉向東擴張。康熙二十九年（1690 年），康熙帝御駕親征，於烏蘭布通（今內蒙古克什克騰旗南）大敗噶爾丹，迫使其西遷。次年五月，康熙帝與外蒙古三部於多倫諾爾（今內蒙古多倫縣）會盟。這次會盟，調解了土謝圖汗與扎薩克圖汗之間的矛盾，建立了與內蒙古相同的盟旗制度。在會盟中，康熙帝實行了清朝的封爵與法律制度，改變了外蒙古三部長期攻伐不止、管理混亂的狀況。多倫會盟後，喀爾喀蒙古各部正式歸於清廷統治。

　　蒙古諸部歸順後，清廷除了與之聯姻外，還用"木蘭秋獮"等方式籠絡。"木蘭"為滿語，漢語意為"哨鹿"，即捕鹿之意。木蘭圍場自康熙二十年（1681 年）開闢，至乾隆四十六年（1781 年），經過百餘年的擴建，有七十二圍。每逢秋天七八月間，皇帝率領王公大臣及蒙古親貴至圍場行圍，在捕獲虎、豹、熊、鹿等野獸的同時，也加強與蒙古各部的聯繫。"木蘭秋獮"始於康熙，終於嘉慶，共計行圍 105 次。清廷又在承德修建避暑山

莊，作為"夏宮"的同時，也是皇帝籠絡少數民族王公貴族的場所。

　　烏蘭布通之戰後不久，噶爾丹又不斷向東擴張，侵擾喀爾喀蒙古等地。康熙三十五年（1696 年），清軍分三路出擊，在昭莫多

{ 冷枚《避暑山莊圖》}

這是承德（當時稱熱河）避暑山莊於康熙年間初建的情景

{塞宴四事圖}

圖繪乾隆皇帝在木蘭圍場賜宴蒙古諸部首領的情景

{呼爾璊大捷圖}

呼爾璊大捷是乾隆年間平定新疆回部叛亂的關鍵戰役之一

{《乾隆逐鹿像軸》}

（今蒙古國烏蘭巴托南）消滅了噶爾丹主力。次年，康熙帝再次親征，最終剿滅噶爾丹殘部。康熙三十六年（1697年），青海厄魯特蒙古、哈密相繼歸附清廷。雍正年間，青海羅卜藏丹津及準噶爾部相繼發動叛亂，但隨即被清軍平定。天山北路至此被穩定地納入清朝版圖。乾隆年間，天山南路又發生回部大小和卓的叛亂。乾隆二十四年（1759年）叛亂平定後，清廷於乾隆二十七年（1762年）設立伊犁將軍，統轄天山南北，並設辦事大臣、領隊大臣管轄各處。至此"新疆"開始穩定地成為這一區域的專名，並沿用至今。

BC 2100
BC 1900
BC 1700
BC 1500
BC 1300
BC 1100
BC 900
BC 700
BC 500
BC 300
BC 100
0
100
300
500
700
900
1100
1300
1500
1700
1900

{ 平定廓爾喀戰圖 }

廓爾喀即今日尼泊
爾，乾隆時曾兩度侵
犯西藏，被清軍擊敗

政克協布嚕
之圖
熱索橋逼陰
可通未達賊
樂進追窮前
賂協布硯屯
聚上績楼河边
壘兩全不克
攻戰必勝有
餘力蓄剿爭
雄塔素敵慷
心同一毎閲飛
章悚切衷
琴丑新正
御題

{ 乾隆帝"十全武功"示意圖 }

＊乾隆帝晚年自稱"十全老人"，是因為其自稱一生有"十全武
功"，即乾隆年間進行的十次主要戰爭

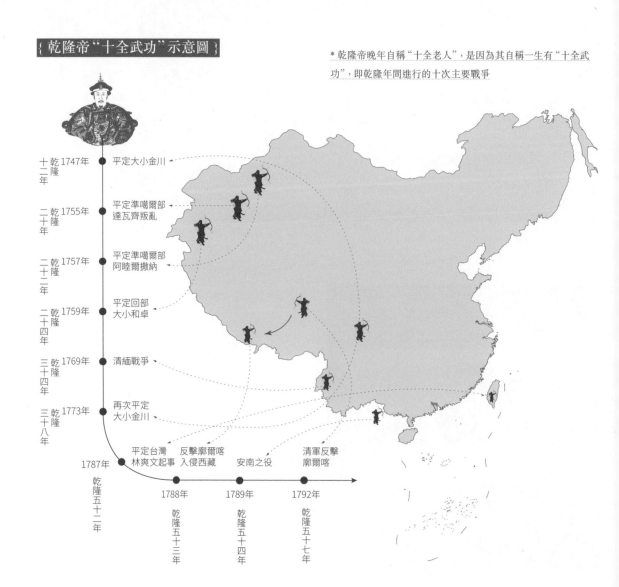

乾隆
十二年 1747年　平定大小金川

乾隆
二十年 1755年　平定準噶爾部
　　　　　　　　達瓦齊叛亂

乾隆
二十二年 1757年　平定準噶爾部
　　　　　　　　阿睦爾撒納

乾隆
二十四年 1759年　平定回部
　　　　　　　　大小和卓

乾隆
三十四年 1769年　清緬戰爭

乾隆
三十八年 1773年　再次平定
　　　　　　　　大小金川

1787年　平定台灣　反擊廓爾喀　安南之役　清軍反擊
乾隆　 林爽文起事　入侵西藏　　　　　　廓爾喀
五十二年
　　　　1788年　　　1789年　　　1792年
　　　　乾隆　　　　乾隆　　　　乾隆
　　　　五十三年　　五十四年　　五十七年

西藏地方早在清朝入關前，已與清廷有了直接的聯繫。順治九年（1652年），五世達賴到北京朝覲，獲封"達賴喇嘛"尊號，並賜以金冊金印。康熙五十二年（1713年），康熙帝又封五世班禪為"班禪額爾德尼"。康熙末年，準噶爾部首領策妄阿拉布坦先佔據天山南路，後入侵西藏，使戰火重燃。康熙五十六年（1717年）、五十七年（1718年），清軍兩次入藏，驅逐了準噶爾部勢力，穩定了西藏的秩序。雍正五年（1727年），朝廷正式建立駐藏大臣制度，統轄西藏地方事務。乾隆年間頒佈了《欽定西藏章程》。《章程》明確了雍正五年設立的駐藏大臣與達賴、班禪的職權和地位，"駐藏大臣督辦藏內事務，應與達賴喇嘛、班禪額爾德尼平等"。又規定了達賴、班禪的轉世，必須在駐藏大臣的監督下，採取"金瓶掣籤"制度來決定。"金瓶掣籤"在保證轉世靈童確立過程公平、公正、公開的同時，

對防止西藏貴族獨攬藏政、維護統一具有重要意義。

在西南地區，清政府對長期延續的土司制度也進行了調整，由朝廷委派的流官代替世襲的土司管理民族地區，這便是"改土歸流"。雍正四年（1726年），雲貴總督鄂爾泰請將原屬四川的東川、烏蒙、鎮雄三土府就近劃歸雲南，拉開了"改土歸流"的序幕。至雍正九年（1731年），雲、貴、川、湘、桂等地，大部分地區完成了"改土歸流"，加強了中央政府對少數民族地區的管轄，也鞏固了國家的統一。

至乾隆時期，清王朝已建立起一個多民族融合的大一統國家，奠定了今天中國疆域的基礎，各民族分佈格局也基本形成。

{達賴喇嘛金印}

這是雍正皇帝頒給七世達賴喇嘛的金印，上有滿、漢、藏、蒙四族文字

{五世達賴喇嘛像}

{掣籤所用金奔巴瓶和象牙籤}

BC 2100
BC 1900
BC 1700
BC 1500
BC 1300
BC 1100
BC 900
BC 700
BC 500
BC 300
BC 100
0
100
300
500
700
900
1100
1300
1500
1700
1900

1636—1911

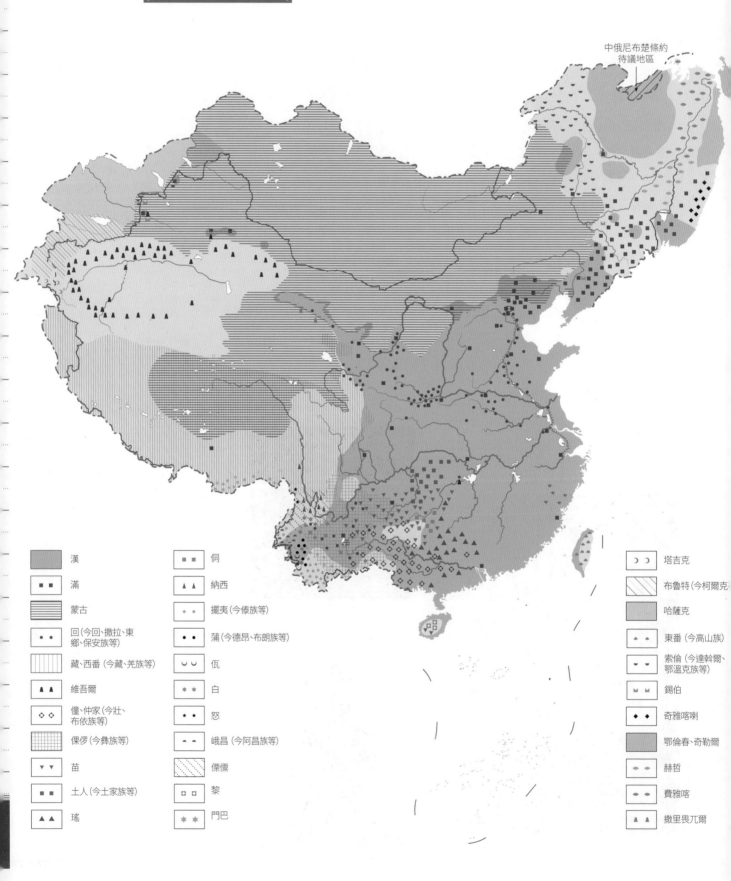

{ 清代族羣分佈示意圖 }

中俄尼布楚條約
待議地區

漢

滿

蒙古

回(今回、撒拉、東
鄉、保安等)

藏、西番(今藏、羌族等)

維吾爾

僮、仲家(今壯、
布依族等)

保儸(今彝族等)

苗

土人(今土家族等)

瑤

侗

納西

擺夷(今傣族等)

蒲(今德昂、布朗族等)

佤

白

怒

峨昌(今阿昌族等)

傈僳

黎

門巴

塔吉克

布魯特(今柯爾克)

哈薩克

東番(今高山族)

索倫(今達斡爾、
鄂溫克族等)

錫伯

奇雅喀喇

鄂倫春、奇勒爾

赫哲

費雅喀

撒里畏兀爾

皇權頂峰

明萬曆二十九年（1601年），努爾哈赤創建了旗制，設立黃、白、紅、藍四旗，規定每300人編為一旗。明萬曆四十三年（1615年），因"歸附日眾，乃析置為八"，增設鑲黃、鑲白、鑲紅、鑲藍四旗。各旗統領為旗主，其下分設佐領等軍職。八旗制度既是寓兵於農的兵民合一組織，又實現了"以旗統人，即以旗統兵"的軍政合一形式。由於收服蒙古及漢人歸附，努爾哈赤後期和皇太極時期，又增設了蒙古八旗與漢軍八旗。

皇太極時期，八旗旗主也發生了明顯變化，這與後金的汗位繼承制度變化有密切關係。八旗創制伊始是平行關係，與之相適應的汗位推選制度是八王共同輔政體制。皇太極繼位為汗後，將威脅汗權的三大貝勒相繼翦除，親自控制正黃、鑲黃、正藍三旗，稱為"上三旗"，其餘五旗為"下五旗"。清軍入關後，多爾袞將正白旗提為上三旗，又將正藍旗降為下五旗，至此，上、下旗劃分成為定制。

隨着各貝勒實權被削除，八王輔政體制也名存實亡。皇太極參照明制設官分職，逐步取代了原先八旗貴族所行使的國家權力。與之相對應的，則是君權的日益強化。

順治元年清軍入關時，皇帝年幼，清廷實權掌握在攝政王多爾袞手中。孝莊文皇后

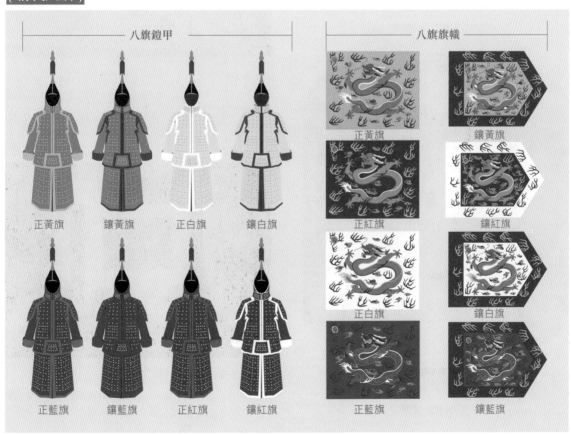

{ 清代八旗 }

八旗鎧甲

正黃旗　鑲黃旗　正白旗　鑲白旗

正藍旗　鑲藍旗　正紅旗　鑲紅旗

八旗旗幟

正黃旗　鑲黃旗

正紅旗　鑲紅旗

正白旗　鑲白旗

正藍旗　鑲藍旗

BC 2100
BC 1900
BC 1700
BC 1500
BC 1300
BC 1100
BC 900
BC 700
BC 500
BC 300
BC 100
0
100
300
500
700
900
1100
1300
1500
1700
1900
1636—1911

為了維護、鞏固自己孩子（清世祖福臨）的皇位，與多爾袞之間保持了緊密的政治關係，以致民間有"太后下嫁"的傳說。多爾袞權勢如日中天，其頭銜由"叔父攝政王"到"皇叔父攝政王"，進而是"皇父攝政王"（"皇父"二字並不表明他與孝莊有婚姻關係）。順治七年（1650年），多爾袞死後，順治帝仍追尊多爾袞廟號"成宗"。次年順治帝親政後，即追議多爾袞罪狀。

康熙帝以沖齡繼位，四輔臣之一的鰲拜一度恢復了已經停止的圈地運動，使京畿附近再度動盪，也威脅到了康熙帝的皇權。在正式親政後的第三年（康熙八年，1669年），康熙帝命人一舉擒拿鰲拜，收回大權，獨攬朝綱。康熙十六年（1677年），康熙帝在乾清門西側設立南書房作為讀書場所，所選翰林學士常代皇

帝擬撰詔令諭旨，參預政務。雍正七年（1729年），因用兵西北，雍正帝在隆宗門內設軍機房，雍正十年（1732年）改稱"辦理軍機處"，設軍機大臣、軍機章京等官職，輔佐皇帝處理政務。雖然軍機處在形式上一直是臨時機構，且軍機大臣由皇帝寵信的滿漢大學士、尚書、侍郎等兼任，屬於兼職性質，但這並不妨礙其作為國家最高權力機關的地位。南書房與軍機處的設置，表明清代的皇權有了進一步的強化。

{ 軍機處值房 }

軍機處值房位於隆宗門內，養心殿外。雖陳設簡單，卻是雍正以來的權力中樞所在

{ 養心殿西暖閣 }

養心殿自雍正帝起，地位日益重要。其西暖閣是雍正至咸豐諸帝的辦公處，東暖閣則是後來慈禧太后垂簾聽政處

{ 順治帝朝服像 }

清代對明代的內閣制度也有發展，其中最重要的是皇帝對批紅權的重新掌握，這在現存的朱批奏折中有大量體現。皇帝最常見的朱批是"知道了"，但也有朱批動輒數百字者。據相關統計，雍正帝在位期間共處置各種題本 192000 餘件，平均每年達 14700 件，親自朱批 41600 多件奏折，故而其自詡"以勤先天下"。

清入關後的皇位繼承制度分為三個階段，即嫡長子繼承制度（預立儲君）、秘密建儲制度（暗立儲君）和懿旨確立嗣君制度（不預立儲君）。實行嫡長子繼承制度的是康熙前期，彼時康熙帝曾兩度廢立皇太子胤礽。康熙五十一年（1712 年）胤礽再度被廢後，康熙帝逐漸轉向秘密建儲制度。康熙帝自言："立皇太子事，朕心已有成算，但不告知諸大臣，亦不令眾臣知，到彼時爾等只遵朕旨而行"。然而康熙子嗣眾多，遂發生了今天清宮戲中的重要一幕——九子奪嫡。

康熙晚年皇四子胤禛雖被封為雍親王，但受重用的程度與朝野威望尚不及胤禵。康熙六十一年（1722 年）十一月，康熙帝病逝，不久胤禛即位，即雍正帝。其時，"聖意欲

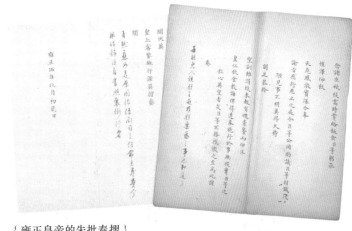

{ 雍正皇帝的朱批奏摺 }

{ 建儲匣和匣內聖旨 }

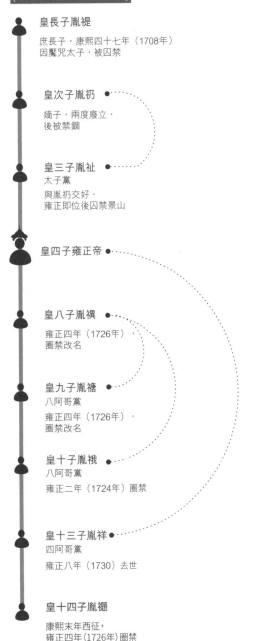

{ 九子奪嫡示意圖 }

皇長子胤禔
庶長子，康熙四十七年（1708年）因魘咒太子，被囚禁

皇次子胤礽
嫡子，兩度廢立，後被禁錮

皇三子胤祉
太子黨
與胤礽交好，雍正即位後囚禁景山

皇四子雍正帝

皇八子胤禩
雍正四年（1726年）圈禁改名

皇九子胤禟
八阿哥黨
雍正四年（1726年），圈禁改名

皇十子胤䄉
八阿哥黨
雍正二年（1724年）圈禁

皇十三子胤祥
四阿哥黨
雍正八年（1730）去世

皇十四子胤禵
康熙末年西征，雍正四年（1726年）圈禁

BC 2100
BC 1900
BC 1700
BC 1500
BC 1300
BC 1100
BC 900
BC 700
BC 500
BC 300
BC 100
0
100
300
500
700
900
1100
1300
1500
1700
1900
1636—1911

〔乾清宮內景〕

傳大位於胤禵"與"雍正繼立，或云出於矯詔"的輿論不斷發酵。《清聖祖實錄》等官方資料中對此次繼位的過程有刪改之處，在《大義覺迷錄》中雍正帝又多自辯之辭，使得這次皇位繼承留下眾多疑點。

康熙末年的九子奪嫡對其後的皇位繼承制度有深遠影響。繼位的雍正帝平衡各皇子勢力，以抑制一子獨大。雍正元年（1723年），雍正帝將立儲密旨藏於乾清宮正大光明匾額之後，這一做法後世也多有承襲，直至慈禧當政時期，才改用懿旨確定嗣君人選。光緒帝與宣統帝繼位，皆出自慈禧懿旨。

清代中央集權的強化與集中也體現在中央對地方控制的加強上。在省級政區方面，順治時有十五省，康熙初年，湖廣、陝西、江南分省，分置湖北、湖南，陝西、甘肅，江蘇、安徽，形成內地十八省格局。光緒十年（1884年），新疆建省。次年，台灣建省。光緒三十三年（1907年），清廷改東北地區的軍府制為行省制，裁撤盛京、吉林、黑龍江將軍，設奉天、吉林、黑龍江三省。終清一代，共設23省及西藏、青海、蒙古地方。

順治十八年（1661年），各省均設總督一員，總督開始與巡撫文武分治，並可節制提督

等。康熙年間，總督與巡撫裁撤、更改頻繁，至乾隆中葉，才基本定型。清代對縣下基層政權也加強了管理，主要是通過移設州縣長官的佐貳官至縣以下區域等手段實現管控的強化，如移設縣丞、主簿等。

〔乾隆頭等侍衛占音保像軸〕

乾隆年間，為在平定新疆、大小金川等戰役中立功的將士畫像、題讚，藏於中南海紫光閣，此為其一

{1820年總督、巡撫示意圖}

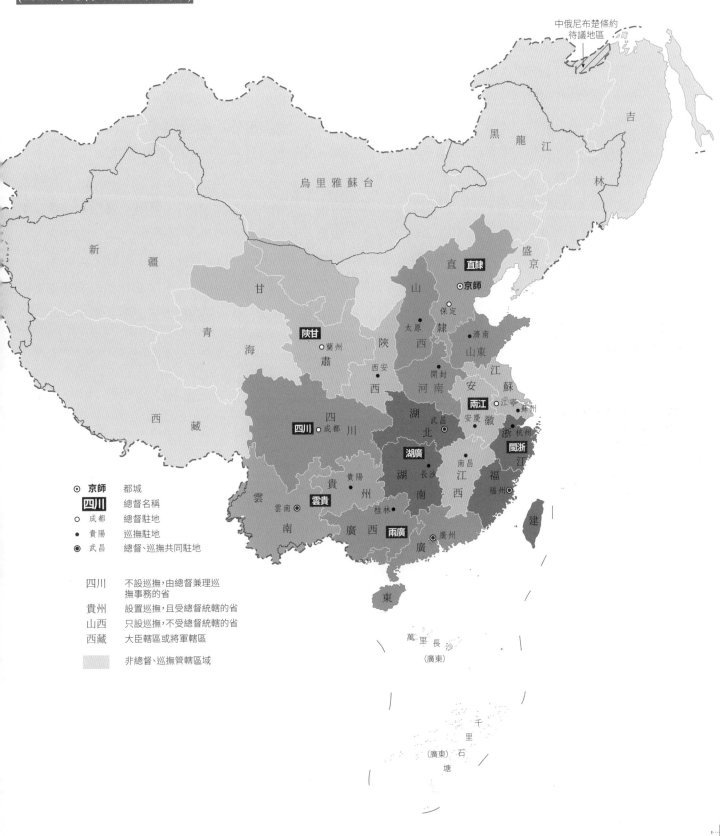

中俄尼布楚條約
待議地區

烏里雅蘇台

黑龍江

吉林

盛京

新疆

甘肅

青海

西藏

陝甘
○蘭州

四川
○成都

雲貴
雲南

貴州
●貴陽

廣西
桂林●

兩廣
廣東
●廣州

直隸
京師

山西
太原●
保定○

隸

濟南●
山東

陝西
西安●

河南
開封●

湖北
武昌◉

湖廣
湖南
●長沙

江西
南昌●

安徽
安慶●

兩江
江寧○ 蘇州●

浙江
杭州●

閩浙
福建
福州◉

臺灣

建

◉京師　都城
四川　總督名稱
○成都　總督駐地
●貴陽　巡撫駐地
◉武昌　總督、巡撫共同駐地

四川　不設巡撫，由總督兼理巡
　　　撫事務的省
貴州　設置巡撫，且受總督統轄的省
山西　只設巡撫，不受總督統轄的省
西藏　大臣轄區或將軍轄區

非總督、巡撫管轄區域

萬里長沙
（廣東）

千里石塘
（廣東）

康乾盛世

　　清代出現了中國傳統王朝的最後一個盛世——康乾盛世，並形成了較長時期的人口增長與經濟發展的局面，科技和文化也出現了一個新的高峰。

　　清初沿用明制，賦役仍以"丁口"起徵。康熙五十一年（1712 年），康熙帝發佈詔令"盛世滋生人丁，永不加賦"，宣佈以康熙五十年（1711 年）的丁口數額為限，不再增加新丁的賦稅。雍正年間，清廷普遍推行"攤丁入畝"，將固定下來的丁稅攤入田賦中，徵收統一的地丁銀。乾隆三十七年（1772 年），

乾隆皇帝下令"嗣編審之例，著永行停止"，正式停止人丁編審，戶口統計完全成為人口統計。關於"康乾盛世"的人口增長，目前學界普遍認為人口並非呈現出爆炸性增長的態勢。清初人口年增長率為 6‰，康熙二十三年（1684 年）人口已接近 1.15 億，至乾隆八年人口為 1.98 億。乾隆中期的人口增長率最高，為 9.3‰，其後為 6‰。乾隆後期人口已突破 3 億。道光年間，人口達到 4 億。

　　"民以食為天"，人口的激增需要糧食來保障。清前期的糧食富足區主要是兩湖、江

{ 清代人口變動曲線 }

單位：億人

順康雍三朝緩慢而穩定的上升時期

乾隆時代的大發展

嘉道年間繼續滑動

咸同以後百年徘徊的時代

1650年　1700年　1750年　1800年　1850年　1900年

順治八年　康熙元年　雍正　乾隆　嘉慶　道光　咸豐　同治　光緒　宣統

❶ "三藩之亂"
❷ 康熙五十一年（1712年）"永不加賦"頒行後，人口自此呈"登山式"發展
❸ 乾隆六年（1741年）廢"丁口編審"，"大小男婦"咸登版籍，故人口數字明顯上升
❹ 乾隆四十年（1775年）訓諭批評各省呈報不實後，人口統計突增四千萬
❺ 川、楚、陝白蓮教起義，統計缺失
❻ 河南捻軍起義
❼ 咸豐以後，因太平天國運動，蘇、皖、湘、鄂、閩、粵、贛、桂、黔、滇諸省均未冊報，人口數字銳減近半

*資料來源：《清實錄》《清朝文獻通考》《清朝續文獻通考》等

蘇、安徽等省，運輸方向是華南及華東、華北。清後期糧食富足區轉移到了四川及東北等地。長途糧食運輸主要依賴水運。在乾隆時期，已經形成了以水運為主、陸運為輔的全國性糧食運輸交通網。其中水運主要依賴的是內陸水系，以長江、運河、淮河為最。為保障水運的暢通，清代對河流多加整治疏

浚，比較突出的是永定河的治理。永定河古稱㶟水，金代稱為盧溝，在古代北方方言中，"水黑曰盧"，永定河又曾有"無定河"、"渾河"、"小黃河"之稱，可知其是一條含沙量高、善淤易徙的河流。康熙三十七年（1698年），經直隸巡撫于成龍主持修浚，康熙帝親賜河名"永定河"，並延用至今。康、雍、乾

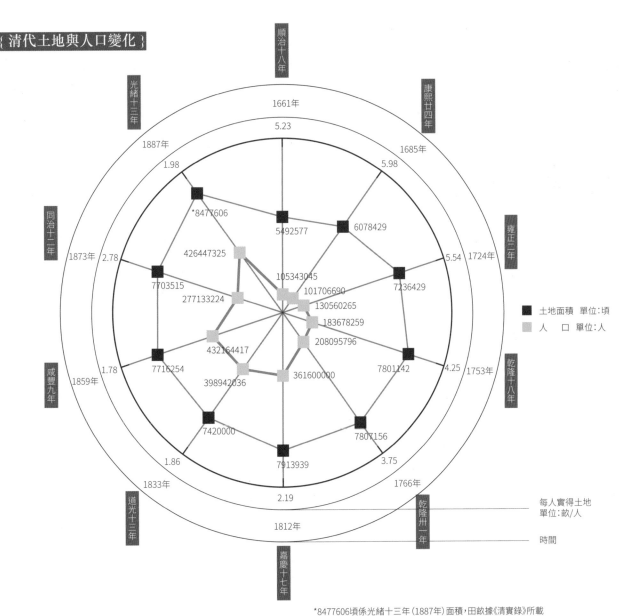

{ 清代土地與人口變化 }

順治十八年 1661年 5.23

康熙廿四年 1685年 5.98

光緒十三年 1887年 1.98 *8477606

雍正二年 1724年 5.54

5492577
6078429
426447325
105343045
101706690
7236429

同治十二年 1873年 2.78 7703515

277133224
130560265
183678259
208095796

■ 土地面積 單位：頃
■ 人 口 單位：人

432164417
361600000
7801142

咸豐九年 1859年 1.78 7716254

乾隆十八年 1753年 4.25

398942036

7420000
7807156
7913939

道光十三年 1833年 1.86

乾隆卅一年 1766年 3.75

每人實得土地 單位：畝/人

時間

嘉慶十七年 1812年 2.19

*8477606頃係光緒十三年（1887年）面積，田畝據《清實錄》所載

BC 2100
BC 1900
BC 1700
BC 1500
BC 1300
BC 1100
BC 900
BC 700
BC 500
BC 300
BC 100
0
100
300
500
700
900
1100
1300
1500
1700
1900

1636—1911

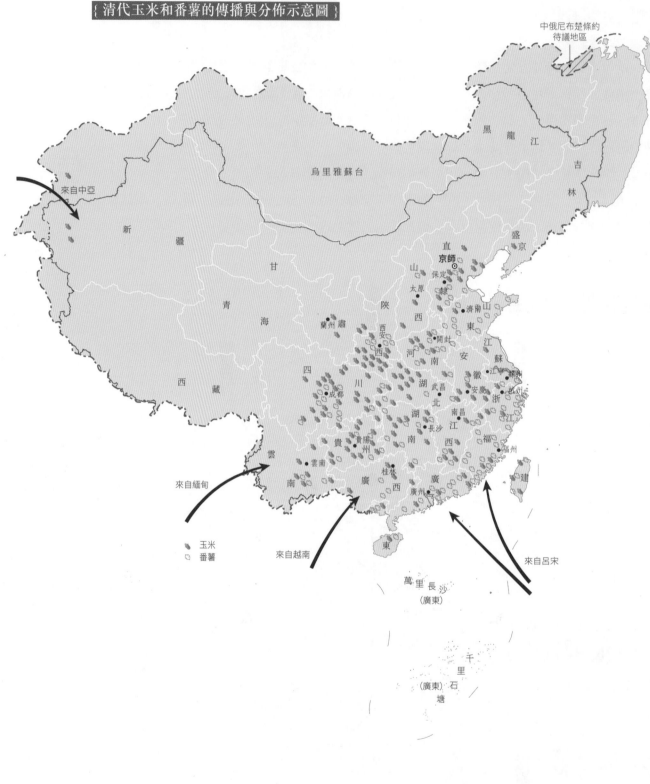

{清代玉米和番薯的傳播與分佈示意圖}

中俄尼布楚條約
待議地區

黑龍江

吉林

烏里雅蘇台

盛京

來自中亞

新

疆

甘

青

海

西藏

四
川

成都

雲

南

雲南

來自緬甸

玉米
番薯

來自越南

直
京師⊙
山
保定
太原
西
陝
西安
西

蘭州肅

河
南
開封

安

山
濟南
東

江
蘇

徽
安慶
安
蘇州
杭州

江

浙

武昌
湖
北

南昌
長沙
湖
南
貴
貴陽州

江
西

福

廣
桂林
西

廣
廣州
州

州

福州

建

來自呂宋

東

萬里長沙
(廣東)

千
里
(廣東)石
塘

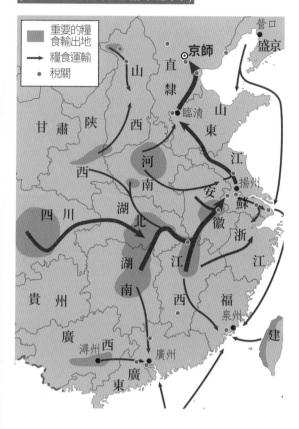

{ 清代前期糧食運輸示意圖 }

圖例：
- 重要的糧食輸出地
- → 糧食運輸
- • 稅關

地圖標註：營口、盛京、京師、直隸、山（西）、山東、河南、江（蘇）、甘肅、陝西、江西、四川、湖北、湖南、安徽、浙（江）、臨清、揚州、蘇、貴州、廣（西）、潯州、廣州、泉州、福建、廣東

三朝的水運治理保證了商貿的繁榮，康熙帝與乾隆帝的南巡也多走水路。在糧食轉運過程中，出現了一批重要的糧食中轉城市，即榷關，如臨清關、淮安關、鳳陽關等。另一方面，域外農作物的引進尤其是乾隆、嘉慶、道光三朝玉米和番薯的推廣種植提高了糧食的產量。由於它們耐旱澇，適應沙鹼山地種植，其產量"勝種穀二十倍"，保證了清代人口的持續增長，同時也為人口向山區、內陸遷移創造了條件。

由於人口的激增和人地關係的壓力，在清朝出現了"闖關東"、"走西口"、"下南洋"等大規模人口遷移。清代將東北作為龍興之地，初期曾大修"柳條邊"以限制內地人口遷入。但即便是在修邊高峰的康熙年間，盛京北部、吉林等地也有移民墾荒。康熙三十六年（1697 年），在外巡視的康熙帝感歎道："今巡行邊外，見各處皆山東人，或行或商，或力田，數十萬之多。"

{ 蘇州的船運 }

蘇州是魚米之鄉，糧產豐富，擔當了南糧北運的重任

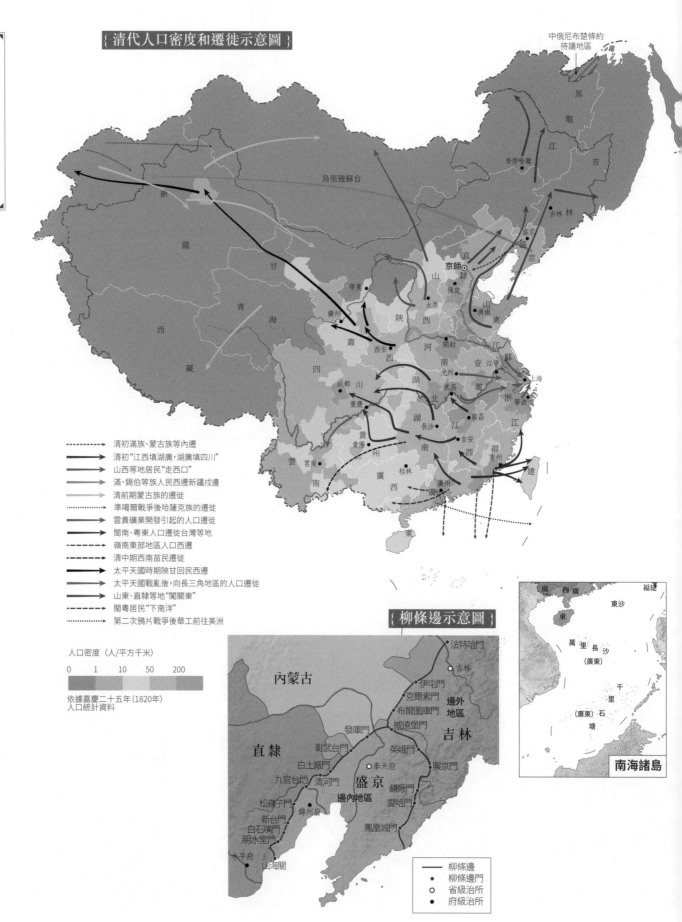

{清代人口密度和遷徙示意圖}

中俄尼布楚條約
待議地區

烏里雅蘇台

黑龍江
齊齊哈爾
吉林
盛京
吉林 林
京師
直隸
保定
山東
濟南
山西
太原
陝西
寧夏
蘭州
甘肅
西安
河南
開封
安徽
江蘇
上海
江寧
寧波
浙江
四川
湖北
武昌
湖南
長沙
江西
南昌
吉安
福建
泉州
建
貴州
貴陽
廣東
廣西
桂林
廣州
雲南
雲南
新疆
新
疆
青海
西藏
光州
重慶
成都

臺灣

──▶ 清初滿族、蒙古族等內遷
──▶ 清初"江西填湖廣，湖廣填四川"
──▶ 山西等地居民"走西口"
──▶ 滿、錫伯等族人民西遷新疆戍邊
──▶ 清前期蒙古族的遷徙
┈┈▶ 準噶爾戰爭後哈薩克族的遷徙
──▶ 雲貴礦業開發引起的人口遷徙
──▶ 閩南、粵東人口遷徙台灣等地
┈┈▶ 嶺南東部地區人口西遷
─‧─▶ 清中期西南苗民遷徙
──▶ 太平天國時期陝甘回民西遷
──▶ 太平天國戰亂後，向長三角地區的人口遷徙
──▶ 山東、直隸等地"闖關東"
─‧─▶ 閩粵居民"下南洋"
┈┈▶ 第二次鴉片戰爭後華工前往美洲

人口密度（人/平方千米）

0　1　10　50　200

依據嘉慶二十五年（1820年）
人口統計資料

{柳條邊示意圖}

內蒙古

法特哈門
吉林
伊屯門
克爾素門
布爾圖庫門
威遠堡門　邊外地區
發庫門
吉林
彰武台門
英峨門
白土廠門
興京門
九官台門　清河門
奉天府
松嶺子門　盛京
麒麟門
新台門　錦州府　邊內地區
愛哈門
白石嘴門
明水堂門
鳳凰城門
永平府
山海關

直隸

── 柳條邊
‧ 柳條邊門
◎ 省級治所
● 府級治所

南海諸島

廣西　廣東　福建
東沙
東
萬里長沙（廣東）
千里
（廣東）石塘

清代前期，出現了傳統手工業與商業的繁榮。明清四大名鎮是河南朱仙鎮、湖北漢口鎮、廣東佛山鎮與江西景德鎮。朱仙鎮主產木版年畫；漢口鎮因地處水陸要衝，商業繁榮；佛山鎮與景德鎮則以手工業繁盛著稱，佛山鎮長於冶陶，景德鎮精於製瓷。手工業的繁盛帶動了商業的繁榮，並由此出現了徽商、晉商等眾多商幫。徽商多出自安徽省徽州府（今安徽省黃山市歙縣、黟縣、祁門縣、休寧縣、宣城市績溪縣及江西省婺源縣）。徽州山水眾多，徽商藉由新安江、徽杭古道等向江浙地區行商逐漸發展起來，以致有"無徽不成鎮"之說。清代將內外蒙古收入版圖之中，"走西口"進行商業貿易的便是晉商。除了"西口"（殺虎口）外，"東口"（張家口）也隨處可見晉商店舖、票號等機構。

{ 製茶圖盤 }
清代乾隆年間景德鎮燒製的瓷器，畫面主題表現的是製茶的流程

{ 山西的日昇昌票號 }
這是晉商創辦的第一家票號，功能類似於銀行，商人交易以匯票往來，無需攜帶現銀，方便了商業流通

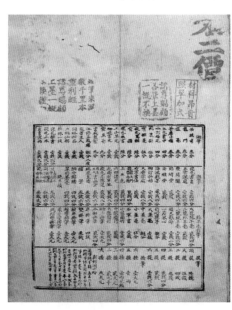

{ 乾隆徽墨名家詹成圭"不二價"廣告單 }
展現出清代徽商及商業的繁榮

{ 詹成圭竹燕圖詩集錦墨 }

BC 2100
BC 1900
BC 1700
BC 1500
BC 1300
BC 1100
BC 900
BC 700
BC 500
BC 300
BC 100
0
100
300
500
700
900
1100
1300
1500
1700
1900
1636—1911

盛世之下的另一特點，是科學技術、思想文化的發展。在清代帝王中，康熙帝對科學技術的痴迷尤為突出。康熙七年（1668年），清廷在午門廣場通過計算正午時分日影的長度證明了西方傳教士推算曆法的正確性，使康熙帝認識到"朕思己不能知，焉能斷人之是非，因自憤而學焉"。康熙帝曾在紫禁城內設置小旗，每日觀察記錄風向。康熙四十七年（1708年），康熙帝命西方傳教士與欽天監官員實地測繪全國各地，至康熙五十八年（1719年）印行銅版《皇輿全覽圖》。全圖採用經緯網劃分，比例尺約為四十萬分之一。李約瑟在《中國科學技術史》中評價該圖"不但是亞洲當時所有的地圖中最好的一幅，而且比當時的所有地圖都更好、更精確。"

鴉片戰爭之前的清代科學技術，在明代的基礎上又有進步。清前期統治者普遍重視西方科技的傳入，同時又通過欽天監、算學舘等機構積極培養人才。清代科學技術在天文曆法、數學、農學、地理、醫藥學等方面都湧現出新的成就。

清代園林建築成就的重要體現之一是樣式雷建築世家的出現。從三山五園的規劃到宮廷王府的建設，清代幾乎所有皇家園林處處可見樣式雷的身影。留存至今的樣式雷圖

{ 清前期主要科學家及著作成就 }

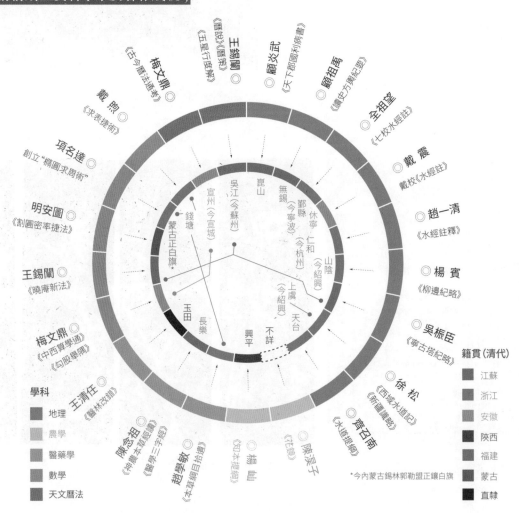

檔（包括畫樣、燙樣等）翔實直觀地再現了樣式雷家族創作實踐活動的情況。

　　清廷對古籍的蒐集、註釋自順治朝即已出現，而規模最大的編書行為是乾隆朝編修《四庫全書》。它將古代重要的典籍完整抄錄下來，分編於經、史、子、集四部四十四類之下，共收圖書 3457 種，79070 卷（關於收書數量、卷數，各家略有爭議），總字數接

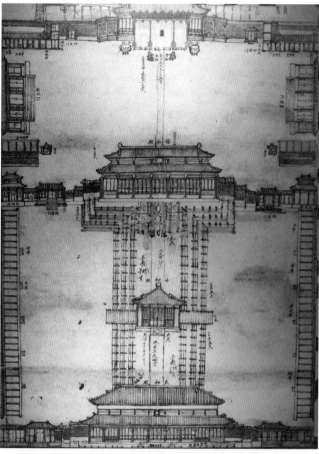

{ 樣式雷設計的故宮大清門至坤寧宮中一路圖樣 }

{ 樣式雷家族簡況 }

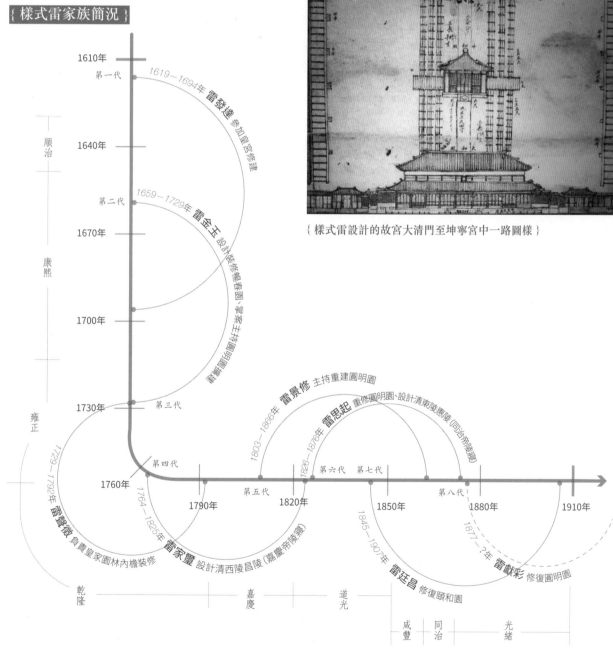

1610年
第一代
1619－1694年 **雷發達** 參加皇宮修建

順治

1640年

1659－1729年 **雷金玉** 設計裝修暢春園，擔案主持重修圓明園圖樣

第二代

1670年

康熙

1700年

1730年　第三代

雍正

1729－1792年 **雷聲澂** 負責皇家園林內檐裝修

第四代

1764－1825年 **雷家璽** 設計清西陵昌陵（嘉慶帝陵寢）

1760年

1790年　第五代　1820年

1803－1866年 **雷景修** 主持重建圓明園

1826－1876年 **雷思起** 重修圓明園、設計清東陵惠陵（同治帝陵寢）

第六代　第七代

1850年　第八代　1880年　1910年

1845－1907年 **雷廷昌** 修復頤和園

1877－?年 **雷獻彩** 修復圓明園

乾隆　　嘉慶　　道光

咸豐　同治　光緒

BC 2100
BC 1900
BC 1700
BC 1500
BC 1300
BC 1100
BC 900
BC 700
BC 500
BC 300
BC 100
0
100
300
500
700
900
1100
1300
1500
1700
1900
1636－1911

{ 杭州文瀾閣 }

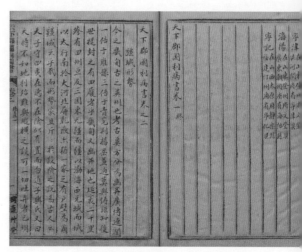

{ 顧炎武著《天下郡國利病書》書影 }
書中對邊疆形勢和沿革敍述特別詳備

{ 乾嘉學派主要人物及分佈示意圖 }

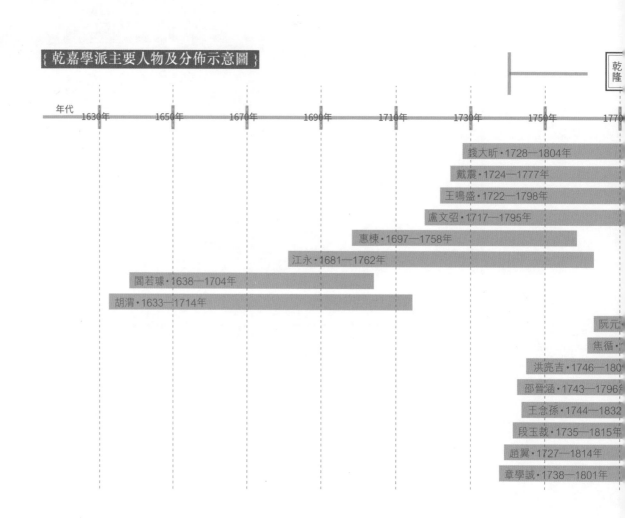

乾隆

年代 1630年 1650年 1670年 1690年 1710年 1730年 1750年 1770

錢大昕·1728—1804年
戴震·1724—1777年
王鳴盛·1722—1798年
盧文弨·1717—1795年
惠棟·1697—1758年
江永·1681—1762年
閻若璩·1638—1704年
胡渭·1633—1714年
阮元·
焦循·
洪亮吉·1746—180
邵晉涵·1743—1796
王念孫·1744—1832
段玉裁·1735—1815年
趙翼·1727—1814年
章學誠·1738—1801年

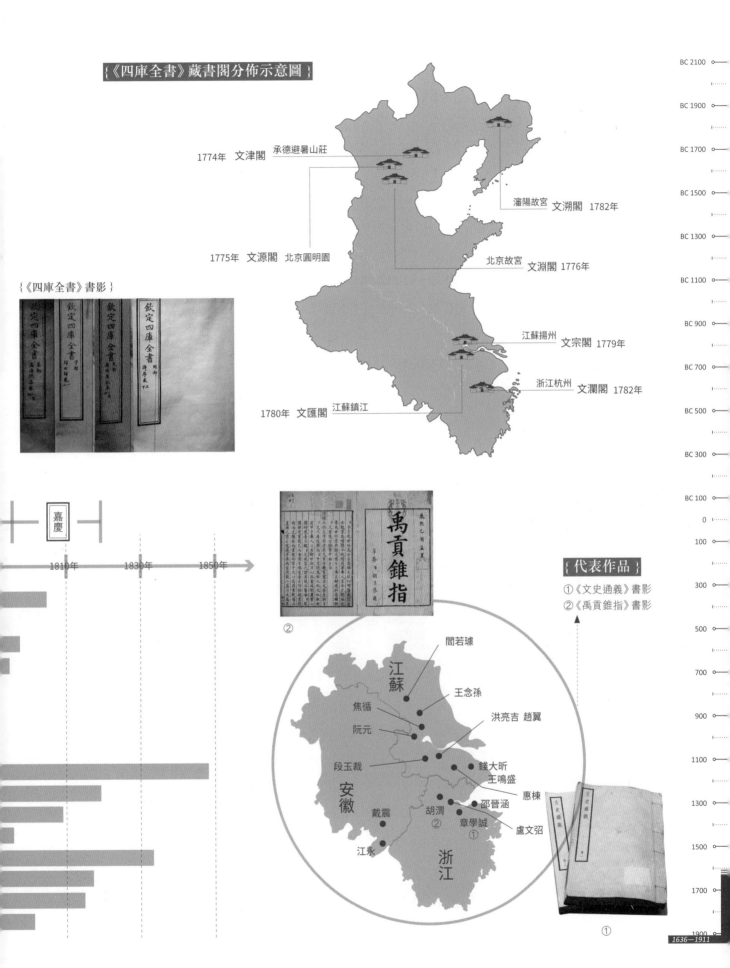

《四庫全書》藏書閣分佈示意圖

《四庫全書》書影

1774年 文津閣 承德避暑山莊

1775年 文源閣 北京圓明園

瀋陽故宮 文溯閣 1782年

北京故宮 文淵閣 1776年

江蘇揚州 文宗閣 1779年

浙江杭州 文瀾閣 1782年

1780年 文匯閣 江蘇鎮江

嘉慶

1810年 1830年 1850年

禹貢錐指

②

代表作品

①《文史通義》書影
②《禹貢錐指》書影

江蘇

閻若璩

王念孫

焦循

阮元

洪亮吉 趙翼

段玉裁

錢大昕
王鳴盛

惠棟

安徽

戴震

胡渭
②

邵晉涵

章學誠
①

盧文弨

江永

浙江

①

BC 2100
BC 1900
BC 1700
BC 1500
BC 1300
BC 1100
BC 900
BC 700
BC 500
BC 300
BC 100
0
100
300
500
700
900
1100
1300
1500
1700
1900

1636—1911

近 10 億。編修過程耗時十餘年，共繕寫七部，存於南北各地。編書的同時，清廷也禁燬書籍"將近三千餘種，六七萬卷以上"，故而後世雖輯有《四庫禁燬書叢刊》，但原貌難以完全恢復。

　　乾嘉學派的形成是清代前期文化的標誌性成就。明末清初，經由黃宗羲（1610—1695 年）、顧炎武（1613—1682 年）等人的倡導，經世致用的學風、文風開始盛行。乾隆、嘉慶年間，倡導樸實、考據的"漢學"再度興盛，史稱"乾嘉學派"。"乾嘉學派"以江浙人居多，又細分為吳派與皖派。乾嘉學者將古文功力集中在對原始典籍的考證與辨析上。後世多有清廷文化高壓政策導致乾

嘉學派出現的看法，實際上這只是乾嘉學派出現的外因，清代學術自身發展的脈絡與軌跡才是其內因。

　　為加強君主專制，清朝統治者在思想文化領域進行嚴密控制。清朝統治者以少數民族入主中原，延續了北方遊牧民族南下對自身稱謂的避諱做法。今山西朔州市平魯區，在明代為平虜衛，清雍正三年（1725 年）改為平魯縣。山西北部又有地名"殺虎口"，實際上是清代改"殺胡口"地名而來。湖北宜昌，原名夷陵，亦清初所改。不僅如此，清廷甚至將古人詩作中的"胡"、"虜"字眼隨意修改，如將岳飛名作《滿江紅》改為"壯志飢餐飛食肉，笑談欲灑盈腔血"。而最為後

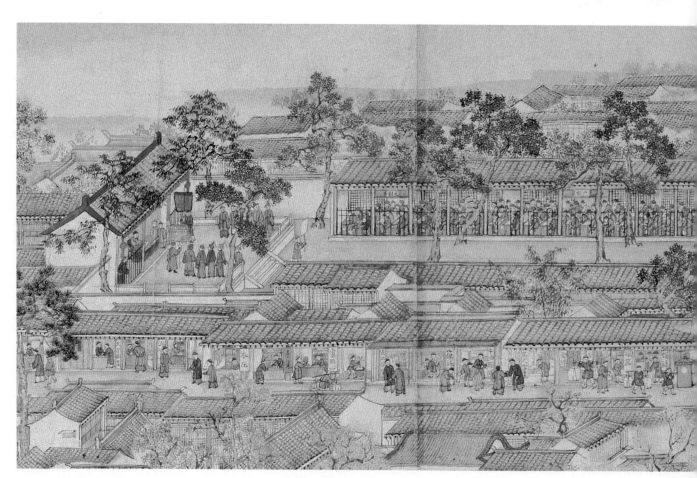

{ 科舉的場面 }

世詬病的是大興"文字獄"。康熙、雍正、乾隆三朝，統治者經常從知識分子的詩詞文章中摘取隻言片語，加以歪曲解釋，再借題發揮，羅織罪狀，製造了大批冤獄。清代有明確記載的文字獄即超過 160 起，其中有姓名可稽的有 84 起。

清代延續了隋唐興起的科舉制度，整個清代科舉進士的時空分佈，既有延續以往朝代的一般特徵，也有其特色。從時間分佈來看，清初進士數量最多，雍正年間及同光時期次之。從空間分佈來看，文化發達的江浙地區仍是進士最多的地域，東北、西北、西南等邊疆地區的進士及民族政策產生的八旗進士是清代進士的一個重要特點。

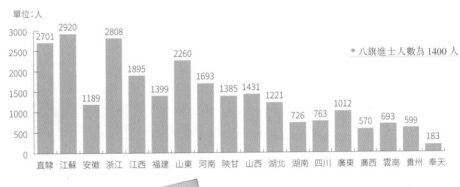

{ 清代進士空間分佈 }

單位：人

* 八旗進士人數為 1400 人

直隸	江蘇	安徽	浙江	江西	福建	山東	河南	陝甘	山西	湖北	湖南	四川	廣東	廣西	雲南	貴州	奉天
2701	2920	1189	2808	1895	1399	2260	1693	1385	1431	1221	726	763	1012	570	693	599	183

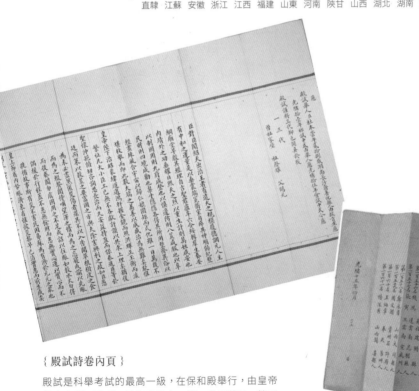

{ 殿試詩卷內頁 }
殿試是科舉考試的最高一級，在保和殿舉行，由皇帝親自定題、監考，並欽定名次。第一名即狀元，第二名為榜眼，第三名為探花

{ 小金榜 }
這是公佈進士名次的金榜，俗稱"金榜題名"。大金榜要挂在長安左門外，小金榜則是底冊

BC 2100
BC 1900
BC 1700
BC 1500
BC 1300
BC 1100
BC 900
BC 700
BC 500
BC 300
BC 100
0
100
300
500
700
900
1100
1300
1500
1700
1900

1636—1911

貳 天朝夢魘

◎朝貢體制 ◎海禁貿易 ◎內虛外侵

朝貢體制

　　和明代"有貢必封"的朝貢體制相比，清代朝貢體制最大的變化體現在兩點，一是將西洋諸國從朝貢體制內剔除，二是周邊少數民族地區因內附不再屬於朝貢體制之內。前者的變化是由於清代將朝貢體制的政治依附關係與通商關係明確區別，後者則是清代完成了更大範圍的大一統，少數民族地區被正式納入到清朝直接統治之下，統稱為"藩部"，有內蒙古、外蒙古、回部、西藏等，一同構成了清朝的疆域。

　　與清朝保持朝貢關係的屬國主要基於政治依附關係，其國王受清朝冊封，凡婚喪嫁娶等需報清廷批准後方可實行。以地域分佈來看，這些屬國主要集中在與清朝接壤的西南與西北地區。在經歷順治、康熙、雍正三朝穩步增長後，到了乾隆朝，隨着準噶爾問題的最終解決，清朝邊疆西北部的各國如浩罕（今烏茲別克斯坦浩罕）等紛紛入貢，屬國數量一度增長到四十餘個，包括安南（今越南）、暹羅（今泰國）、琉球（今日本沖繩全縣與鹿兒島縣南部）、蘇祿（今菲律賓南部）、南掌（今老撾）、緬甸、愛烏罕（今阿富汗）等國。

　　最早臣屬於清朝的屬國是朝鮮，早在清

{《皇清職貢圖》中的朝鮮"夷官"}

軍入關前的崇德元年（1636 年）即已歸附，而其內心卻認為中原已淪於外族統治之下，本國才是中華文明的繼承者。在《皇清職貢圖》中，朝鮮的"夷官"服飾與明代官員朝服十分相似，這與明亡後朝鮮的"小中華"意識密切相關，這種意識伴隨着清廷政權的穩固

BC 2100

BC 1900

BC 1700

BC 1500

BC 1300

BC 1100

BC 900

BC 700

BC 500

BC 300

BC 100

0

100

300

500

700

900

1100

1300

1500

1700

1900

1636—1911

{清代中葉的朝貢關係示意圖}

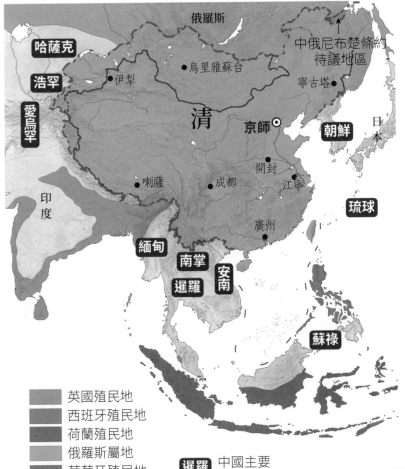

英國殖民地
西班牙殖民地
荷蘭殖民地
俄羅斯屬地
葡萄牙殖民地

暹羅 中國主要藩屬國

{朝鮮漢城郊外的"迎恩門"}
明清時期，朝鮮大臣要代表國王，在這裏迎接宗主國（明、清）的使節

才逐漸淡化。朝鮮也是最後一個脫離清朝的屬國，甲午戰後才逐漸擺脫依附關係。

　　清廷為朝貢使臣修建了相關舘舍進行安置，如琉球舘，即是接待琉球使臣及進行相關貿易的場所。在清朝使臣出訪琉球時，所經過的"針路"（即航道）上即有名為"釣魚台"的島嶼。如乾隆二十九年（1764年）《續修台灣府志》中即有引自《赤嵌筆談》之文："山後大洋，北有山名釣魚台，可泊大船十餘。"此"釣魚台"即今我國東海之釣魚島。對於釣魚島的歸屬，兩幅古地圖可說明問題。清同治二年（1863年）鄒世詒、晏啟鎮

{清代中後期，琉球國的官僚士族形象}

171

編繪的《皇朝中外一統輿圖》，清楚地標示出以姑米山（今久米島）為琉球國界，釣魚台、黃尾嶼、赤尾嶼歸中國版圖的歷史事實。另一幅古地圖來自日本，《三國通覽圖說》由日本人林子平繪製於天明四年（清乾隆五十年，1785 年）。"三國"指中國、日本和琉球。該圖以不同顏色表示不同歸屬，而花瓶嶼、彭佳山、釣魚台、黃尾山、赤尾山皆飾以與中國大陸相同的淡紅色。這說明在當時日本人的眼中，釣魚島確屬中國而非琉球，更不屬於日本。

雖然清廷對屬國的控制較為鬆散，但屬國仍需就本國大事向清廷請示。嘉慶八年（1803 年），安南國王阮福映上表清廷請求更改國名為"南越"。嘉慶帝認為，"南越"作為古地名，所囊括的地域不僅有安南，還有廣東、廣西。如果更改國名為"南越"，豈不是要將廣東、廣西的土地一併賜了去？因

此，答覆道："天朝褒賜國號，著用'越南'二字，以'越'字冠其上，仍其先世疆域；以'南'字列於下，表其新賜藩封；且在百越之南，著於《時憲書》內，將'安南'改為'越南'。"由此，"越南"二字沿用至今。

清代的朝貢體制隨着國力增強，至乾隆時期達到高峰，又與嘉慶、道光後的國力衰頹同時日漸衰微。西方列強侵入後，原來真正意義上的屬國也在英、法、日等國控制下逐漸脫離屬國體制，成為列強的保護國，清代的朝貢體制最終衰落瓦解。

在清代前期，雖不是屬國，但與清朝關係比較重要的國家有俄羅斯與日本。

俄羅斯與中國本不接壤，明代中後期俄羅斯向遠東擴張，才與中國接界。明末，俄羅斯開始侵入黑龍江流域。康熙初年，俄羅斯趁清廷忙於平定三藩，侵佔了中國領土尼布楚（今俄羅斯涅爾琴斯克）與雅克薩（今俄

{ 雅克薩之戰與中俄定界示意圖 }

羅斯阿爾巴津諾）等地。在交涉無果的情況下，康熙帝命清軍遠征，取得了雅克薩之戰的勝利。此後，藉助西方傳教士的幫助，與俄羅斯簽訂了《尼布楚條約》，規定"從黑龍江支流格爾必齊河到外興安嶺、直到海，嶺南屬於中國，嶺北屬於俄羅斯"；烏第河與外興安嶺之間的地區為劃界待議地域。

《尼布楚條約》簽訂後，額爾古納河以西地域尚未劃界。清雍正五年（1727 年），中俄又簽訂《布連斯奇界約》，規定以恰克圖和鄂爾懷圖山之間的第一個鄂博為起點，向東至額爾古納河，向西至沙賓達巴哈，以北歸俄，以南歸清。兩個條約的簽訂，基本劃定了中俄兩國國界，邊界穩定了 100 餘年。

日本在清初仍稱清為"韃靼"。隨着三藩之亂的平定與清朝國力的上升，日本幕府對清朝的認識才有了根本的轉變。中華文明對日本影響頗深，一些在中國已經佚失的典籍如《論語集解義疏》在清代開始流傳回中國，對清代學術發展產生了深遠影響。

{ 康熙戎裝像 }

日本幕府長期奉行海禁政策，只與中國、荷蘭等少數國家有貿易往來。當時，日本最重要的通商港口是長崎，中國商人憑日本頒發的"信牌"與日本貿易。現藏於京都大學圖書館的《崎陽唐館交易圖》反映了中日貿易的情形。

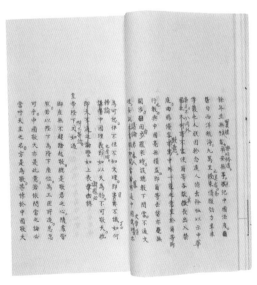

{ 康熙致羅馬教廷關係文書 }

教皇特使頒佈禁止中國教徒祭祖的命令後，康熙帝多次致信羅馬教廷，維護中國傳統

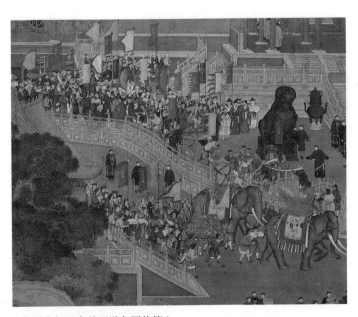

{ 萬國來朝圖中的西洋各國使節 }

BC 2100

BC 1900

BC 1700

BC 1500

BC 1300

BC 1100

BC 900

BC 700

BC 500

BC 300

BC 100

0

100

300

500

700

900

1100

1300

1500

1700

1900

1636—1911

海禁貿易

清代的海禁政策在明代基礎上有所損益。康熙二十三年（1684年）收回台灣後，朝廷下令解除海禁，並決定在廣東、福建、浙江、江蘇四省設立海關。但到乾隆二十二年（1757年），朝廷下令關閉三關，指定外國商船只能在粵海關——廣州一地通商，並規定洋商不得直接與官府交往，而只能由"廣州十三行"辦理一切有關外商的交涉事宜，從而開始實行全面防範洋人、隔絕中外的閉關鎖國政策。

這一政策給外國商人造成一些不便，但並沒有影響貿易額。相反，即便只有廣州一個口岸，海外貿易額依然大幅上升，十三行口岸洋船聚集，幾乎所有亞洲、歐洲、美洲的主要國家和地區都與十三行發生過直接的貿易關係。這裏擁有通往歐洲、拉美、南亞、東洋和大洋洲的環球貿易航線，是清政府閉關政策下唯一倖存的海上絲綢之路。以中、英貿易為例，中國向英國出口的絲綢、瓷器遠大於英國向中國出口的早期工業品。長期以來，在中英貿易中，中國處於出超地位，而英國則是貿易逆差。

為了打破封閉的中國市場，歐洲諸國如俄羅斯、英國等國曾多次向中國派出使團，試圖說服清朝皇帝改變閉關鎖國的國策，但都無功而返。其中，1793年英國向中國派出的馬戛爾尼使團，無疑是最著名的一次。馬戛爾尼使團來華要求開放貿易，但經過覲見禮儀之爭等眾多波折，乾隆帝最終沒有答應英國的要求，只答覆"是爾國王所請派人留京一事，於天朝體制既屬不合，而於爾國亦殊覺無益"。這種心態是歷史發展的結果，不久，歷史又會對這種心態作出重新檢驗。

為了改變貿易地位，防止白銀大量流失，英國開始藉助東印度公司向中國走私鴉片，換取高額利潤，其貿易總額在19世紀30年代末已超過正當貿易數額。由此，中國白銀開始大量外流。

白銀的短缺使中國產生了複雜的經濟困境，如"銀貴錢賤"，並進而引發貨幣貶值、購買力下降、物價上漲等一系列問題。中國在"世界工廠"中的地位開始被英國超越。

{《英使謁見乾隆紀實》}

此書由馬戛爾尼使團的秘書斯當東所著，描繪了在中國的見聞、風物

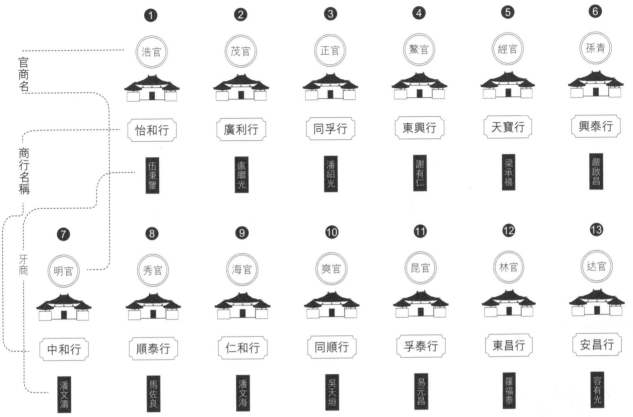

❶	❷	❸	❹	❺	❻
浩官	茂官	正官	鰲官	經官	孫青
怡和行	廣利行	同孚行	東興行	天寶行	興泰行
伍秉鑒	盧繼光	潘紹光	謝有仁	梁承禧	嚴啟昌
❼	❽	❾	❿	⓫	⓬ ⓭
明官	秀官	海官	爽官	昆官	林官 达官
中和行	順泰行	仁和行	同順行	孚泰行	東昌行 安昌行
潘文濤	馬佐良	潘文海	吳天垣	易元昌	羅福泰 容有光

官商名
商行名稱
牙商

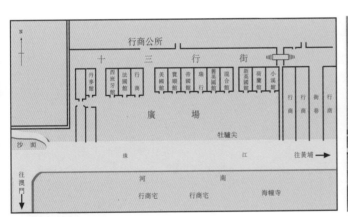

{廣州十三行}

明清之際,中國在國際貿易中一直出超,世界各地的白銀大量流入中國

{西班牙銀元}　　{墨西哥銀元}　　{荷蘭銀元}

BC 2100
BC 1900
BC 1700
BC 1500
BC 1300
BC 1100
BC 900
BC 700
BC 500
BC 300
BC 100
0
100
300
500
700
900
1100
1300
1500
1700
1900

1636—1911

{ 鴉片戰爭前中英正當貿易情況表 }

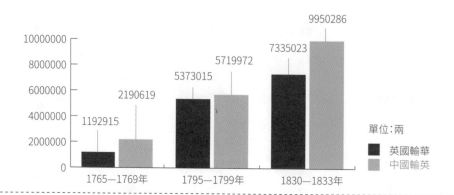

單位：兩

■ 英國輸華
■ 中國輸英

{ 鴉片在中英貿易中的比重 }

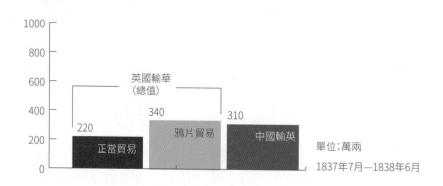

單位：萬兩
1837年7月—1838年6月

{ 鴉片戰爭前廣州白銀出口及兌換制錢數 }

廣州白銀出口(兩)

1885230　　3386305　　4846763
1823—1824年　1828—1829年　　1833—1834年

一兩白銀兌制錢數

= 1249 ×　　= 1337 ×　　= 1363 ×

單位：　= 1兩
　= 1文

{ 中、英佔全世界製造業份額變化 }

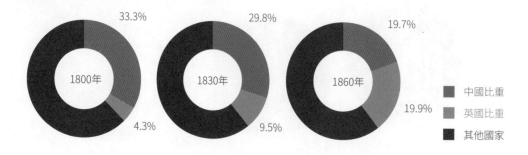

33.3%　　29.8%　　19.7%
1800年　　1830年　　1860年
4.3%　　9.5%　　19.9%

■ 中國比重
■ 英國比重
■ 其他國家

內虛外侵

道光年間，"鴉片流毒天下…… 若猶泄泄視之，是使數十年後，中原幾無可以禦敵之兵，且無可以充餉之銀"。這一情形，引起了如林則徐等有識之士的重視。道光帝任命林則徐為欽差大臣，赴兩廣主持禁煙。

林則徐抵粵後，要求所有煙商交出全數鴉片，並保證以後不販鴉片。他又迫使英國商務總督查理‧義律呈送《義律遵諭呈單繳煙二萬零二佰八十三箱稟》。道光十九年（1839 年）農曆四月至五月，林則徐命人以海水浸化法銷毀鴉片共計 2376254 斤，史稱"虎門銷煙"。

虎門銷煙給了英國入侵的藉口。1840年 1 月，林則徐根據道光帝諭旨，宣佈斷絕與英國貿易，封鎖廣州口岸與珠江口。同年3 月，英國下院對是否進行對華戰爭進行了激烈辯論，最終以 271 票比 262 票的微弱多數，通過了內閣的提案，隨即着手組建赴中國遠征軍。同年 6 月，英國遠征軍 4000 餘人抵達珠江口，第一次鴉片戰爭爆發。雖然清軍投入兵力要遠遠超過英軍，但由於武器陳舊、訓練鬆懈，最終敗北。

1842 年 8 月英軍逼近江寧（今南京）下關江面，架炮揚言攻城。清廷被迫與英議和，簽訂《江寧條約》（即《南京條約》）。《江寧條約》約定中國割讓香港島給英國；開放廣州、廈門、福州、寧波、上海為通商口岸；中國向英國賠款 2100 萬元；英國在中國的進出口貨物納稅，由中國與英國共同議定等內容。1844 年，美國與法國援引《江寧條約》

{ 道光帝朝服像 }

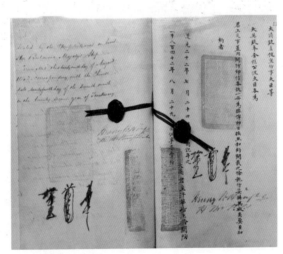

{《江寧條約》文本 }

內容，與清廷簽訂了中美《望廈條約》與中法《黃埔條約》，獲得了協定關稅、領事裁判權等特權。

1856 年英、法兩國再次挑起戰火，發動第二次鴉片戰爭。1858 年 5 月，英法聯軍攻陷大沽，清廷與俄、英、法、美分別簽訂《天津條約》。與第一次鴉片戰爭後簽訂的各

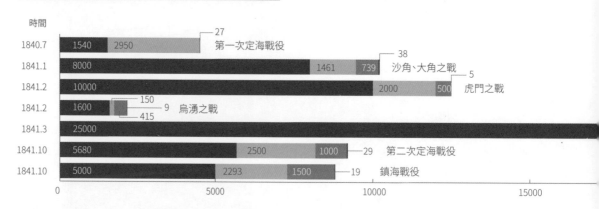

{ 第一次鴉片戰爭主要戰役中英傷亡對比 }

時間			
1840.7	1540	2950	27　第一次定海戰役
1841.1	8000	1461	739　38　沙角、大角之戰
1841.2	10000	2000	500　5　虎門之戰
1841.2	1600	150	9　烏湧之戰　415
1841.3	25000		
1841.10	5680	2500	1000　29　第二次定海戰役
1841.10	5000	2293	1500　19　鎮海戰役

0　　　　5000　　　　10000　　　　15000

{ 中英簽訂《南京條約》油畫 }

{ 中英簽訂《天津條約》場面 }

條約相比,《天津條約》規定了外國公使常駐北京、增開十處通商口岸等內容。

以"調停人"居功的俄羅斯與美國以誘騙等手段也攫取了同英、法等幾乎一樣的特權。中俄《天津條約》第九款還特別規定,兩國派員查勘"以前未經定明邊界","務將邊界清理補入此次和約之內",從而為俄羅斯進一步掠奪中國領土埋下了伏筆。同年,俄羅斯與黑龍江將軍奕山簽訂《璦琿條約》,將黑龍江以北、外興安嶺以南的六十多萬平方公里土地劃歸俄羅斯,同時規定江東六十四屯"原住之滿洲人等,照舊准其各在所住屯

| BC 2100 |
| BC 1900 |
| BC 1700 |
| BC 1500 |
| BC 1300 |
| BC 1100 |
| BC 900 |
| BC 700 |
| BC 500 |
| BC 300 |
| BC 100 |
| 0 |
| 100 |
| 300 |
| 500 |
| 700 |
| 900 |
| 1100 |
| 1300 |
| 1500 |
| 1700 |
| 1900 |

1636—1911

{ 鴉片輸入與白銀關係表 }

年份	鴉片輸入（箱）	白銀輸出（銀元）
1800~1809	39,691	51,339,100
1810~1819	74,135	95,288,153
1820~1829	180,169	211,089,961
1830~1839	344,124	243,958,005

{ 吸食鴉片的用具 }

3200　4000　135　廣州之戰

■ 清軍兵力　　 英軍兵力　　 清軍傷亡人數　　■ 英軍傷亡人數　　 單位：人

| 000 | 25000 | 30000 | 35000 |

{ 兩次鴉片戰爭及中法戰爭示意圖 }

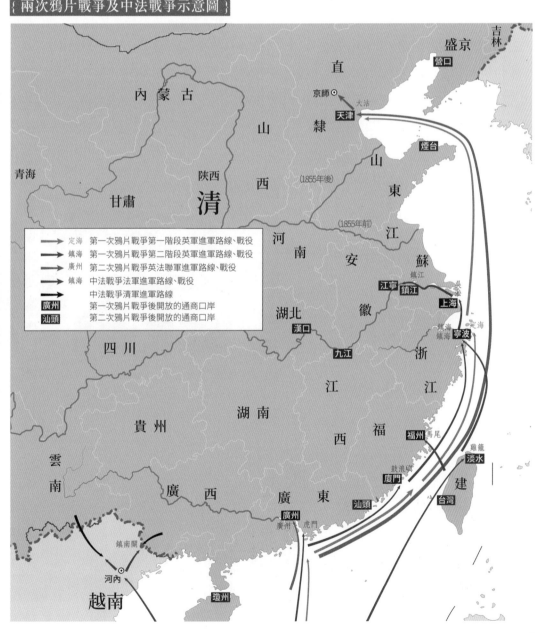

→(定海)	第一次鴉片戰爭第一階段英軍進軍路線、戰役
→(鎮海)	第一次鴉片戰爭第二階段英軍進軍路線、戰役
→(廣州)	第二次鴉片戰爭英法聯軍進軍路線、戰役
→(鎮海)	中法戰爭法軍進軍路線、戰役
→	中法戰爭清軍進軍路線
廣州	第一次鴉片戰爭後開放的通商口岸
汕頭	第二次鴉片戰爭後開放的通商口岸

中永遠居住，仍着滿洲國大臣官員管理，俄羅斯人等和好，不得侵犯"。由於黑龍江將軍沒有簽約的權力，故當時清廷沒有承認這一條約。

《天津條約》簽訂後，針對外國公使到北京換約問題，中外釁端再開。1860年10月，英法聯軍攻佔北京，並在大肆劫掠後，將京郊皇家園林圓明園、清漪園、靜明園、靜宜園、暢春園付之一炬。法國作家維克多·雨果將圓明園的被焚稱作"兩個強盜的勝利"。

1860年10月，英法聯軍以焚燬紫禁城為威脅，迫使奕訢等簽訂中英、中法《北京條約》。條約除承認《天津條約》全部內容外，另增開天津為通商口岸；清廷將九龍司地方一區割讓給英國。俄羅斯以調停有功為藉口，與清廷簽訂《北京條約》，迫使清廷承認了《璦琿條約》所割讓的土地，同時將烏蘇里江以東四十餘萬平方公里的土地連同庫頁島在內割讓給俄羅斯。1864年，中俄簽訂《勘分西北界約記》（又稱《塔城議定書》），俄羅斯將巴爾喀什湖以東、以南至齋桑泊的四十四萬平方公里土地收歸己有，成為第二次鴉片戰爭前後獲利最大的侵華國家。

從兩次鴉片戰爭及其後所簽訂條約內容來看，除俄羅斯以外的其他國家，發動戰爭的緣由與所獲特權多與經濟貿易等有關。第二次鴉片戰爭後，列強獲得到內地自由貿易的權利，清廷的關稅自主權亦日漸喪失。

1859年，清廷在上海設立總稅務司署，任命英人李泰國 (Hor-atio Nelson Lay) 為首任總稅務司。1863年，英人赫德 (Robert Hart) 繼任總稅務司，直到1909年。清廷處理外事的機構長期以來是理藩院。《天津條約》簽訂後，各國公使常駐北京，已不甘心以"夷狄"身份同清廷打交道。1861年，經清廷批准，總理各國事務衙門成立，清廷專門的外交機構至此建立。總理衙門下設南、北洋通商大臣，其機構模式則"一切仿照軍機處辦理"，下設總理、章京等官。

對外戰爭的頻繁失敗，在中國內部產生

{ 總理各國事務衙門 }

{ 圓明園大水法遺跡 }

深遠影響的同時，也衝擊着朝貢體制之下的各屬國。

1865 年，中亞國家浩罕的頭領阿古柏自立為汗，藉助俄羅斯的扶持開始入侵新疆。與此同時，東南發生了日軍入侵台灣的事件。清廷內部由此展開了"海防"與"塞防"的爭論。主張塞防的左宗棠駁斥了李鴻章"新疆不復，於肢體元氣無傷；海疆不防，則腹心之大患愈棘"的主張，認為"東則海防，西則塞防，二者並重"方為上策。清廷採納了左宗棠的主張，在劃撥軍費籌建水師的同時，派左宗棠為欽差大臣督辦新疆軍務，籌謀收復新疆。光緒元年（1875 年），左宗棠率軍入新疆，並最終收復新疆。左宗棠率軍入疆時，所到之處皆植柳樹，被稱為"左公柳"。時人有"新栽楊柳三千里，引得春風渡玉關"之語。軍事戰鬥的勝利有利配合了外交鬥爭，但因有崇厚賣國等行徑，光緒七年（1881 年）中俄簽訂《改訂伊犁條約》，中國收歸了伊犁地區，但仍將霍爾果斯河以西、伊犁河南北一帶七萬平方公里的土地劃歸俄羅斯。

BC 2100

BC 1900

BC 1700

BC 1500

BC 1300

BC 1100

BC 900

BC 700

{ 左宗棠收復新疆示意圖 }

1883—1885 年，法國為爭奪中國屬國越南的"保護權"，挑起了中法戰爭。雖然清軍取得了"鎮南關大捷"，然而清廷為保西南疆土，主張"乘勝即收"，1885 年 6 月與法簽訂《中法新約》。條約不僅肯定了法國是越南的保護國，承認法國與越南所訂條約；還在西南邊境開放口岸，承諾日後若中國修築鐵路，"應向法國業者之人商辦"；並派人共同勘定邊界。中法戰爭由此有"中國不敗而敗，法國不勝而勝"的結論。

明治維新後的日本國力迅速增強，1874 年日軍登陸台灣，後與清廷簽訂《中日北京專條》，索取 50 萬兩戰爭賠款後撤軍。1879 年日本吞併了清朝屬國琉球，將其改為沖繩縣。1894 年 7 月，日本不宣而戰，中日甲午戰爭爆發。

開戰後，日軍由陸路及海上兩路進兵，經平壤戰役後佔領朝鮮全境。在海上則於 1894 年 9 月爆發了"黃海海戰"。此戰雙方皆有較大損失，清軍北洋水師損失戰艦五艘，致遠號管帶鄧世昌等殉國，日軍聯合艦隊軍艦亦被重創五艘。

黃海海戰後，北洋水師奉命退入威海衛避戰，以求保存實力。清軍徹底喪失了黃海海域制海權。日軍由榮成登陸，從陸、海兩路聯合夾擊北洋水師。威海衛一戰，北洋水師各艦船或沉沒或被俘，最終全軍覆沒。1895 年 3 月中日開始在馬關春帆樓舉行和談。4 月，清廷全權代表李鴻章簽訂《馬關條約》，條約除割讓台灣、澎湖列島及附屬島嶼和令列強驚詫的 2 億兩白銀的賠款外，還有允許日本在華開設工廠，開放沙市、重慶、蘇州、杭州四處為通商口岸等內容。

在瓜分中國的浪潮中，英國迫使清廷簽訂了《展拓香港界址專條》，將租借地擴展至整個新界及附屬島嶼，租期 99 年。俄羅斯也強佔了海蘭泡和《璦琿條約》規定原本屬於中國的江東六十四屯。1897 年，德國藉口山東鉅野教案，向清廷強租膠州灣，並通過訂約迫使清廷承認其在山東半島的特殊利益。

{ 青島膠州灣景 }
青島是德國在遠東最大的工商業中心，圖為青島的德式建築

{ 香港中環洋人住宅區 }

{甲午戰爭示意圖}

{日本繪畫《下關媾和談判》}

{黃海海戰的歷史鏡頭}

照片左側煙跡是清朝的北洋海軍，右側煙跡是日本海軍

{黃海海戰中日軍力對比}

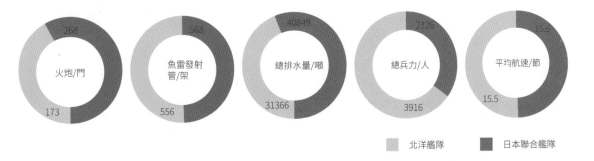

北洋艦隊　　日本聯合艦隊

BC 2100

BC 1900

BC 1700

BC 1500

BC 1300

BC 1100

BC 900

BC 700

BC 500

BC 300

BC 100

0

100

300

500

700

900

1100

1300

1500

1700

1900

1636—1911

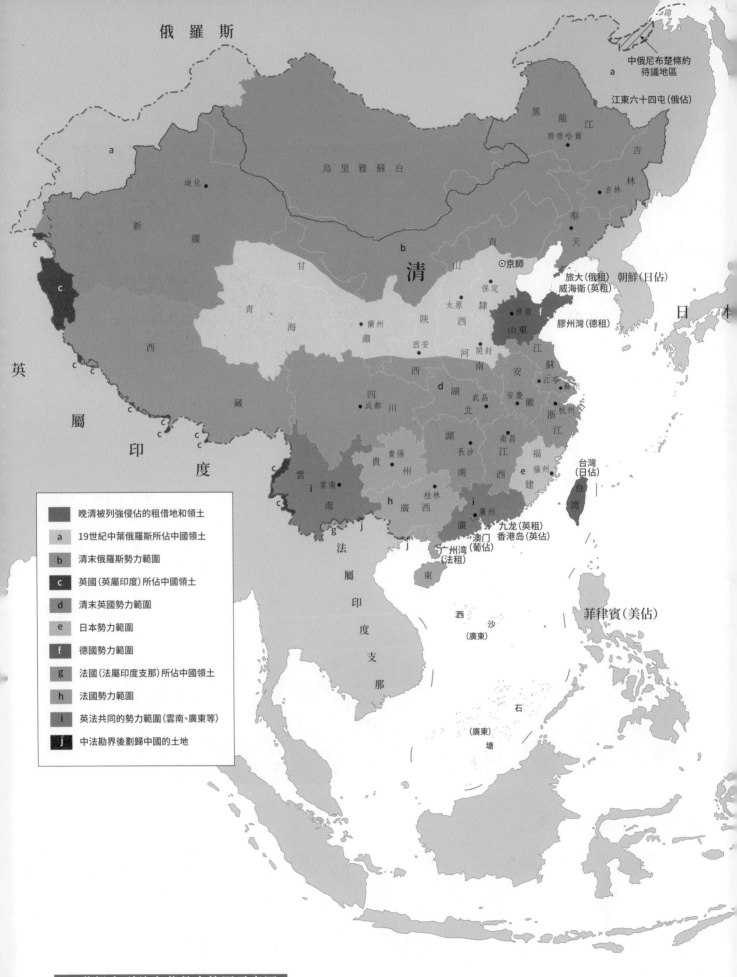

俄羅斯

中俄尼布楚條約
待議地區 a

江東六十四屯(俄佔)

黑龍江

齊齊哈爾

烏里雅蘇台

吉林

吉林

奉天

迪化

新疆

直隸

京師

b

清

旅大(俄租)　朝鮮(日佔)
威海衛(英租)

山東

濟南 f

膠州灣(德租)

c

c

甘肅

青海

蘭州

陝西

保定

太原

山西

c

西藏

c

c

四川

成都

西安

河南

開封

湖北

武昌

安徽

安慶

江蘇

蘇州

浙江

杭州

d

c

c

c

貴州

貴陽

湖南

長沙

江西

南昌

福建

福州

e

台灣
(日佔)

英屬印度

c

雲南

雲南

i

廣西

桂林

廣東

廣州

i

台灣

g

h

j

九龙(英租)
香港島(英租)

日本

法屬印度支那

j

廣東

澳門　香港島(英租)
(葡佔)

广州灣(法租)

菲律賓(美佔)

西沙
(廣東)

石

(廣東)

塘

圖例:
- 晚清被列強侵佔的租借地和領土
- a 19世紀中葉俄羅斯所佔中國領土
- b 清末俄羅斯勢力範圍
- c 英國(英屬印度)所佔中國領土
- d 清末英國勢力範圍
- e 日本勢力範圍
- f 德國勢力範圍
- g 法國(法屬印度支那)所佔中國領土
- h 法國勢力範圍
- i 英法共同的勢力範圍(雲南、廣東等)
- j 中法勘界後劃歸中國的土地

{19世紀末列強在華勢力範圍示意圖}

{ 晚清全國通商口岸分佈示意圖 }

鴉片戰爭之前所開對俄口岸:
a黑龍江　b恰克圖

中英《江寧條約》所開口岸:
1廣州 2廈門 3福州 4寧波 5上海

中俄《伊犁塔爾巴哈台通商章程》所開口岸:
1伊犁 2塔城

中英、中法、中美、中俄《天津條約》所開口岸:
1營口 2煙台 3鎮江 4江寧 5九江 6漢口
7淡水 8台南 9汕頭 10瓊州

中英、中法《北京條約》所開口岸:
1天津

中俄《北京條約》所開口岸:
1喀什 2庫倫 3張家口

中英《煙台條約》所開口岸:
1宜昌 2蕪湖 3溫州 4北海

中俄《伊犁條約》所開口岸:
1肅州 2吐魯番 3科布多 4烏里雅蘇台 5哈密
6烏魯木齊 7古城

中葡《和好通商條約》所開口岸:
1拱北

中英《中英會議藏印條款》所開口岸:
1亞東

中日《馬關條約》所開口岸:
1沙市 2重慶 3蘇州 4杭州

中法《續議商務專條附章》所開口岸:
1龍州 2河口 3思茅 4蒙自

中英《續議緬甸條約附款》所開口岸:
1騰越 2梧州 3三水

中英《續議通商行船條約》所開口岸:
1安慶 2惠州 3江門

中美、中日《通商行船續約》所開口岸:
1奉天 2安東 3大東溝

中日《會議東三省事宜條約》所開口岸:
1鳳凰城 2遼陽 3新民屯 4鐵嶺 5發庫門 6通江子 7長春
8吉林 9百草溝 10頭道溝 11局子街 12龍井村 13琿春 14寧古塔
15綏芬河 16三姓 17哈爾濱 18齊齊哈爾 19海拉爾 20滿洲里 21璦琿

中英《續訂藏印條約》所開口岸:
1江孜 2噶大克

自開商埠:
1昆明 2南寧 3公益埠 4香洲 5岳州 6常德 7長沙
8湘潭 9武昌 10鼓浪嶼 11三都澳 12吳淞 13天生港 14海州
15濰坊 16周村 17濟南 18秦皇島

中俄《中俄密約》所開口岸:
1大連灣

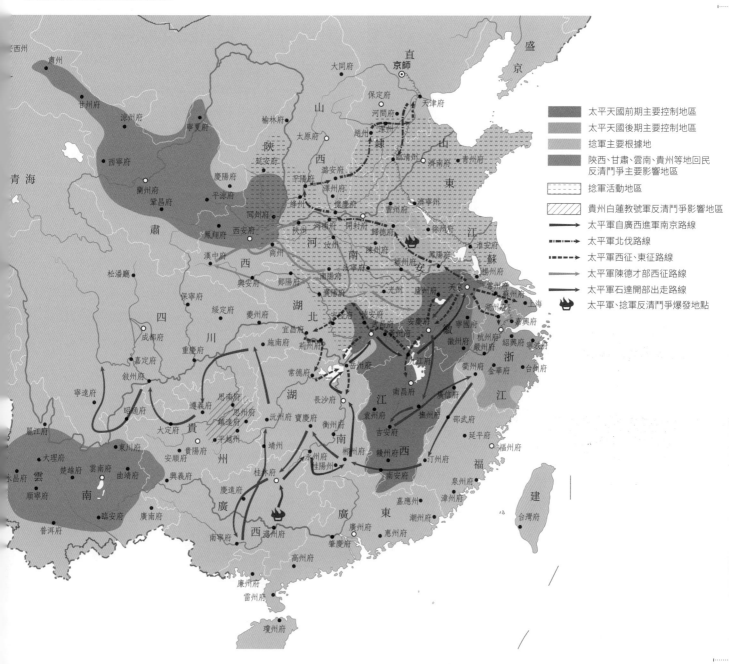

{太平天國形勢示意圖}

　　在應對外來的衝擊時，清朝內部也不斷孕育着鬥爭與反抗，其中規模最大、影響深遠的是太平天國運動與義和團運動。1851年初，洪秀全等在廣西桂平縣金田村宣佈起義，太平天國運動興起。1853年，起義軍攻克武昌，並順江東下攻佔江寧（今南京），改為"天京"，正式建立了太平天國政權。太平天國成立之初，曾頒佈《天朝田畝制度》作為土地綱領，又倡導男女平等。但實際上，絕對平均的土地分配無法實現，只是一種政治理想而已。太平天國運動衝擊了舊有的社會秩序，但也對江南一帶的經濟和民生帶來較大的影響。

　　1856年太平天國發生內訌，天京事變爆

187

{義和團團民}
義和團運動是民眾排外情緒長期積累後的爆發。運動先是被清政府利用,後又遭到清政府和外國侵略者的鎮壓和清剿

{八國聯軍佔領北京}
聯軍對北京實行分區佔領,並進行了大肆殺戮搶掠

{太平天國天王玉璽}
太平天國的領袖洪秀全自稱天王,為自己製作了象徵權力的玉璽

發,急於奪權的東王楊秀清被殺,翼王石達開被迫率軍西走,在四川大渡河被清軍消滅。太平天國晚期的領導者之一洪仁玕較早接受西方思想,向洪秀全提出了頗具西方政治色彩的《資政新篇》,雖獲洪秀全贊同,終因脫離實際未能施行。1864 年 7 月,天京被清軍攻克,太平天國運動至此結束。

西方傳教士進入內地傳教後,對民間社會影響深遠。普通大眾既有接受施洗者,更有敵視抵制者。加之傳教士在民間多有不法行為,引發民眾不滿,遂產生眾多教案,地方政府為減少麻煩,多採取息事寧人之措,反而激起更大民變,義和團運動正是在此背景下出現的。義和團又稱"義和拳",1897 年在山東冠縣飛地梨園屯(今屬河北威縣)爆發,山東巡撫毓賢對團民採取安撫措施,繼任者袁世凱則以剿為主。義和團開始轉向直隸、京師等地擴展。清廷對義和團的態度則始終在搖擺。

由於盲目排外,義和團團民燒教堂、破壞鐵路及電線桿等洋物。義和團進入北京後,在慈禧的默許下,配合清軍進攻東交民巷使館區。1900 年 6 月,清廷宣佈對英、美、法、德、意、日、俄、奧、西、比、荷十一國同時宣戰。同年 7 月,十一國中前八國組成聯軍相繼佔領天津、北京,慈禧及皇室逃往西安。北京城由八國分區佔領,頤和園(由清漪園改建)、圓明園等再遭兵燹。在流亡途中,慈禧發佈了剿滅義和團的懿旨。1901 年 9 月,奕劻、李鴻章等代表清政府與十一國簽訂《辛丑條約》,主要內容有中國賠款價息合計 9.8 億兩白銀(詳情為賠償本金 4.5 億白銀,分 39 年還清,本息共計約 9.8 億兩);劃定北京東交民巷為使館區,允許各國駐兵保護,不准中國人在界內居住;改總理衙門為外務部,位列六部之上等等。慈禧因列強未將其作為罪魁禍首而表示"量中華之物力,結與國之歡心"。清廷則淪為"洋人的朝廷",其統治已是落日餘暉。

近代化之路

◎ 救亡圖存　　◎ 近代之風

救亡圖存

受西方漢學影響,對於鴉片戰爭後至清朝滅亡前的歷史解讀,有一種觀點是"衝擊——回應"說,即外部勢力入侵給中國帶來的變化與中國適應這種變化的調整。而最早對西方勢力入侵做出反應的則是鴉片戰爭前後的士子、官僚。

魏源(1794—1857 年)被譽為晚清"開眼看世界"第一人。他繼承清初及乾嘉學派"經世致用"的思想,在第一次鴉片戰爭時期與洋人實際接觸中,提出了"以夷攻夷"、"以夷款夷"、"師夷長技以制夷"等觀點,主張通過學習西方的艦船、火炮技術增強軍事實力。魏源利用林則徐提供的西方史地資料《四洲志》,輯成《海國圖志》一書,系統地向國人介紹了當時已知世界各國的地理環境與人文風俗。

在鎮壓太平天國運動的過程中,以曾國藩、李鴻章、張之洞為首的官僚認識到處於"三千年未有之變局"中,驚歎於列強的船堅炮利,有更迫切的向西方學習的需求。他們針對守舊派如倭仁等"立國之道,尚禮義不尚權謀,根本之圖,在人心不在技藝"的言論,指出這些士大夫是"無事則嗤外國利器為奇技淫巧,以為不必學;有事則驚外國之利器為變怪神奇,以為不能學。不知洋人視火器為身心性命之學者已數百年"。這批開明官僚擁有因清廷權力下移而帶來的地方實權,辦理借鑒西方技術的軍工、工礦企業較為便利。他們和恭親王奕訢等人被稱為"洋務派",共同發起了洋務運動。

從 19 世紀 60 年代至 90 年代,洋務派興辦了各類工廠。初期多是軍工企業,後期則多興辦民用工業,這表明洋務派對西方的

{《海國圖志》書影 }

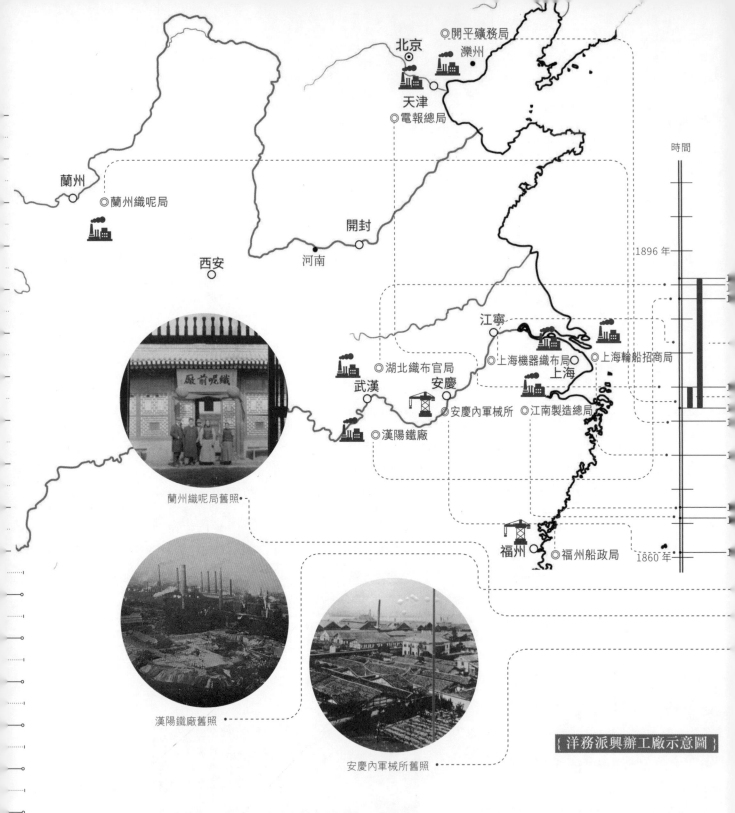

時間

1896 年

蘭州
　◎蘭州織呢局

北京☉
◎開平礦務局
灤州
天津
◎電報總局

開封
西安
河南

江寧
◎湖北織布官局
◎上海機器織布局
上海
◎上海輪船招商局
武漢
安慶
◎安慶內軍械所
◎江南製造總局
◎漢陽鐵廠

福州
◎福州船政局

1860 年

蘭州織呢局舊照

漢陽鐵廠舊照

安慶內軍械所舊照

{ 洋務派興辦工廠示意圖 }

認識已從軍事強大進步到工業先進。然而，洋務企業多聘用洋人為顧問，洋顧問偶有囤積居奇之弊；且洋務企業採用半新半舊的官僚管理形式，效率低下。

　　在"海防與塞防"之爭中，清廷既支持左宗棠收復新疆，也將大量白銀撥給李鴻章等興辦水師，先後建立福建、南洋、北洋三支水師，其中北洋水師實力最強。但隨着甲午戰爭的慘敗，北洋水師建制被取消，客觀上宣佈了洋務運動的失敗。

　　洋務運動雖然以"中學為體，西學為用"，即在不改變制度的前提下學習西方科學技術為改革方針，但畢竟邁出了中國近代化的第一步。

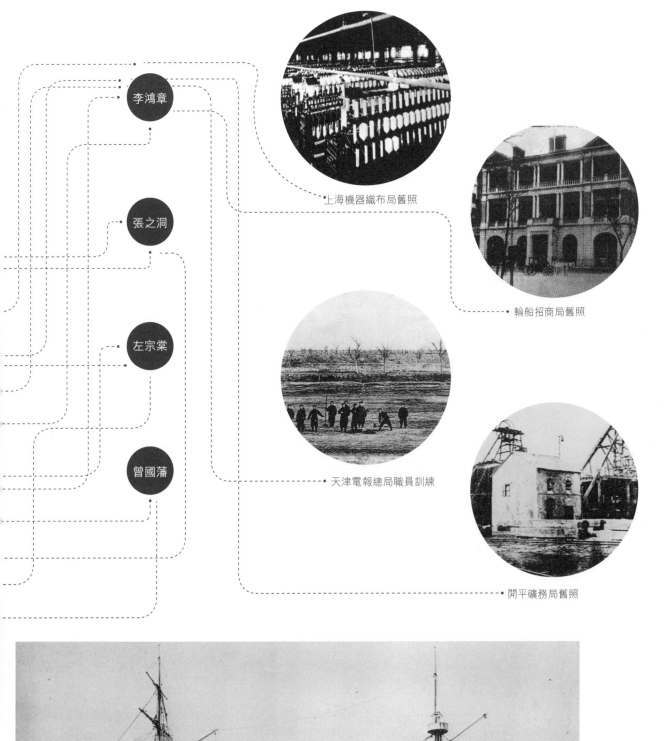

李鴻章

張之洞

左宗棠

曾國藩

上海機器織布局舊照

輪船招商局舊照

天津電報總局職員訓練

開平礦務局舊照

{北洋海軍定遠號鐵甲艦}

BC 2100
BC 1900
BC 1700
BC 1500
BC 1300
BC 1100
BC 900
BC 700
BC 500
BC 300
BC 100
0
100
300
500
700
900
1100
1300
1500
1700
1900
1636—1911

{ 五大臣出洋考察 }

{ 囚禁光緒皇帝的瀛台 }

隨着 19 世紀後期邊疆危機的加深與中法、中日戰爭帶來的巨大衝擊，有識之士開始主張通過學習西方制度來改變中國日益沉淪的命運，由此誕生了兩個派別——維新派與革命派，兩派分別主導了清末的兩次運動——戊戌維新與辛亥革命。

《馬關條約》簽訂的消息傳回國內時，正逢全國舉人在北京應試。康有為、梁啟超等遂發起"公車上書"，並在北京、上海等地創辦報刊、組織學會，為變法造勢。1897年冬，德國強佔膠州灣，掀起列強劃分勢力範圍的狂潮，極大地加深了民族危機。光緒帝召見康有為，表示不願做"亡國之君"。1898 年 1 月，康有為上《應詔統籌全局摺》，以之為變法綱領。6 月 11 日，光緒帝發佈"明定國是"詔書，戊戌維新正式開始。光緒帝任命康有為為總理衙門章京，又任命譚嗣同等為軍機章京上行走，籌劃改革事宜。

面對維新運動對自身權益的觸動，慈禧等實權派迫使光緒帝下詔諭，控制了人事任免權與京畿地區防務。深感權位不保的光緒帝派譚嗣同夜訪直隸按察使、陸軍督辦的袁世凱，要求其誅殺直隸總督榮祿並包圍頤和園，袁氏實未允。9 月 21 日，慈禧軟禁光緒帝於瀛台，誅殺譚嗣同等"戊戌六君子"。新政各項改革措施，除京師大學堂外，其餘基本被廢止。

戊戌維新之後，清廷內部再度產生改革潮流，此即清末新政。從本質上說，清末新政是戊戌維新的延續，部分措施甚至比戊戌維新更為激進。慈禧等實權派並不反對改革，只是這種改革要在保證自身既得利益的前提下實行。慈禧在由西安回鑾路上即任命

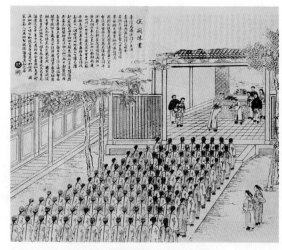

{《點石齋畫報》之伏闕陳書 }

《點石齋畫報》1884 年創辦於上海，是中國最早的畫報。此圖為該畫報報道康、梁等人"公車上書"

奕劻等成立"督辦政務處",這是實行新政的中央辦事機構。1901 年 1 月,慈禧發佈變法上諭。兩江總督劉坤一與湖廣總督張之洞聯名上奏《江楚會奏變法三摺》,主張學習日本改革內政。1905 年,載澤、端方等五大臣出洋考察憲政。1906 年,清廷發佈《仿行立憲上諭》,其原則是"大權統於朝廷,庶政公諸輿論"。在此前後,新政各項改革措施開始推行。清廷廢除六部,編練新軍,改革稅制,各項措施有條不紊地推行。1908 年 8 月 27 日,《欽定憲法大綱》公佈,大綱共23 條,其中"君上大權"14 條,"臣民權利義務"9 條,滿篇"議院不許"干涉君主,臣民需在"法律"範圍內行使權利。大綱一出,輿論譁然。1908 年 11 月,光緒帝與慈禧先後去世,年僅三歲的溥儀繼位為帝,由其父醇親王載灃攝政,年號宣統。清廷將預備立憲期定為宣統九年。

作為革命派領袖的孫中山,在甲午戰前曾向李鴻章上書,請求其改弦更張,卻未得到積極回應。甲午戰後,孫中山與黃興等積極籌劃革命事宜,先後興辦興中會、同盟會

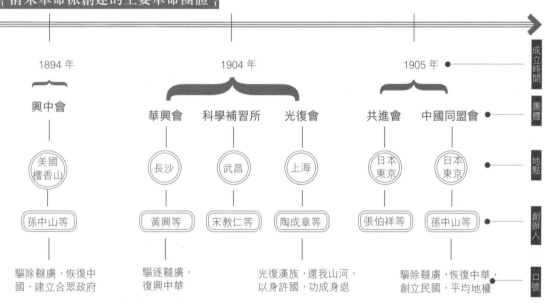

{ 清末革命派創建的主要革命團體 }

	1894 年	1904 年			1905 年		
成立時間							
團體	興中會	華興會	科學補習所	光復會	共進會	中國同盟會	
地點	美國檀香山	長沙	武昌	上海	日本東京	日本東京	
創辦人	孫中山等	黃興等	宋教仁等	陶成章等	張伯祥等	孫中山等	
口號	驅除韃虜,恢復中國,建立合眾政府	驅逐韃虜,復興中華	光復漢族,還我山河,以身許國,功成身退			驅除韃虜,恢復中華,創立民國,平均地權	

{ 興中會誓詞 }　　　　{ 武漢軍政府合影 }　　　　{ 同盟會綱領 }

等革命團體,並創辦報刊,發動了一系列革命活動。《辛丑條約》簽訂後,國人日漸接受孫中山等的革命主張,據其自述:庚子之前,"舉國輿論莫不目予輩為亂臣賊子,大逆不道,咒詛謾罵之聲不絕於耳";而庚子以後,"則鮮聞一般人之惡聲相加,而有識之士且多為吾人扼腕歎息,恨其事之不成,前後相較,差為天淵"。革命運動得以蓬勃發展。

1911 年 10 月 10 日(辛亥年農曆八月十九)湖北新軍在武昌發動起義,辛亥革命爆發並迅速波及全國,南方各省紛紛獨立,清廷統治搖搖欲墜。1912 年 1 月 1 日,中華民國臨時政府在南京成立,孫中山就任臨時大總統。1912 年 2 月 12 日,清廷發佈退位詔書,持續 276 年的中國最後一個王朝——清王朝壽終正寢。

{ 清末主要革命起義示意圖 }

{ 孫中山謁明孝陵 }

孫中山創辦"興中會""同盟會"都有"驅除韃虜"的主張,故革命成功後,他拜謁明孝陵,祭祀朱元璋。圖中可見五色旗和青天白日旗,曾先後作為中華民國的國旗

{《京師公報》清帝退位號外 }

1912 年 2 月 12 日清帝宣佈退位。次日,《京師公報》出版號外,刊登《清帝退位詔書》和"清室優待條件"

近代之風

隨着鴉片戰爭後國門的洞開，西方國家的器物、制度、文化開始全面衝擊傳統的體制。湘軍將領胡林翼曾乘船在長江中與英國火輪船相遇。火輪逆流而上，迅速超越湘軍水師，激起的浪花甚至掀翻了水師船隻。胡林翼摔倒被人救起後，第一句話便是"天要變了"。然而，並非所有人都如胡林翼般敏感。清廷對於西方事務的曲折認識過程，可從晚清鐵路的發展歷程中看出。

鐵路是近代化的重要標誌。早在 1865 年，英國曾在北京宣武門外鋪設小段鐵路，迅即被步軍統領衙門拆卸。1876 年，英美未經清廷允許，擅自在上海修建了一段鐵路。清廷得知後，與英國簽訂《收贖吳淞鐵路條款》，出資贖回鐵路，並將其拆毀。1879 年，為將開平煤礦的煤運往天津，李鴻章奏請修築鐵路，結果清廷不僅將鐵路縮短為唐山至胥各莊，更以"煙傷禾稼，震動寢陵"為由擬

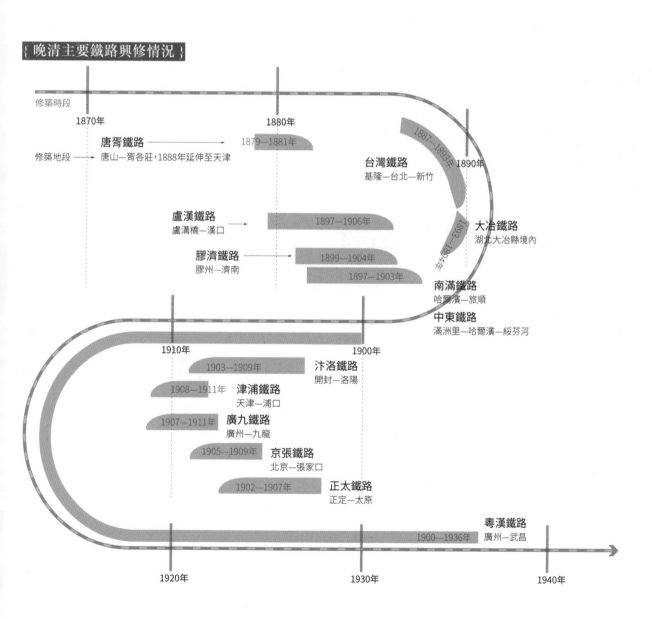

{ 晚清主要鐵路興修情況 }

修築時段

1870年　　　　　　1880年

唐胥鐵路　　　　1879—1881年
修築地段　　唐山—胥各莊，1888年延伸至天津

1887—1893年　　1890年

台灣鐵路
基隆—台北—新竹

盧漢鐵路　　　　　1897—1906年
盧溝橋—漢口

1893—1894年

大冶鐵路
湖北大冶縣境內

膠濟鐵路　　　　1899—1904年
膠州—濟南

1897—1903年

南滿鐵路
哈爾濱—旅順

中東鐵路
滿洲里—哈爾濱—綏芬河

1910年　　　　　　1900年

1903—1909年　　汴洛鐵路
　　　　　　　　開封—洛陽

1908—1911年　津浦鐵路
　　　　　　　　天津—浦口

1907—1911年　廣九鐵路
　　　　　　　　廣州—九龍

1905—1909年　京張鐵路
　　　　　　　　北京—張家口

1902—1907年　正太鐵路
　　　　　　　　正定—太原

粵漢鐵路
1900—1936年　廣州—武昌

1920年　　　　　　1930年　　　　　　1940年

195

{ 第一條鐵路 }

這是怡和洋行在上海修築的第一條鐵路,全長約 30 華里,很快被清政府贖回拆毀

{ 列強瓜分中國鐵路漫畫 }

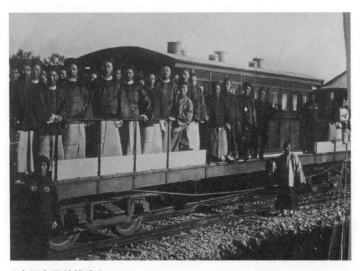

{ 中國自辦的鐵路 }

1886 年,李鴻章前往唐山站視察唐胥鉄路。後此條路綫延長到蘆台,全長 32 公里

採用騾馬牽引車輛。被清廷認為"失我險阻,害我田廬,妨礙我風水"的鐵路,在外國看來卻是"鐵路所佈,即權力所及。凡其他之兵權、商權、礦權、交通權,左之右之,存之亡之,操縱於鐵路兩軌,莫敢誰何。"1885年的《中法新約》規定了中國若在廣西、雲南修築鐵路,應與法國商辦。此後,列強開始採用多種形式修築鐵路,清廷內部對鐵路的認識也逐漸發生轉變,開始以官商合辦、舉借外債等方式興辦鐵路。甲午戰後,清廷

所修鐵路多是在外債壓力下進行的,他國常有損害權益之舉,遂致地方多有收回鐵路權益的呼聲。清廷於宣統三年(1911 年)頒佈鐵路國有上諭,並與英法等國簽訂粵漢、川漢鐵路借款合同。而這兩條鐵路本為商辦,股東不僅有士紳、商人、地主,還有許多農民。為保鐵路權益,四川掀起了保路運動。時任川漢、粵漢鐵路督辦大臣的端方率湖北新軍入川彈壓,湖北兵力空虛,恰好為武昌起義提供了良機。

銀行業是商品貨幣經濟發展到一定階段的產物。鴉片戰爭以後,中國封閉式的自然經濟開始解體,商品經濟有了新的發展,貨幣流通擴大,推動了錢莊和票號的發展,其數量和資本額大幅度增長、業務擴大。與此同時,列強憑藉攫取到的種種特權,向中國輸出資本,控制中國的財政經濟命脈,各種外資銀行也蜂擁而來。19 世紀後期在中國活躍的外國銀行或中外合資銀行有英國的匯豐銀行、惠通銀行、中華匯理銀行,法國的法蘭西銀行、東方匯理銀行,德國的德華銀行,俄羅斯的華俄道勝銀行等。

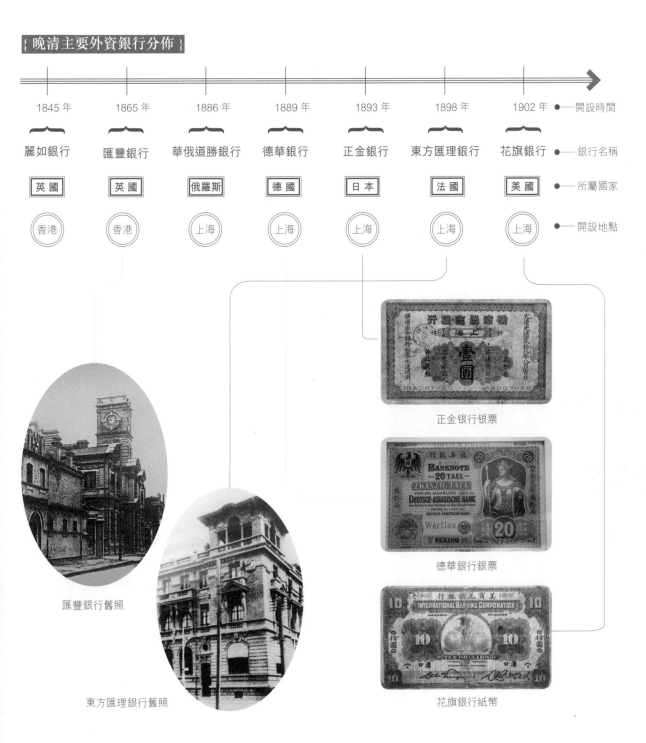

{晚清主要外資銀行分佈}

1845 年	1865 年	1886 年	1889 年	1893 年	1898 年	1902 年	●──開設時間
麗如銀行	匯豐銀行	華俄道勝銀行	德華銀行	正金銀行	東方匯理銀行	花旗銀行	●──銀行名稱
英國	英國	俄羅斯	德國	日本	法國	美國	●──所屬國家
香港	香港	上海	上海	上海	上海	上海	●──開設地點

正金銀行銀票

德華銀行銀票

花旗銀行紙幣

匯豐銀行舊照

東方匯理銀行舊照

外國銀行的資本侵略，對當時社會產生了極大刺激，"非急設中國銀行，無以通華商之氣脈，杜洋商之挾持"。1897 年 5 月 27 日，盛宣懷在上海創立中國通商銀行。1905 年戶部銀行在北京成立，其業務為存放款、匯兌公私款項等，享有鑄造貨幣、代理國庫、發行紙幣的特權，表明它已具有中央銀行的職能。1908 年戶部改為度支部，戶部銀行改名大清銀行。1912 年，中華民國成立，大清銀行也更名為中國銀行，並繼續承擔中央銀行的職責，直至 1928 年才伴隨北洋政府的謝幕而轉型。私人資本銀行出現於 20 世紀初期，1906 年無錫富商周廷弼創立第一家私人資本銀行——信成銀行。

"廢科舉、興學堂"的教育改革是走向近代化的重要舉措之一。洋務教育、戊戌維新時期的教育改革與清末新政時期的學制改革，共同構成了中國教育現代化的開端，起着啟蒙當代中國的重要作用。

洋務學堂包括外語學堂、軍事學堂、技術學堂。其中，京師同文館、上海廣方言館即外語學堂，福州船政學堂為最早的軍事學堂，天津電報學堂為著名的技術學堂。這些學堂均中西兼學，引入物理、數學、外語等西學，以"中體西用"為指導方針。同文館等翻譯了大量西方著作，西方各種學說開始系統地傳入中國。

自 1872 年始，清廷連續四年向美國派遣 120 名幼童留學，福州船政學堂也派出學生赴歐留學。主持修建了京張鐵路的著名工程師

1897 年盛宣懷在上海創辦的中國通商銀行

{ 光緒三十年（1904 年）科舉會試、殿試部分題目 }

金榜題名

▌會試試題▌

" 泰西外交政策往往藉保全土地之名而收利益之實。盍縷舉近百年來歷史以證明其事策 "

" 日本變法之初，聘用西人而國以日強；埃及用外國人至千餘員，遂至失財政裁判之權，而國以不振。試詳言其得失利弊策 "

" 周禮言農政最詳，諸子有農家之學。近時各國研究農務，多以人事轉移氣候，其要曰土地，曰資本，曰勞力，而能善用此三者，實資智識。方今修明學制，列為專科，冀存要術之遺。試陳教農之策 "

" 美國禁止華工，久成苛例。今屆十年期滿。亟宜援引公法，駁正原約，以期保護僑民策 "

▌殿試試題▌

" 古之理財，與各國之預算決算有異同否 "

詹天佑等人即是留學生中的佼佼者。

戊戌維新時期廢八股、改試策論成為"廢科舉"的先聲，學堂改革曇花一現，京師大學堂成為"百日維新"碩果僅存的歷史見證，推動晚清"興學堂"的深化。

1904 年初，清廷發佈《奏定學堂章程》，宣佈實行新式教育，俗稱"癸卯學制"，全國遍設小學堂、中學堂、大學堂、實業學堂、師範學堂等，出現興辦新式學堂的熱潮。新式教育的展開衝擊了傳統的科舉體制，科舉考試已改八股為策論。1905 年 9 月 2 日，袁世凱、張之洞奏請立停科舉，以便推廣學堂。清廷詔准自 1906 年開始，所有鄉試會試一律停止，各省歲科考試亦即停止，並令學務大臣迅速頒發各種教科書，責成各督撫大力推廣，命令地方普遍設立中、小學堂。從此，在我國延續了 1300 多年的科舉制正式廢除。

{ 首批出洋留學幼童 }

這是 1872 年首批赴美留學幼童出發前合影。他們平均年齡不足 13 歲。後因剪辮、信教等衝突，1881 年被清政府勒令回國

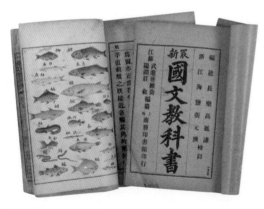

{ 最新國文教科書 }

{ 學習英文的留學生 }

{ 京師同文館舊照 }

{ 京師大學堂職員合影 }

圖中第一排中間坐者，為京師大學堂總監督勞乃宣

BC 2100

BC 1900

BC 1700

BC 1500

BC 1300

BC 1100

BC 900

BC 700

BC 500

BC 300

BC 100

0

100

300

500

700

900

1100

1300

1500

1700

1900

1636—1911

【參考文獻】

【1】 《八旗通志》，鄂爾泰等修，東北師範大學出版社，1985 年。

【2】 《清太祖朝老滿文原檔》，廣祿、李學智譯註，台灣商務印書館，1971 年。

【3】 《清史稿》，趙爾巽等撰，中華書局，1977 年。

【4】 《清實錄》，中華書局，1985—1987 年。

【5】 《清史圖典》，故宮博物院編，朱誠如主編，紫禁城出版社，2002 年。

【6】 《中國歷史地圖集》第八冊《清時期》，中國社會科學院主辦，譚其驤主編，中國地圖出版社，1987 年。

【7】 《太平天國歷史地圖集》，郭毅生主編，中國地圖出版社，1988 年。

【8】 《中國史稿地圖集》下冊，郭沫若主編，中國地圖出版社，1990 年。

【9】 〈歷史真相不容歪曲——關於《中俄尼布楚條約》的幾個問題〉，鍾鄂撰，載《歷史研究》，1975 年第 2 期。

【10】 〈試論德國帝國主義在山東勢力範圍的形成（1897—1914）〉，胡汶本撰，載《文史哲》，1982 年第 1 期。

【11】 〈關於甲午黃海海戰的幾個問題〉，戚其章撰，載《史學月刊》，1982 年第 1 期。

【12】 〈清代的滿蒙聯姻〉，華立撰，載《民族研究》，1983 年第 2 期。

【13】 〈乾嘉學派的產生與文字獄並無因果關係〉，周維衍撰，載《學術月刊》，1983 年第 2 期。

【14】 《中國近三百年學術史》，梁啟超著，中國書店，1985 年。

【15】 〈第一次鴉片戰爭時期中英兩軍的武器和作戰效能〉，呂小鮮撰，載《歷史檔案》，1988 年第 3 期。

【16】 〈清代人口的計量問題〉，吳慧撰，載《中國社會經濟史研究》，1988 年第 1 期。

【17】 〈乾隆朝兩次平定準噶爾始末〉，楊鴻英撰，載《故宮博物院院刊》，1988 年第 4 期。

【18】 《1368—1953 中國人口研究》，[美] 何炳棣著，上海古籍出版社，1989 年。

【19】 《四庫全書纂修研究》，黃愛平著，中國人民大學出版社，1989 年。

【20】 〈論清代晚期督撫制度的變化〉，王雪華撰，載《湖南社會科學》，1990 年第 3 期。

【21】 〈歷史上的中國和中國歷代疆域〉，譚其驤撰，載《中國邊疆史地研究》，1991 年第 1 期。

【22】 〈論乾嘉學派的學術成就與歷史局限〉，王俊義撰，載《社會科學輯刊》，1991 年第 2 期。

【23】 〈督撫與清代政治〉，王雪華撰，載《武漢大學學報（社會科學版）》，1992 年第 1 期。

【24】 〈清代人口與糧食供應〉，王躍生撰，載《學術交流》，1992 年第 4 期。

【25】 〈清代民族宗教政策〉，王鍾翰撰，載《中國社會科學》，1992 年第 1 期。

【26】 《清代學術與文化》，王俊義、黃愛平著，遼寧教育出版社，1993 年。

【27】 《清代全史》，王戎笙主編，遼寧人民出版社，1995 年。

【28】 〈乾嘉學派與近代務實思維方式〉，王冬芳撰，載《社會科學輯刊》，1996 年第 2 期。

【29】 《乾嘉考據學研究》，漆永祥著，中國社會科學出版社，1998 年。

【30】 〈耶穌會士與《尼布楚條約》〉，吳伯婭撰，載《世界宗教研究》，1998 年第 3 期。

【31】 《一次失控的近代化改革——關於清末新政的理性思考》，吳春梅著，安徽大學出版社，1998 年。

【32】 〈清代中期的人口遷移〉，徐輝撰，載《人口研究》，1998 年第 6 期。

【33】 《十八世紀的中國與世界》，戴逸主編，遼海出版社，1999 年。

【34】　〈略論清代的屬國〉，張永江撰，載《清史研究》，1999 年第 4 期。

【35】　《中國人口史・第五卷・清時期》，曹樹基著，復旦大學出版社，2001 年。

【36】　《清代考據學研究》，郭康松著，崇文書局，2001 年。

【37】　《清朝皇位繼承制度》，楊珍著，學苑出版社，2001 年。

【38】　《清朝滿蒙聯姻研究》，杜家驥著，人民出版社，2003 年。

【39】　《清代中越宗藩關係研究》，孫宏年著，黑龍江教育出版社，2004 年。

【40】　《天朝的崩潰》，茅海建著，生活・讀書・新知三聯書店，2005 年。

【41】　《清史大綱》，蕭一山著，上海古籍出版社，2005 年。

【42】　《近代中國社會的新陳代謝》，陳旭麓著，上海社會科學院出版社，2006 年。

【43】　《簡明清史》，戴逸主編，中國人民大學出版社，2006 年。

【44】　〈清代民族“大一統”觀念的時代變革〉，李治亭撰，載《社會科學輯刊》，2006 年第 3 期。

【45】　〈對清代朝貢體制地位的再認識〉，祁美琴撰，載《中國邊疆史地研究》，2006 年第 1 期。

【46】　〈清代督、撫職掌之區別問題考察〉，杜家驥撰，載《史學集刊》，2009 年第 6 期。

【47】　《清史講義》，孟森著，中華書局，2010 年。

【48】　《洪業——清朝開國史》，[美] 魏斐德著，陳蘇鎮譯，鳳凰出版傳媒集團，2010 年。

【49】　〈清代文字獄研究述評〉，張兵撰，載《西北師大學報 (社會科學版)》，2010 年第 3 期。

【50】　〈雍正“改土歸流”辯〉，吳麗華撰，載《雲南師範大學學報 (哲學社會科學版)》，2011 年第 1 期。

【51】　〈論清代廣州十三行商館區的興起〉，趙春晨撰，載《清史研究》，2011 年第 3 期。

【52】　〈乾隆朝金川戰役研究評述〉，徐法言撰，載《清史研究》，2011 年第 4 期。

【53】　〈清雍正朝改土歸流的原因、策略與效用〉，方鐵撰，載《河北學刊》，2012 年第 3 期。

【54】　〈日本學界關於清代中前期中日關係史的研究〉，薛明撰，載《外國問題研究》，2012 年第 3 期。

【55】　〈清代中前期人口數量及增長率的辨析與重估〉，朱義明撰，載《中南大學學報 (社會科學版)》，2012 年第 6 期。

【56】　《中國行政區劃通史 (清代卷)》，傅林祥、林涓、任玉雪、王衛東著，復旦大學出版社，2013 年。

【57】　〈中日甲午黃海海戰戰鬥隊形與火力再探討——最糟糕與最合理的怪異組合——“夾縫雁行陣”〉，倪樂雄撰，載《軍事歷史研究》，2014 年第 3 期。

【58】　《長崎唐館圖》，王振忠撰，載《讀書》，2014 年第 4 期。

【59】　〈清代海禁政策與對外貿易中的利益博弈分析——以新制度經濟學視角〉，王澤亞撰，載《安徽史學》，2015 年第 3 期。

BC 2100

BC 1900

BC 1700

BC 1500

BC 1300

BC 1100

BC 900

BC 700

BC 500

BC 300

BC 100

0

100

300

500

700

900

1100

1300

1500

1700

1900

1636—1911